城市轨道交通职业教育系列教材——城市轨道交通车辆
CHENGSHI GUIDAO JIAOTONG ZHIYE JIAOYU XILIE JIAOCAI
CHENGSHI GUIDAO JIAOTONG CHELIANG

城市轨道交通车辆结构与驾驶

主　编　○　郝　磊
副主编　○　巨子琪

西南交通大学出版社
·成都·

图书在版编目（CIP）数据

城市轨道交通车辆结构与驾驶 / 郝磊主编. —成都：西南交通大学出版社，2017.8（2019.1 重印）
　城市轨道交通职业教育系列教材. 城市轨道交通车辆
　ISBN 978-7-5643-5671-2

Ⅰ. ①城… Ⅱ. ①郝… Ⅲ. ①城市铁路－铁路车辆－车体结构－高等职业教育－教材②城市铁路－铁路车辆－驾驶术－高等职业教育－教材　Ⅳ. ①U279.3

中国版本图书馆 CIP 数据核字（2017）第 196871 号

城市轨道交通职业教育系列教材——城市轨道交通车辆

城市轨道交通车辆结构与驾驶

主编　郝　磊

责 任 编 辑	李　伟	
封 面 设 计	何东琳设计工作室	
出 版 发 行	西南交通大学出版社 （四川省成都市二环路北一段 111 号 西南交通大学创新大厦 21 楼）	
发 行 部 电 话	028-87600564　028-87600533	
邮 政 编 码	610031	
网　　　　址	http://www.xnjdcbs.com	
印　　　　刷	四川煤田地质制图印刷厂	
成 品 尺 寸	185 mm×260 mm	
印　　　　张	16.25	
字　　　　数	400 千	
版　　　　次	2017 年 8 月第 1 版	
印　　　　次	2019 年 1 月第 2 次	
书　　　　号	ISBN 978-7-5643-5671-2	
定　　　　价	39.00 元	

课件咨询电话：028-87600533
图书如有印装质量问题　本社负责退换
版权所有　盗版必究　举报电话：028-87600562

出 版 说 明

城市轨道交通凭借快捷、准时、舒适、运量大、能耗低、污染小、占地少等优点，日益成为城市现代化建设进程中重要的公益性基础设施项目。城市轨道交通涉及面广、综合性很强，其发展状况已被当成一个城市综合实力和现代化程度的重要评判指标。由此，城市轨道交通建设正在我国兴起一个新的浪潮，社会对城市轨道交通专业人才的需求巨大，给城市轨道交通类专业的职业教育发展带来了良好契机。

西南交通大学出版社与国内诸多交通院校一直保持友好往来，并整合他们在轨道交通领域的尖端科技优势和人才集成优势，致力于为国家轨道交通教育事业做出贡献，形成了以"轨道交通"为核心的出版特色，在教育界、学界都拥有良好的口碑和较高的品牌知名度。

本套丛书从满足快速增长的城市轨道交通专业实用型人才培养需求出发，从校企结合教学直接面向岗位需求这一特点出发，精心组织国内相关专业优秀教育工作者或优秀教育工作高校，分"运营管理""工程技术""车辆""控制""供电技术"五大类，系统地为读者呈现城市轨道交通教育课程全景。在编写时，力求体现如下特点：

◎ **适用性**

理论知识够用即可，在讲述专业知识的基础上，突出实际操作技能的训练，注重岗位关键能力的培养。

◎ **专业性**

图书的顶层设计从国家高职高专专业目录规范出发，内容编排紧密结合岗位应用实际，体现专业性和主流设备前沿特征，体现教学实际需求。同时，在编写或修改时，尽可能地让一线用人单位参与进来，根据生产现场实际提出建议。

◎ **生动性**

在架构设计和版式设计上，力求简洁生动，图文并茂；努力体现二维码技术等移动互联网时代元素在图书中的应用，尽可能把生产实际和研究成果，用立体生动的形式予以表达，便于读者理解掌握。

这套书可作为高等职业院校、中等职业学校城市轨道交通相关专业的教学用书，也可作为城市轨道交通企业新职工的培训教材。有关教材的课件资料等，可以联系我社使用。

联系电话：028-87600533

邮箱：swjtucbsfx@163.com

西南交通大学出版社

二〇一六年十月

重印前言

近年来,全国城市轨道交通正逐步进入稳步、有序和快速发展阶段,尤其是近10年来,由于国家政策的正确引导和相关城市对规划建设轨道交通的积极努力,城市轨道交通从发展速度、规模和现代化水平,均突显了后发优势。因此,需要培养和培训大量的城市轨道交通专业人员。而现有的教材大多侧重于理论,在实践方面与相关岗位的需求不符。《城市轨道交通车辆结构与驾驶》一书就是在这种背景下编写而成的。

本书编者都是从事城轨车辆专业职业教育的一线教师。在本书的编写过程中,编者紧扣现场应用和职业教育的培养目标,结合职业教育的特点和要求,力争做到知识传授和能力培养相结合。

在本书的使用过程中,许多授课教师和读者向我们提出了宝贵的意见和建议,使我们受益匪浅。

在此次修订过程中,我们根据读者的意见对部分内容进行了补充和修改。参加本次编写修订的有:西安交通工程学院介艳良(编写第一、二、五章)、孙佩(编写第四章)、郝磊(编写第六、七、十章)、刘晶(编写第三、十一章)、巨子琪(编写第八、九章)、王清强(编写第十二、十三、十四章)。本书由郝磊主编并负责全书通稿。

由于编者业务能力所限,本书难免存在疏漏之处,敬请广大读者批评指正。

编 者
2019 年 1 月

原版前言

近年来，全国城市轨道交通正逐步进入稳步、有序和快速发展阶段，尤其是近10年来，由于国家政策的正确引导和相关城市对规划建设轨道交通的积极努力，城市轨道交通从发展速度、规模和现代化水平，均突显了后发优势。因此，需要培养和培训大量的城市轨道交通专业人员。而现有的教材大多侧重于理论，在实践方面与相关岗位的需求不符。《城市轨道交通车辆结构与驾驶》一书就是在这种背景下编写而成的。

本书编者都是从事城轨车辆专业职业教育的一线教师。在教材的编写过程中，编者紧扣现场应用和职业教育的培养目标，结合职业教育的特点和要求，力争做到知识传授和能力培养相结合。

参加本书编写工作的有：西安交通工程学院吴玲（编写第一、三章）、介艳良（编写第二、四章）、郝磊（编写第六、七、十一章）、贾雄伟（编写第五、十章）、巨子琪（编写第八、九章）、王辉（编写第十二、十三章）。本书由郝磊担任主编并负责全书统稿。

由于编者业务能力所限，本书难免存在疏漏之处，敬请广大读者批评指正。

编　者
2017年4月

目　录

第一部分　基础知识

第一章　社会责任与职业道德 ······································ 3
　【复习与思考】 ··· 9

第二章　城市轨道交通供电系统及用电安全 ················· 11
　第一节　城市轨道交通供电及用电知识 ····················· 11
　第二节　安全用电 ·· 15
　【复习与思考】 ··· 20

第三章　轨道交通基础知识 ······································ 21
　【复习与思考】 ··· 33

第四章　行车组织基础 ·· 35
　第一节　行车组织的基本要求 ·································· 35
　第二节　行车秩序维护与调整 ·································· 45
　第三节　行车信号 ·· 49
　【复习与思考】 ··· 56

第二部分　车辆结构

第五章　车　门 ··· 61
　第一节　车门概述 ·· 61
　第二节　车门系统组成及重要部件介绍 ····················· 66
　第三节　车门常见故障及处理 ·································· 71
　【复习与思考】 ··· 73

第六章　车　体 ··· 75
　第一节　车体概述 ·· 75
　第二节　车体结构及组成 ·· 79
　第三节　车体轻量化结构 ·· 89

第四节　几种车体的比较 …………………………………………………… 90
第五节　车体的模块化结构 ………………………………………………… 93
第六节　驾驶室结构 ………………………………………………………… 95
【复习与思考】 ……………………………………………………………… 98

第七章　转向架 …………………………………………………………… 100
第一节　转向架概述 ………………………………………………………… 100
第二节　构　架 ……………………………………………………………… 105
第三节　轮对轴箱装置 ……………………………………………………… 106
第四节　弹簧减振装置 ……………………………………………………… 110
第五节　牵引连接装置和驱动装置 ………………………………………… 118
【复习与思考】 ……………………………………………………………… 120

第八章　车辆连接装置 …………………………………………………… 121
第一节　车钩缓冲装置概述 ………………………………………………… 121
第二节　车钩缓冲装置的工作原理 ………………………………………… 127
第三节　车钩缓冲装置的结构及功能 ……………………………………… 129
【复习与思考】 ……………………………………………………………… 142

第九章　城市轨道交通车辆制动系统 …………………………………… 143
第一节　制动概述 …………………………………………………………… 143
第二节　制动方式及制动模式 ……………………………………………… 144
第三节　空气制动系统 ……………………………………………………… 149
第四节　风源系统 …………………………………………………………… 151
第五节　基础制动装置 ……………………………………………………… 159
第六节　KBGM 模拟式电气指令制动系统 ………………………………… 161
【复习与思考】 ……………………………………………………………… 172

第十章　城市轨道交通车辆电气装置 …………………………………… 173
第一节　牵引高压受流 ……………………………………………………… 173
第二节　辅助供电系统 ……………………………………………………… 182
第三节　列车监测与控制系统（TCMS） ………………………………… 183
第四节　乘客信息系统 ……………………………………………………… 186
第五节　车载信号系统 ……………………………………………………… 190
【复习与思考】 ……………………………………………………………… 197

第十一章　城市轨道交通车辆空调系统 ………………………………… 198
第一节　通风系统 …………………………………………………………… 199

第二节 制冷系统 200
第三节 车辆空调系统构成 202
【复习与思考】 207

第三部分 驾驶技能

第十二章 出车检查 211
第一节 城市轨道交通列车司机基本要求 211
第二节 城轨列车司机车场作业标准 212
【复习与思考】 224

第十三章 城轨列车司机正线作业标准 225
【复习与思考】 231

第十四章 列车故障处理 232
【复习与思考】 245

附录 城轨电动列车司机安全操作规范 246

参考文献 249

第一部分　基础知识

第一章　社会责任与职业道德
第二章　城市轨道交通供电系统及用电安全
第三章　轨道交通基础知识
第四章　行车组织基础

第一章　社会责任与职业道德

【章节描述】

本章主要描述列车驾驶员必须遵守的职业道德行为规范，从职业道德的概念出发，学习城轨列车司机的职业道德与社会责任。

【教学目标】

1. 能力目标

理解社会责任与职业道德的概念，了解社会责任与职业道德的基本要求，掌握城轨驾驶员的责任要求。

2. 知识目标

熟悉职业道德与企业发展的关系，熟悉职业道德的社会作用，掌握城轨驾驶员的责任要求。

3. 素质目标

了解电动列车驾驶员的职业特点，树立良好的社会责任与职业道德意识；培养良好的组织纪律观念。

城市轨道交通是一种绿色、快捷、安全、准点的新型公共交通工具，为了保障列车的安全性，就要求列车驾驶员在驾驶过程中必须遵守各项道路交通安全法律法规，同时还要遵守职业道德行为。职业道德，就是同人们的职业活动紧密联系的符合职业特点所要求的道德准则、道德情操与道德品质的总和，它既是对本职人员在职业活动中的行为标准和要求，同时又是职业对社会所负的道德责任与义务。

一、职业道德

（一）职业道德及规范

职业是指人们由于社会分工而从事具有专业业务和特定职责并以此作为主要生活来源的工作。职业道德是指人们在职业生活中应遵循的基本道德，即一般社会道德在职业生活中的具体体现，是职业品德、职业纪律、专业胜任能力及职业责任等的总称，属于自律范围。它通过公约、守则等对职业生活中的某些方面加以规范。

职业道德既是本行业人员在职业活动中的行为规范，又是行业对社会所负的道德责任和义务。

职业道德规范是社会道德规范中的重要部分。它是从业人员职业道德行为和职业道德关系的普遍规律的反映，是一定社会或阶级以及一定职业对从业人员的行为和关系的基本要求的概括。它是从业人员在职业道德活动中应该普遍遵循的行为善恶准则或标准。

《公民道德建设实施纲要》指出，要大力倡导以爱岗敬业、诚实守信、办事公道、服务群众、奉献社会为主要内容的职业道德，鼓励人们在工作中做一个好建设者。

职业道德的关键是以协调个人、集体与社会关系为核心的职业行为准则和规范系统。

职业道德包括职业理想、职业信念、职业态度、职业品质、职业责任、职业良心等诸多方面，包括以下一些基本规范：爱岗敬业、忠于职守；刻苦学习、提高技能；勇于竞争、开拓创新；艰苦奋斗、勤俭节约；遵纪守法、廉洁奉公；热诚服务、文明生产（文明待客）；讲求质量、注重信誉；团结协作、互助友爱等。

（二）职业道德范畴

每个从业人员，不论是从事哪种职业，在职业活动中都要遵守道德。职业道德不仅是从业人员在职业活动中的行为标准和要求，而且是本行业对社会所承担的道德责任和义务。职业道德是社会道德在职业生活中的具体化。

职业道德范畴是反映职业道德现象的特性、方面和关系的基本概念，它包含以下几个方面：

（1）职业理想：是人们的世界观、人生观、价值观在职业活动中的集中体现，是实现职业目标的精神动力。

（2）职业态度：通过职业活动和自身体验所形成的对岗位工作的一种相对稳定的劳动态度和心理倾向。

（3）职业义务：职业活动中自觉地履行对他人、社会应尽的职业责任。

（4）职业纪律：从业者在岗位工作中必须遵守的规章、制度、条例等职业行业规范。

（5）职业良心：从业者在履行职业义务中所形成的对职业责任的自觉意识和自我评价活动。

（6）职业荣誉：从业者在主观认识上对自己职业道德活动的一种自尊、自爱的荣誉意向。

（7）职业幸福：从业人员在具体的职业活动中，由于奋斗目标、职业理想的实现而获得的精神上的满足和愉悦。

（三）职业道德与企业发展

职业道德不仅对个人的生存和发展有着重要的作用和价值，而且与企业的兴旺发达甚至生死存亡也密切相关。职工若有良好的职业道德，不仅有利于协调职工之间、职工与领导之间、职工与企业之间的关系，增强企业的凝聚力，而且有利于企业的科技创新，有利于降低产品成本，提高产品和服务质量，从而有利于树立良好的企业形象，提高产品的市场竞争力。

1. 职业道德是企业文化的重要组成部分

企业文化的内涵。企业文化是指一个企业的经营之道、企业精神、企业价值观、企业目标、企业作风、企业礼俗、员工科学文化素质、职业道德、企业环境、企业规章制度以及企业形象等的总和，是在一定的环境中，全体职工在长期的劳动和生活过程中创造出来的物质成果和精神成果的表现。它是通过企业制度的严格执行衍生而成的，制度上的强制或激励最终促使群体产生某一行为自觉。

企业文化具有自律功能、导向功能、整合功能、激励功能。

职业道德在企业文化中占据重要地位。职工是企业的主体，因此企业文化必须以企业职工为中介，借助职工的各种生产、经营和服务行为来实现。如果职工缺乏一定的职业道德，自私自利，与企业貌合神离，那么，企业就不可能有良好的企业文化，当然也更谈不上发挥应有的功能。具体表现在：

（1）企业环境需要由职工来维护和爱护，如果职工没有爱厂如家的职业道德，不爱惜企业的厂房等，不讲究卫生，企业环境就很难保持整洁、宽敞、明亮、安全、舒适、高雅。

（2）如果职工没有严格遵守规章制度的觉悟，随意违反纪律，那么企业的规章制度就形同虚设。

（3）实现企业价值观、经营之道和企业发展战略目标的主体是职工，职工若不接受企业的价值观和经营之道，不把这种价值观和经营之道落实于生产经营行为之中，企业价值观等也就只能是空中楼阁，企业发展目标也不可能实现。

（4）企业作风和企业礼仪本来就是职工职业道德的表现，如果职工不具有较高的职业道德水平，企业就不会有好的企业作风和企业礼仪，即使有一定的企业礼仪，也很难维持下去。

（5）职业道德对职工提高科学文化素质和职业技能具有推动作用。

（6）企业形象是企业文化的综合表现。

企业的整体形象是由职工的个体形象组成的。企业职工的个体形象是整体形象的一部分，没有个体形象就没有整体形象，整体形象要靠个体形象来维护。职工若没有较高的职业道德水平，不能保证产品和服务的质量，就会直接破坏企业形象。

2. 职业道德是增强企业凝聚力的手段

企业是具有社会性的组织，在企业内部存在着各种错综复杂的关系，这种关系既有相互协调的一面，也有相互矛盾的一面。这就要求企业所有的员工都应从大局出发、光明磊落、相互谅解、相互宽容、团结互助，而不能意气用事、相互逞能，更不能相互拆台、钩心斗角，总之，要求职工必须具有较高的职业道德觉悟。

（1）职业道德是协调职工同事关系的法宝。

（2）职业道德有利于协调职工与领导之间的关系。

（3）职业道德有利于协调职工与企业之间的关系。

3. 职业道德可以提高企业的竞争力

任何企业要想在激烈的竞争中获得生存和发展，就必须千方百计地提高自身的竞争力。而企业要提高竞争力，就必须提高产品和服务的质量，就必须不断革新工艺，改进设备，降低成本，提高劳动生产率，开发新产品；就必须不断完善企业形象，创造企业著名品牌。这些目标的实现，必须依赖企业的广大职工，依赖职工职业道德觉悟的提高。

（1）职业道德有利于提高产品和服务的质量。

（2）职业道德可以降低产品成本，提高劳动生产率和经济效益。

（3）职业道德可以促进企业技术进步。

（4）职业道德有利于企业摆脱困难，实现企业阶段性的发展目标。

（5）职业道德有利于企业树立良好形象，创造企业著名品牌。

二、社会责任与道德要求

(一) 社会责任

社会责任是指一个组织对社会应负的责任。一个组织应以一种有利于社会的方式进行经营和管理。社会责任通常是指组织承担的高于组织自己目标的社会义务。如果一个企业不仅承担了法律上和经济上的义务，还承担了"追求对社会有利的长期目标"的义务，我们就说该企业是有社会责任的。

社会责任包括企业环境保护、社会道德以及公共利益等方面，由经济责任、持续发展责任、法律责任和道德责任等构成。

（1）经济责任：指公司生产、盈利、满足消费需求的责任。其核心是公司创造利润、实现价值的能力。公司的经济责任表现可以通过财务、产品服务、治理结构三个方面进行考察。

尽管企业社会责任并没有一个单一的定义，但从本质上，追求这一方法的公司，需要做三件重要事情：

第一，公司认识到，其经营活动对其所处的社会将产生很大影响；而社会发展同样也会影响公司追求企业成功的能力。

第二，作为响应，公司积极管理其世界范围内的经营活动在经济、社会、环境等方面的影响，不仅使其为公司的业务运作和企业声誉带来好处，而且还使其造福于企业所在地区的社会团体。

第三，公司通过与其他群体和组织、地方团体、社会和政府部门进行密切合作，来实现这些利益。

（2）持续发展责任：指保证企业与社会持续发展的责任。该项责任可以通过环保责任和创新责任两方面进行考察。

（3）法律责任：指公司履行法律法规各项义务的责任。该项责任可以通过税收责任和雇主责任两个方面进行考察。

（4）道德责任：指公司满足社会准则、规范和价值观、回报社会的责任。该项责任可以通过内部道德责任和外部道德责任两个方面考察。

(二) 职业道德

职业道德是社会道德体系的重要组成部分，它一方面具有社会道德的一般作用，另一方面又具有自身的特殊作用，具体表现在：

1. 调节职业交往中从业人员内部以及从业人员与服务对象间的关系

职业道德的基本职能是调节职能。它一方面可以调节从业人员内部的关系，即运用职业道德规范约束职业内部人员的行为，促进职业内部人员的团结与合作。

人们在职业活动中选择道德行为的直接推动力量是职业道德情感，它一旦形成，就会积极地影响和调节人们的道德行为。如职业道德规范要求各行各业的从业人员，都要团结、互助、爱岗、敬业，齐心协力地为发展本行业、本职业服务。另一方面，职业道德又可以调节从业人员和服务对象之间的关系。如职业道德规定了制造产品的工人要怎样对用户负责；营销人员怎样对顾客负责；医生怎样对病人负责；教师怎样对学生负责等。

2. 有助于维护和提高本行业的信誉

一个行业、一个企业的信誉，也就是它们的形象、信用和声誉，是指企业及其产品与服务在社会公众中的信任程度。提高企业的信誉主要靠产品的质量和服务质量，而从业人员职业道德水平高是产品质量和服务质量的有效保证。若从业人员职业道德水平不高，很难生产出优质的产品和提供优质的服务。

3. 促进本行业的发展，提高劳动生产率

行业、企业的发展依赖于高的经济效益，而高的经济效益源于高的员工素质。员工素质主要包含知识、能力、责任心三个方面，其中责任心是最重要的。而职业道德水平高的从业人员其责任心是极强的，因此，职业道德能促进本行业的发展。

4. 有助于提高全社会的道德水平

职业道德是整个社会道德的主要内容。职业道德一方面涉及每个从业者如何对待职业，如何对待工作，同时也是一个从业人员的生活态度、价值观念的表现；是一个人的道德意识、道德行为发展的成熟阶段，具有较强的稳定性和连续性，职业道德从一个侧面反映人的整体道德素质。另一方面，职业道德也是一个职业集体，甚至是一个行业全体人员的行为表现。如果每个行业、每个职业集体都具备优良的道德，对整个社会道德水平的提高肯定会发挥重要作用。

三、驾驶员岗位责任

电客车司机作为城市轨道交通运营行车安全的关键岗位，既是运营安全的第一道防线，也是运营的最后一道防线，稍有疏忽，便会造成不可估量的损失和影响。

根据我国相关法规以及企业的要求，对电客车驾驶员提出了以下要求：

（1）认真执行调度命令，根据列车运行图的要求，安全、准点、快捷、舒适地运送乘客。
（2）列车出库前严格按照作业标准检查列车，严禁列车带"病"上线。
（3）严格按照《电客车司机作业标准》认真驾驶列车，规范操作。
（4）严格按照信号、标志的指示行车，严禁超速驾驶。
（5）载客运行时做好广播工作，遇自动广播故障时，需做好人工广播，要求用语规范、吐字清晰。
（6）做好行车时的信息传递工作，遇到问题及时与调度联系，并做好记录。
（7）遇列车故障时，应按照《电客车故障处理指南》准确、及时、果断处理，尽快恢复列车运行。
（8）认真学习专业知识，不断提高业务技能。

（一）电客车司机的工作特点

1. 技能要求高

作为城市轨道交通的行车关键岗位，要求每一名司机在经过专业训练以后，都要达到上岗要求并能单独驾驶电客车，既要掌握基本的驾驶技能，还要掌握与列车运行相关的通信、

信号、供电、轨道等专业知识,还要能够灵活处置各种故障和突发事件,所有这些都要求司机有过硬的业务技能,否则一切都是空谈。

2. 安全风险大

单兵作战的工作特性决定了司机必须做到万无一失,从上班到下班,时刻保持高度警惕和责任心,时刻冲在安全工作的前沿;同时又是安全的最后一道防线,尤其是在发生车辆故障等影响列车运行的故障时,按照"先通后复"的原则,要求司机必须在规定的时间内准确地做出判断并进行及时有效地处理,最大限度地减少对运营的影响。

3. 担当责任重

目前,每列车只配一名电客车司机。作为行车关键岗位的电客车司机,手上掌握着千百名旅客的生命财产安全,要求电客车司机必须要有高度的责任心,不能有任何闪失,否则都将给乘客的出行带来影响。除了正常的列车驾驶,还要求司机必须掌握各级各类故障和突发事件的应急处置措施,责任重于泰山。

(二)电客车司机安全管理要求

1. 加强组织领导,强化安全管理

(1)中心实行中心、车队、班组三级管理网络,车队设车队长,班组设班组长,各负其责,各司其职。

(2)为加强对中心安全工作的领导,中心成立安全工作委员会(简称安委会)。安委会主任由中心主任担任,实行一把手负责制,副主任由分管安全副主任担任,委员由安全工程师、技术员及各班组长组成。日常工作由安全工程师负责。

(3)各班组由班组长负责本班安全工作,车队长负责本车队所有班组的安全工作。

2. 加强安全宣传,强化安全意识

服务为天、安全为命。安全是城市轨道交通运营的生命线,是城市轨道交通运营的永恒主题。为提高司机的安全意识,重点做好三个方面的工作:

(1)三级安全教育。

抓好二三级安全教育,建立安全教育卡,实行一人一卡,保证100%受训,100%合格后方可安排上岗。

(2)安全规章的学习。

及时组织学习各级各类安全规章文本,确保在第一时间得到贯彻传达,学习结束以后组织考试,对涉及安全的行车规章,未参加学习和考试不合格的,均不得安排上岗。

【知识链接】

广州地铁车务中心地铁司机岗位职责

(1)学习行车组织规则,包括行车总则、行车组织原则、列车运行模式、乘务运作。

(2)学习行车安全知识,包括地铁消防安全知识、乘务行车安全知识、行车设备维修施工、行车事故管理规则。

(3)学习地铁专业设备基础知识,包括线路及轨道、车辆、供电系统、通信、信号等设

备的基础知识。

（4）学习地铁车辆构造，包括列车车门系统、列车牵引和制动系统、列车辅助系统。

（5）学习信号和通信专业知识，包括地铁信号及通信系统。

（6）学习电路基础知识、机械传动及力学基础知识，包括继电器工作原理、电路图、牵引力、制动力、黏着力相关知识。

（7）熟练安全地驾驶车辆。

（8）处理地铁及车载信号设备的简单故障。

（9）遇到救援、降级运行、火灾、爆炸、特殊天气、地震等特殊情况时应急应变处理。

（10）与乘务员良好沟通，协助乘务员处理行车过程中的一些事务。

（11）定期对所驾驶的车辆进行基本的操作设备检查，发现问题及时解决或上报交由故障维修部进行处理。

（12）负责地铁乘客的安全问题。

（13）配合地铁公司的调度人员进行地铁行车调度。

（14）完成领导临时交给的任务。

【复习与思考】

一、不定项选择题

1. 职业道德范畴是反映职业道德现象的特性、方面和关系的基本概念，以下不属于社会主义职业道德范畴的是（　　）。

　　A. 职业理想　　　　B. 职业习惯　　　　C. 职业荣誉　　　　D. 职业幸福

2. 人们在职业活动中选择道德行为的直接推动力量是（　　），它一旦形成，就会积极地影响和调节人们的道德行为。

　　A. 职业道德情感　　B. 职业道德认识　　C. 职业道德意志　　D. 职业道德修养

3. 下列关于职业道德的说法中，正确的是（　　）。

　　A. 职业道德与人格无关

　　B. 职业道德的养成只能靠教化

　　C. 职业道德的提高与个人的利益无关

　　D. 职业道德从一个侧面反映人的整体道德素质

4. 《公民道德建设实施纲要》指出，要大力倡导以（　　）、诚实守信、办事公道、服务群众、奉献社会为主要内容的职业道德，鼓励人们在工作中做一个好建设者。

　　A. 求真务实　　　　B. 爱岗敬业　　　　C. 艰苦奋斗　　　　D. 以人为本

5. 职业道德的价值在于（　　）。

　　A. 有利于企业提高产品和服务的质量

　　B. 可以降低成本、提高劳动生产率和经济效益

　　C. 有利于协调职工之间及职工与领导之间的关系

　　D. 有利于企业树立良好形象，创造著名品牌

6. 职工个体形象和企业整体形象的关系是（　　）。

　　A. 企业的整体形象是由职工的个体形象组成的

　　B. 个体形象是整体形象的一部分

C. 职工个体形象与企业整体形象没有关系
D. 没有个体形象就没有整体形象，整体形象要靠个体形象来维护

二、判断题

1. 所谓职业道德，就是同人们的职业活动紧密联系的符合职业特点所要求的道德准则、道德情操与道德品质的总和。(   )
2. 职业道德与企业的发展相互独立。(   )
3. "文明礼貌"是职业道德的重要规范，与企业形象无关。(   )
4. 正确价值观的确立、良好社会风尚的形成，离不开舆论力量的倡导和推动。(   )

三、简答题

1. 职业道德的范畴包括哪些内容？
2. 职业道德与企业文化的关系是什么？
3. 城轨驾驶员的岗位职责是什么？
4. 城轨驾驶员的工作特点包含哪些内容？

第二章　城市轨道交通供电系统及用电安全

【章节描述】

本章主要介绍机电设备安全管理及城市轨道交通用电安全的基本知识，从供电系统安全知识的重要性出发，学习、理解、掌握轨道电路中与用电安全相关的基本知识。通过学习本章，培养运输人员在轨道供用电及安全生产方面的基本素质，奠定良好的安全生产意识。

【教学目标】

1. 能力目标

理解城市轨道交通安全用电、安全生产的重要性，了解基本的供电知识及紧急事故的基本应对措施。

2. 知识目标

掌握城市轨道交通机电设备的安全管理；掌握城市轨道交通供电系统的组成；掌握城市轨道交通电力牵引的制式；掌握触电的形式；了解安全用电常识；掌握城市轨道交通电气防雷、防火和防爆的措施。

3. 素质目标

树立安全用电的生产意识，具有良好的职业道德认识、情感、意志、行为和素养，有较强的安全用电观念；具有创新和实践能力，将理论知识转变为实践能力。

第一节　城市轨道交通供电及用电知识

一、城市轨道交通供电简述

城市轨道交通供电系统是为轨道交通运营提供所需电能的重要系统。电动车辆的牵引以及为轨道交通运营服务的机电设备，包括通风、空调、照明、通信、信号、给排水、故障报警、电梯、电动扶梯等，都依赖并消耗电能。城市轨道交通供电为一级负荷，高度安全可靠、经济合理的供电系统是城轨交通正常运营的重要条件和保证。

城市轨道交通供电电源一般取自城市电网，通过城市电网一次电力系统和轨道交通供电系统实现输送或变换，最后以适当的电压等级、一定的电流形式（直流或交流电）供给用电设备。

城市轨道交通供电系统根据用电性质的不同可分为两部分，即由牵引变电站为主的牵引供电系统和以降压（动力）变电站为主的电力供电系统。

(一)城市轨道交通供电系统的组成

城市轨道交通电力牵引供电系统主要由牵引变电站、接触网(架空线或接触轨)、回流线、馈电线、轨道组成,如图 2-1 所示。一般将接触网、馈电线、轨道、回流线总称为牵引网。其中,牵引变电站和接触网是牵引供电系统的主要组成部分。

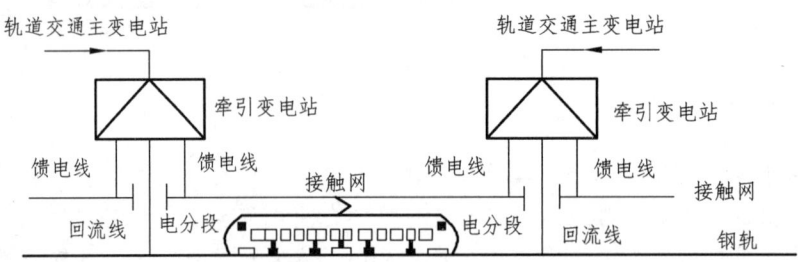

图 2-1 城市轨道交通供电系统的组成

为保证供电安全,牵引变电站均有两个独立的电源供电。又由于轨道交通线路分布范围较广,通常需要在轨道沿线设置多个牵引变电所,采取安全、可靠的供电形式对牵引变电所供电。

(二)动力供电系统

城市轨道交通动力供电系统主要由降压变电站、配电所(室)、配电线路组成,如图 2-2 所示。

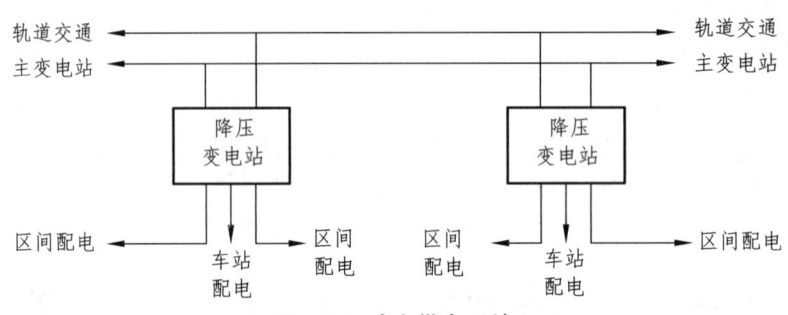

图 2-2 动力供电系统

在动力供电系统中,降压变电站一般每个车站设置一个,有时也可几个车站合设一个;也可将降压(动力)变压器附设在某个牵引变电站之中,构成牵引与动力混合变电站。

城市轨道交通车站及区间照明电源采用 380 V/220 V 系统配电。正常时,工作照明、事故照明均由交流供电,当交流电源消失时,事故照明自动切换为蓄电池供电,确保事故期间必要的紧急照明。

二、城市轨道交通供电系统分析

(一)高压供电系统

高压供电系统是指城市电网对城市轨道交通系统内部变电所供电的系统。一般地,城市电网对城市轨道交通进行供电的方式有三种，即集中式供电，分散式供电和混合式供电。

1. 集中式供电

沿城市轨道交通线路，根据用电量和线路的长短，建设城市轨道交通专用主变电所。主变电所应有两路独立的 110 kV 电源。然后，由主变电所变压为城市轨道交通内部供电系统所需的电压级（35 kV 或 10 kV 等）。由主变电所构成的供电方案称为集中式供电。

2. 分散式供电

分散式供电是指不设主变电所，而直接由城市电网区域变电所的 35（33）kV 或 10 kV 中压输电线直接向城市轨道交通沿线设置的牵引变电所、降压变电所供电并形成环网。采用这种供电方式的环境必须是城市电网比较发达，在有关车站附近有符合可靠性要求的供电电源。其中，配电网络的电压等级应与城市电网相一致。在这种方式下，可设置电源开闭所，并可与车站变电所合建。

3. 混合式供电

混合式供电即前两种供电方式的结合，以集中式供电为主，个别地段引入城市电网电源作为集中式供电的补充，使供电系统更加完善和可靠。武汉轨道交通、北京地铁 1 号线采用的就是这种供电方式。

（二）牵引供电系统

1. 牵引供电系统的组成

在城市轨道交通牵引供电系统中，电能从牵引变电所经馈电线、接触网输送给电动列车，再从电动列车经钢轨（轨道电路）、回流线流回牵引变电所。由馈电线、接触网、轨道回路及回流线组成的供电网络成为牵引网。牵引供电系统即主要由牵引变电所和牵引网组成。其中，牵引变电所和接触网是牵引供电系统的主要组成部分。

2. 牵引供电系统的运行方式

（1）正常运行方式。正线各供电区间均由相邻牵引变电所双边供电，车辆段内的接触网由车辆段牵引变电所供电，停车场内的接触网由停车场牵引变电所供电。

（2）任意牵引变电所解列时的运行方式。当任意牵引变电所解列（不含线路端头牵引变电所）时，由相邻变电所越区"大双边"供电。当正线线路端头的牵引变电所解列时，分别由相邻的牵引变电所单边供电。

（三）动力照明供电系统

城市轨道交通系统除直流电动车辆外，其他所有交流低压负荷都由动力照明供电系统供电。动力照明供电系统由降压变电所、动力和照明配电系统构成。降压变电所与牵引变电所共用 AC 35 kV 供电网络，降压变电所将 AC 35 kV 降压成 AC 0.4 kV 后，向动力照明供电系统供电。动力与照明配电系统的供电范围为车站、区间、车辆段和控制中心的所有动力照明负荷。

（1）动力照明负荷分级。根据各种用电负荷对供电可靠性的要求，地铁动力照明负荷一般分为三级。一级负荷包括消防用电设备及地铁运行中特别重要的负荷两部分。消防用电设备有消防泵、水喷淋泵、火灾报警系统（Fire Alarm System，FAS）、区间隧道通风机、排风/排烟机及相应的风阀、直升电梯、事故照明等。地铁运行中特别重要的负荷包括环境与设备监控系统（Building Automation System，BAS）、通信、信号、无线传输、售检票、变电所自用电、直流屏电源及废水泵等。二级负荷包括站厅、站台层公共区的一般照明、节点照明，以及各设备用房的照明、出入口照明、集水泵、一般风机等。三级负荷主要包括空调冷水机组及其配套设备、自动扶梯、广告照明、电热设备、清洗机械等。三级负荷为单电源供电，由降压变电所单母线馈出，当供电系统为非正常运行方式时，允许将其切除。

（2）降压变电所。每个车站都应设降压变电所承担本站及区间动力照明负荷。若地下车站负荷较大，则一般在站台两端设降压变电所，各负责半个车站和相邻半个区间的供电。降压变电所的两路电源可以来自主变电所，也可以来自相邻牵引变电所。降压变电所采用单母线分段，根据系统需要，也可以不设分段开关。

（3）动力与照明配电系统采用 330 V/220 V 三相五线制系统（TN-S 系统）配电。基本上采用放射式供电，个别负荷可采用树干式供电。一级负荷要求采用双电源、双电缆，供电末端自动切换，来电自复；二级负荷采用双电源、单电缆；三级负荷采用单电源、单电缆。

（四）电力监控系统

电力监控系统在控制中心（Operating Control Center，OCC）实现对供电系统进行集中管理和调度、实时控制及数据采集。除利用"四遥"（遥控、遥信、遥测、遥调）功能监控供电系统设备的运行情况，及时处理和掌握供电系统的各种事故、报警时间外，还可以利用该系统的后台对供电系统进行数据归档和报表统计操作。

电力监控系统的作用是保证控制中心对供电系统的主变电所、牵引变电所、降压变电所等供电设备的运行状态进行监视、控制和数据采集。它由设在控制中心的主机、设在各变电所的远程控制终端及连接终端与中心的通信网络三部分组成。

电力监控系统的结构宜采用一对多的集中监控方式，即一个主站监控多个子站的方式。系统的硬件、软件一般要求充分考虑可靠性、可维护性和可扩展性，并具备故障诊断、在线修改功能，同时遵循模块化和冗余的原则。远程数据通道宜采用通信系统提供的数据通道。

【知识链接】

城市轨道交通供电系统中，根据实际需要，也可以专设高压变电站。发电站或区域变电站对轨道交通变电站供电，经主变电站降压后，分别以不同的电压等级对牵引变电站和降压变电站供电，这种供电方式被称为集中式供电方式。上海地铁就是采用这种供电方式。牵引变电站的设置和容量应按运行的列车编组及行车密度进行牵引供电计算后确定，降压变压站的设置和容量可根据动力用电量确定，若有主变电站，其容量应由全部牵引和动力用电量来确定。也可以不设地铁主变电所，由城市电网中的区域变电所直接对轨道交通牵引变电所和降压变电所供电，这种供电方式称为分散式供电方式。北京、天津地铁就是采用这种供电方式。

三、城市轨道交通电力牵引的制式

电力牵引用于轨道交通系统已有 100 多年的历史，随着经济和科学技术的不断发展，用于轨道交通电力牵引的方式有许多不同的制式出现。这里所说的制式，是指供电系统向电动列车或电力机车供电所采用的电流和电压制式，如直流制或交流制、电压等级、交流制中的频率（工频或低频）以及交流制中的是单相或三相等。

城市轨道交通采用直流供电，因为直流电适合电气牵引的调速要求，而且直流牵引接触网结构简单，建设投资少，电压质量高。国际电工委员会拟定的电压标准为：直流电压 750 V、1 500 V、3 000 V 三种。

我国国家标准采用 DC 750 V 和 DC 1 500 V 两种。北京城市轨道交通采用 750 V 直流供电电压，上海、广州、南京、深圳等城市轨道交通采用 1 500 V 直流供电电压。

第二节　安全用电

随着电能的广泛应用，人们越来越认识到安全用电的重要性。做好用电安全工作，提高用电安全技术理论水平，落实保证用电安全工作的组织措施和技术措施，对防止发生电气设备损坏和人身触电事故具有重要意义。

一、电流对人体的伤害

在供配电系统运行中，电气事故种类很多，可分为电流伤害事故、电磁场伤害事故、雷电事故、静电事故、电气设备事故和电力系统事故。其中，人身触电事故是电气事故中常见的一种形式。

触电对人体伤害的程度与电流大小、触电时间长短、电流通过人体的途径、电流的种类和电压的高低以及人体的状况有关。根据触电对人体伤害程度的不同，触电主要有电击和电伤两种。电击是指电流通过人体内部，影响及破坏人体内部组织，如使呼吸困难、神经系统麻痹、心脏功能障碍等。绝大多数触电事故是由电击造成的。但在电压触电事故中，这两类伤害也会同时发生。

二、触电形式

根据触电的方式和电流通过人体的途径，触电一般有 3 种形式，即单相触电、两相触电和跨步电压触电。

1. 单相触电

单相触电是指人体在地面或其他接地体上触及一相带电体的触电。大部分的触电事故属于这种情况。这种触电形式的危险程度与配电系统的中性点运行方式有关。如图 2-3（a）所示，中性点直接接地的系统中发生单相触电时因接地短路回路的阻抗很小，电流很大，对人的危险性较大；如图 2-3（b）所示，在中性点不接地或经消弧线圈接地的系统中发生单相接地时，因接地短路回路阻抗大，电流小，其危险性相对较小；如图 2-3（c）所示，人体接触漏电设备外壳，也属于单相触电。

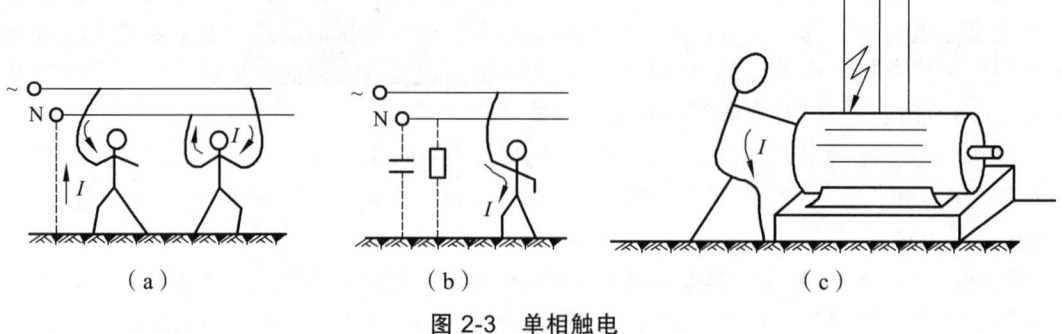

图 2-3　单相触电

2. 两相触电

两相触电是指人体两处同时触及两相带电体的触电，如图 2-4 所示。因相间电压直接加载人体上，其危险性较大。

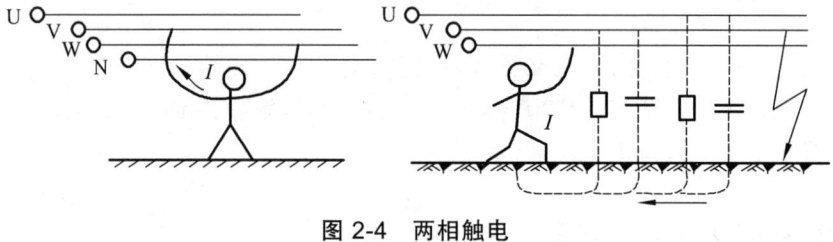

图 2-4　两相触电

3. 跨步电压触电

跨步电压触电是指电气设备发生接地短路故障时，有很大的接地短路电流在大地中流散，从而在接地点周围的地面上产生一个电位分布。接地点电位最高，距接地点 20 m 的电位约为零。如果有人在接地点周围行走，将在两脚之间出现电位差，即所谓的"跨步电压"。由此而引起的触电事故，称为"跨步电压触电"，如图 2-5 所示。

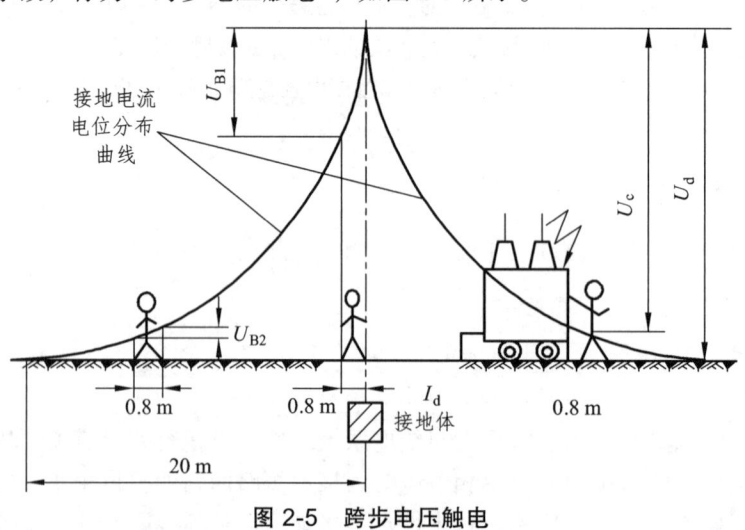

图 2-5　跨步电压触电

三、安全用电常识

（一）安全电压

不带任何防护设备，对人体各部分组织均不造成伤害的电压值称为安全电压。安全电压取决于人体允许的电流和人体电阻。国际电工委员会（IEC）规定，接触电压（相当于安全电压）的限定值为 50 V 或无纹波直流 120 V。在特殊情况下，接触电压上限值为交流 25 V 或无纹波直流 60 V。我国根据不同的环境条件，规定安全电压为：在干燥、无导电粉末等危险程度较低的建筑物中为 50 V，一般情况下是 36 V；在特别潮湿的环境或金属构架上工作时为 24 V 或 12 V。

（二）电气安全用具

电气运行人员在运行与操作中应正确使用安全工具，确保人体安全。电气安全用具一般分为两大类，即绝缘安全用具和一般防护用具，如图 2-6 所示。

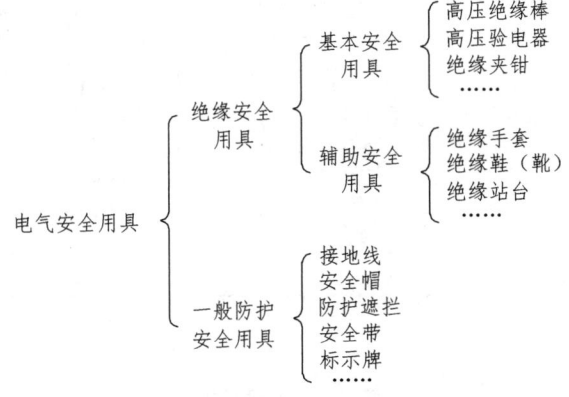

图 2-6　电气安全用具

（三）电气设备的接地与接零

在供配电系统中，为了保证电气设备的正常运行和安全用电，电气设备必须接地或接零。接地是指将电气设备的一部分与大地作良好的电气连接。接零是指将电气设备在正常情况下，不带电的金属部（如外壳）与中性线（或称零线）紧密相连接。按其作用的不同，电气设备的接地与接零可分为工作接地、保护接地、保护接零和重复接地等。

1. 工作接地

为了保证电气设备在正常或发生事故的情况下能可靠地运行，将电路中的某一点接地，称为工作接地。例如，三相变压器三相绕组星形联接时中性点接地和避雷设备（避雷针、避雷器）的接地属于工作接地。

2. 保护接地

在中性点不接地的三相电源系统中，为了防止因绝缘损坏而遭受触电的危险，将与电气设备带电部分相绝缘的金属外壳或金属构架与大地可靠连接（接地电阻不得超过 4 Ω），称为保护接地。例如，电动机、变压器的外壳接地属于保护接地，如图 2-7 所示。

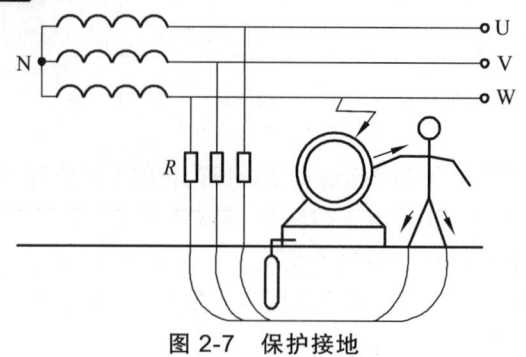

图 2-7 保护接地

3. 保护接零

在中性点接地的三相电源系统，如 380 V/220 V 三相四线制供电系统中，将电气设备的技术外壳与电源的零线（中性线）直接连接，称为保护接零，如图 2-8 所示。

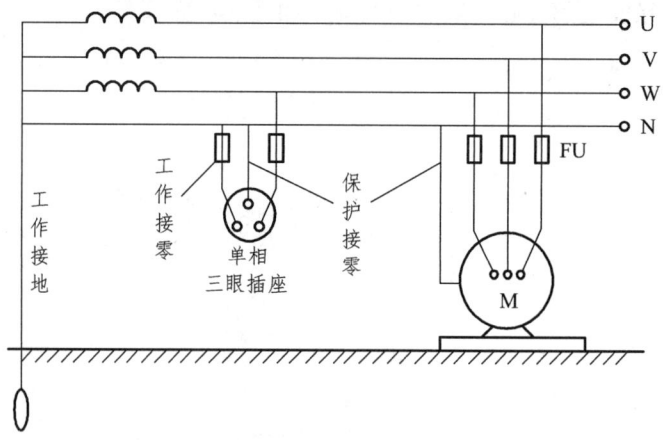

图 2-8 保护接零

对于各种单相用电设备，如各种家用电器（电冰箱、洗衣机等）常用三眼插座和三脚插头与电源连通。使用时应将用电设备外壳用导线连接到三角插头中间的插脚上，然后通过插座接到电源的零线，以实现保护接零，如图 2-8 所示。插座上的这根保护接零线要求连接牢固可靠，不允许装设开关或熔断器。

4. 重复接地

在三相四线制供电系统中，为了确保保护接零可靠，除了在电源中性点进行工作接地外，还必须在零线的其他地方，按一定的间距进行多次接地，称为重复接地。零线上不得装设熔断器或开关设备，应保证零线的安装质量，定期进行检查。

【知识链接】

触电急救

一旦发生触电事故，抢救触电者应遵循迅速、就地、准确、坚持的原则。

1. 迅速脱离电源

当电源开关离救护人员很近时，应立即切断电源。当电源开关远离救护人员时，可用干燥木棒、竹竿或带有绝缘柄的其他工具使触电者脱离电源；也可用装有干燥木柄的刀斧、铁锹等把电源切断，但要注意防止切断电源的导线触及人体。现场可采用短路法使开关跳闸。

2. 就地处理

触电者脱离电源后，必须立即抢救。仅在现场对安全有威胁时，才能把触电者抬到安全的地方进行抢救，但千万不要长途运往医院抢救，而应根据具体情况进行抢救，并迅速派人请医生前来急救。

3. 准确使用人工呼吸法

触电者脱离电源后，应首先清理其嘴里的东西，尽量使头后仰，让鼻孔朝天，这样舌头根部就不会阻塞气道，同时很快解开触电者的领口和衣服。头下不要垫枕头，否则会影响通气。然后根据触电者受伤的程度，准确使用人工呼吸法。

4. 坚持抢救

如果触电者能在 15 min 以内得到抢救，一般做人工呼吸 30~40 min 即可救活。触电者死亡一般有 5 个特征：呼吸停止、心脏不跳动，瞳孔放大，尸斑，尸僵，血管硬化。如果 5 个特征有一个尚未出现，都应为"假死"，必须坚持进行抢救

【想一想】

为什么飞鸟两脚站在高压输电线上而不会触电？

四、电气防雷、防火和防爆

1. 电气防雷

雷电分为直击雷、感应雷、球雷和雷电侵入波。雷电产生的强电流、高电压、高温热会给电力系统、人类造成严重灾害。城市轨道交通供电系统中，各站点与控制中心之间相互连接的各类网络、通信系统的大量应用也使得雷电电磁脉冲对系统安全运行的影响日益突出。

目前，常采用避雷针、避雷线、避雷网、避雷带和避雷器等避雷装置进行防雷。考虑电磁脉冲对系统运行可靠的影响，在做好系统接地保护和等电位连接的基础上，应综合运用分流、屏蔽、端口保护等措施解决系统中可能受雷电电磁脉冲干扰的因素，达到整体解决防雷与防电磁脉冲的目的。

2. 电气防火

几乎所有的电气故障都可能导致电气着火。如设备材料选择不当，过载、短路或漏电，照明及电热设备故障，熔断器烧断、接触不良以及雷击、静电等，都可能引起高温、高热或者产生电弧、放电火花，从而引发火灾事故。

预防电气防火，应按场所的危险等级正确地选择、安装、使用和维护电气设备及电气线路，按规定正确采用各种保护措施。在线路设计上，应充分考虑负载容量及合理的过载能力；在用电上，应禁止过度超载及乱接乱搭电源线；对需在监护下使用的电气设备，应"人去停用"；对易引起火灾的场所，应注意加强防火，配置防火器材。

当发生电气火灾时，首先应切断电源，同时拨打火警电话报警。不能用水或普通灭火器（如泡沫灭火器）灭火，应使用干粉二氧化碳或"1211"等灭火器灭火，也可用干燥的黄沙灭火。

3. 电气防爆

由电引起的爆炸主要发生在含有易燃、易爆气体、粉尘的场所。在城市轨道交通地下线（站）中应特别注意电气防爆。

电气防爆措施主要有：合理选用防爆电气设备，正确敷设电气线路，保持场所良好通风；保证电气设备的正常运行，防止短路、过载；安装自动断电保护装置，危险性大的设备应安装在危险区域外；防爆场所一定要选用防爆电机等防爆设备，使用便携式电气设备应特别注意安全；电源应采用三相五线制与单相三线制，线路接头采用熔焊或钎焊。

五、提高城市轨道交通供电系统安全性的方法与措施

提高城市轨道交通供电系统安全性的方法与措施主要有以下几种：

（1）对供电系统设备设施进行日常维护。要保持城市轨道交通供电系统长周期地正常运行，应对各类设施设备及时进行维护保养。以防灾、抗灾的角度来讲，日常安全维护制度还要确保牵引变电所内设备的完备性、灭火装置的充分性及可用性。

（2）完善供电系统的监测系统、安全装置、消防设施和信息传输系统。城市轨道交通供电系统也要严格贯彻"安全第一，预防为主"的方针。对供电线路情况进行实时监测就是一项重要手段。在牵引变电所内安装摄像头，可以监测到任何牵引变电所的故障情况。城市轨道交通供电系统安全装置一般包括变电所内报警按钮、智能烟感探头、紧急照明和通风系统。消防设施包括灭火器、自动水喷淋装置和排烟装置等。当发生爆炸、火灾、毒气事件时，第一时间掌握现场情况尤为重要。应急时应备有4个渠道，即火灾报警系统、无线电通信系统、有线电通信系统和站台内的视频传输系统。

（3）建立完备的供电系统安全管理制度。建立完备的供电系统安全管理制度是实现地铁运营安全的基础。从保障我国城市轨道交通安全运营的实际情况来看，急需完善城市轨道交通灾害应急处理制度、城市轨道交通设备设施日常安全维护制度、城市轨道交通紧急状况定期演练机制及城市轨道交通供电系统安全教育计划。

【复习与思考】

1. 什么是安全电压？我国的安全电压是如何规定的？
2. 人体触电有哪几种形式？各有何特点？
3. 遇到有人触电，应如何进行急救？
4. 什么是工作接地、保护接地、保护接零、重复接地？它们各有什么作用？
5. 城市轨道交通供电系统中如何进行防雷、防火、防爆？

第三章　轨道交通基础知识

【章节描述】

本章主要描述列车驾驶员必须掌握的轨道交通基础知识，从轨道交通的分类、交通设施出发，学习了城市轨道交通的基础知识。

【教学目标】

1. 能力目标

了解城市轨道交通的发展状况，了解城市轨道交通的基本分类，了解城市轨道交通的基本设施。

2. 知识目标

熟悉城市轨道交通的概念与分类，熟悉城市轨道交通的设施，掌握城市轨道交通列车的基本参数，了解城市轨道交通的供电系统，了解城市轨道交通的通信系统，熟悉城市轨道交通车站的其他系统。

3. 素质目标

培养城轨列车驾驶员必须掌握的轨道交通基本知识。

国内外各大城市的发展经验证明：发展城市轨道交通是解决大城市交通问题和实现可持续发展最有效的途径之一。自英国伦敦1863年建成世界上第一条以蒸汽机车牵引，线路全长6.4 km的地铁线以来，全世界已有40多个国家300多座城市修建了城市快速轨道交通系统。

1969年10月，我国第一条地铁在北京建成通车，1971年投入运营；1908年，上海第一条有轨电车线路建成。目前，城市轨道交通发展势头迅猛，已有30多个大城市正在建设和筹建自己的轨道交通。2010年前，中国仅北京、上海、广州三个城市的轨道交通总长度达到1 000 km以上。

总体上，2015年度全国各城市轨道交通系统在"稳中求进"的条件下，有效结合稳增长和投资进度，保持了必要的轨道交通线路建设规模与投资规模。2015年，城市轨道交通建设总里程达到2 530 km，完成估算投资2 860亿元，比2012年增长9%，创历年新高。截至2015年年底，中国共有36座城市获准修建城市轨道交通线路，其中19座城市的85条线路已经开通运营，总里程达2 509.52 km。2014年，中国大陆获批的36座城市都有轨道交通线路在紧张建设，其中有22座城市36条新线路开工，辐射全国大部分区域，总里程达927 km，总投资达5 022亿元。截至2016年2月，中国大陆申报轨道交通建设获批的城市达到40个（见表3-1）。

表 3-1　中国大陆申报轨道交通建设获批城市分布一览表

（统计时间截至 2016 年 2 月）

序号	城市名称	所属省份（市、区）	行政级别	首次获批时间	首条线路开通时间
1	北京	北京	直辖市	20世纪50年代	1969年
2	天津	天津	直辖市	20世纪60年代	1976年
3	上海	上海	直辖市	1990年3月	1995年
4	广州	广州	省会、副省级	1992年	1997年
5	深圳	广东	副省级	1998年5月	2004年
6	南京	江苏	省会、副省级	1999年4月	2005年
7	大连	辽宁	副省级	1999年	2002年
8	长春	吉林	省会、副省级	1999年9月	2002年
9	武汉	湖北	省会、副省级	2000年	2004年
10	重庆	重庆	直辖市	2000年12月	2004年
11	杭州	浙江	省会、副省级	2005年6月	2012年
12	哈尔滨	黑龙江	省会、副省级	2005年6月	2013年
13	沈阳	辽宁	省会、副省级	2005年7月	2010年
14	成都	四川	省会、副省级	2005年8月	2010年
15	西安	陕西	省会、副省级	2006年	2011年
16	苏州	江苏	地级市	2007年2月	2012年
17	东莞	广东	地级市	2008年7月	2016年(预)
18	宁波	浙江	副省级	2008年8月	2014年
19	无锡	江苏	地级市	2008年11月	2014年
20	长沙	湖南	省会	2009年1月	2014年
21	郑州	河南	省会	2009年2月	2013年
22	福州	福建	省会	2009年6月	2016年(预)
23	昆明	云南	省会	2009年6月	2012年
24	南昌	江西	省会	2009年7月	2015年
25	青岛	山东	副省级	2009年8月	2015年
26	合肥	安徽	省会	2010年7月	2016年(预)
27	南宁	广西	省会	2010年7月	2016年(预)

续表

序号	城市名称	所属省份（市、区）	行政级别	首次获批时间	首条线路开通时间
28	贵阳	贵州	省会	2010年9月	2017年(预)
29	常州	江苏	地级市	2012年5月	2020年(预)
30	厦门	福建	副省级	2012年5月	2017年(预)
31	兰州	甘肃	省会	2012年6月	2018年(预)
32	太原	山西	省会	2012年6月	2018年(预)
33	石家庄	河北	省会	2012年7月	2017年(预)
34	佛山	广东	地级市	2012年9月	2017年(预)
35	乌鲁木齐	新疆	省会	2012年11月	2019年(预)
36	徐州	江苏	地级市	2013年2月	2019年(预)
37	南通	江苏	地级市	2014年8月	2022年(预)
38	济南	山东	省会、副省级	2015年1月	2020年(预)
39	呼和浩特	内蒙古	省会	2015年4月	2020年(预)
40	芜湖	安徽	地级市	2016年1月	2019年(预)

目前，伦敦、东京、纽约等国际大都市，其高峰时段轨道交通占公共交通出行的比重高达60%以上，而我国北京、上海等轨道交通最发达的城市，该项比例仅为30%左右；国外的地铁承运率已经达到70%~80%，而目前我国只有40%，还有非常大的提升空间。

根据《"十三五"现代综合交通运输体系发展规划》，到2020年，基本建成安全、便捷、高效、绿色的现代综合交通运输体系，部分地区和领域率先基本实现交通运输现代化。高速铁路覆盖80%以上的城区常住人口100万以上的城市，铁路、高速公路、民航运输机场基本覆盖城区常住人口20万以上的城市，完善优化超大、特大城市轨道交通网络，推进城区常住人口300万以上的城市轨道交通成网。城市轨道交通运营里程比2015年增长近一倍，全国城市轨道运营里程将达到6 000 km，在轨道交通方面的投资将达3万亿~4万亿元。据行业内估算，到2020年，运营总里程将达到6 000~7 000 km。根据公布的城际轨道规划，不仅珠三角城际轨道交通网的总投资规模就高达3 700亿元，其中2012—2020年期间计划完成1 180亿元。

一、城市轨道交通概述

1. 城市轨道交通的分类

城市轨道交通顾名思义就是车辆在轨道上行驶并主要用于城市公共客运的交通系统。火车、有轨电车等都属于轨道交通，前者属于较长距离的城际间的交通，后者是低速行驶于街市间的公共交通，但两者都不属于通常所说的城市轨道交通系统。一般来说，城市轨道交通可以按照以下方式进行分类。

按构筑物的形态或轨道相对于地面的位置划分，城市轨道交通可分为三类：

（1）地下铁路：位于地下隧道内的那部分铁路称为地下铁路。

（2）地面铁路：位于地面的铁路称为地面铁路。

（3）高架铁路：位于地面之上的高架桥的铁路称为高架铁路。

按服务范围和列车运营组织方式划分，城市轨道交通可分为三类：

（1）传统的城市轨道交通：服务范围以中心城区为主，包括城市与郊区、机场之间的传统城市轨道交通，通常站间距在 1~2 km 以内。

（2）区域快速铁路（Regional Express Railway，Regional Metro）：服务范围包括城市郊区的轨道交通系统，通常站间距较大，含有地面线路或高架线路。例如，德国的 S-Bahn，巴黎的 RER，旧金山的 BART，上海的 R 线。

（3）市郊铁路（Suburban Railway）：位于城市范围内、部分或全部服务于城市客运的城市间铁路，通常其所有权不属于所在城市的政府，而由铁路部门经营，主要运送城市郊区与闹市区间的乘客，故也称通勤铁路。这种铁路通常在郊区采用平交道口形式，在市区为高架或地下铁路。其站距长，运营组织方式与城市间铁路相近，可开行不停靠全部或部分中间站的直达列车；为减少环境污染，多采用电气化牵引方式。纽约、东京等国际大都市的市郊铁路都很发达，营业里程达到 2 000 km 以上。

按运能范围及车辆类型划分，城市轨道交通可分为地下铁道、轻轨交通、独轨交通、有轨电车、客运自动轨行车、自动导轨电车（AGT）、微型地铁（线性电机电车）、胶轮地铁、索道等类型。我国已有的城市轨道交通方式有：地铁、轻轨、有轨电车、独轨、磁悬浮列车等。

地铁是在城市中修建的快速、大运量用电车牵引的轨道交通系统，它可以修建在地下、地面或采用高架的方式，运量在 3 万人次/h 以上；轻轨相对于地铁来说运量较小，是在原有轨电车的基础上利用现代技术改造发展的城市轨道交通系统，运量在 1.5 万~3 万人次/h。轻轨主要划分依据的是该线路远期的单向客运能力，而不是看其主要处在地下、地面或高架。

2. 城市轨道交通的优点

相对于传统的交通工具，城市轨道交通具有以下优点：

（1）安全。地铁和轻轨或深埋地下，或高架空中，即便行驶于地面也是全封闭的。每条轨道交通都采用双线独立运营，与地面交通之间完全是立交关系，因此其运营十分安全，比道路交通的安全性高得多，而且可全天候运行。

（2）正点。正因为采取独立运营和立交方式，最大限度地避免了交通事故和交通阻塞，因此能确保行车的正点率在 98% 以上。在北京和上海，地铁已经成为"上班族"出行的首选交通方式。

（3）快速。同样由于其安全性和高正点率保证了轨道交通运行的高速度。地铁车辆的设计构造速度为 80 km/h，旅行速度在 35 km/h 左右。而地面公交车辆的旅行速度很难确保达到 25 km/h。

（4）舒适。无论是在地铁车站里，还是在车厢里，冬暖夏凉四季如春的小气候、柔和的色彩、明亮的灯火、优雅的环境给人以"宾至如归"的家的感觉。常常可以看到一些年轻的旅客朋友手不释卷地坐在车厢里，完全忘却了旅途的疲劳。这自然也是颠簸急转的地面公共交通望尘莫及的。

（5）节能。城市轨道交通车辆都采用电动车组，以电为牵引动力。而通常的城市地面车辆除电车外，都是以柴油或汽油为能源。众所周知，电能转换为车辆的机械能的转换效率是60%～70%，而燃料转换为机械能的效率只有25%左右，两者相差一倍以上。每一单位运输量的能源消费量，轨道交通系统仅为公共汽车的3/5，私人用车的1/6。所以说现代化的城市轨道交通是节能型的交通。

（6）环保。因为现代城市轨道交通是以电为能源，所以在行驶中不排放废气、废液，对周围环境不产生有害影响。唯一可能带来负面影响的是，地面线或高架路段列车行驶中产生的噪声污染，但采取必要的措施，如采用减振道床、隔声屏障或胶轮车等是可以防治的，而且轨道交通所产生的噪声是一种"集中型噪声"，人均噪声小，易于治理。

（7）用地省，运能大。一条复线轨道交通线路与一条16车道的公路具有大体相同的运输能力，而轨道交通线路占地仅为公路的1/8。

除了上述优点之外，地铁、轻轨还有如下特点：

（1）采用国际标准轨距为1 435 mm的钢轨。线路铺设方式灵活，根据地形条件，既可建于地下，也可采用地下、地面及高架相结合的方式，以节约工程投资。

（2）线路全隔离全封闭，可以实现信号控制调度的自动化，行车密度高，发车间隔最短可达1.5 min，平均旅行速度可达35～50 km/h。

（3）对客运量的适应范围广，通过选取不同的车辆编组形式，既可以满足6万～8万人次/h的大运能要求，也可以适应2万～4万人次/h的中等运能的要求，各设计年度的列车运行间隔，应根据预测的客流量、列车编组、列车定员、系统服务水平等因素综合确定。为保证地铁的服务水平，高峰时段初期列车运行间隔不宜大于6 min。

（4）车辆按有无动力分为动车和拖车，一般采用动车和拖车混合编组方式，既满足城市轨道交通所特有的牵引特性需要，又可减少车辆购置费。车辆编组以相对独立的动力单元为核心，容易实现扩大编组，以适应设计年度不同阶段的客流量需要。

（5）受电方式主要有两种：AC 25 kV、DC 1 500 V架空接触网受电和DC 750 V第三轨受电。牵引供电技术成熟，但该模式也存在噪声大、影响景观等缺点。可以通过提高车辆制造技术及工艺水平，采用弹性车轮、径向转向架等措施，减小车辆运行和通过曲线的噪声。采用无缝长钢轨线路、弹性钢轨扣件和路基弹性层，高架线路可以在轨道两侧设置隔音屏障，以减少噪声和振动的传递。

二、城市轨道交通设施

1. 轨道交通车站形式

车站形式主要取决于车站所处的位置环境、工程的规划条件、车站布局和服务功能要求，以及线路敷设方式、地质条件、结构形式、施工方法等。车站按线路敷设方式可分为地下站、地面站和高架站，按站台布置形式可分为岛式站台车站、侧式站台车站和混合式站台车站，按运营性质可分为终点站、中间站、区域站、枢纽站、联运站和换乘站。

侧式站台车站：一般可分为设地面站厅的地下单层侧式站台车站、全地下单层侧式站台车站和全地下多层侧式站台车站等形式。

地下单层侧式站台车站具有埋深浅、围护工程省的优点，但两个站台分离，增加了扶梯和售检票设备、使用及管理的不便。

岛式站台车站：地下一层为站厅层，地下二层为站台层。其优点是站厅分区合理，布局灵活；站台利用率高、换乘方便、疏导乘客能力大；站台层埋置较深，从工程上讲与区间暗挖隧道连接较容易。

中间站即一般站，仅供乘客上下车使用，功能单一，是地铁路网中数量最多的车站。

区域站即折返站，是设在两种不同行车密度交接处的车站，设有折返线和设备。区域站兼有中间站的功能。

换乘站是位于两条及两条以上线路交叉点的车站。它除了具有中间站的功能外，更主要的是它可以从一条线上的车站通过换乘设施转换到另一条线路上的车站。从广义上讲，所谓换乘，不限于轨道交通之间的换乘，还包括各种不同交通方式之间的转换，如轨道交通与铁路、公交、社会车辆、私家车、自行车、轮船、航空等交通方式的换乘。轨道交通的换乘按付费方式可分为付费区换乘和非付费区换乘。付费区换乘，旅客不需要出站进站和二次购票，是设计优先采用的换乘方式。

枢纽站是由此站分出另一条线路的车站，该站可接、送两条线路上的乘客。

联运站是指车站内设有两种不同性质的列车线路进行联运及客流换乘。联运站具有中间站和换乘站的双重功能。

终点站是设在线路两端的车站，就列车上下行而言，终点站也是起点站（或称始发站）。终点站设有可供列车折返的折返线和设备，也可供列车临时停留检修（列车段宜设在线路两端）。如线路远期延长后，则此终点站即变为中间站。

2. 地铁线路

地铁线路按其在运营中的作用，应分为正线、辅助线和车场线。其中，辅助线又包括折返线、渡线、联络线、停车线、出入线、安全线等。正线为载客运营的线路，行车速度高、密度大，且要保证行车安全和舒适，因此线路标准较高；辅助线是为保证正线运营而配置的线路，一般不行驶载客车辆，速度要求较低，故线路标准也较低；车场线是场区作业的线路，行车速度低，故线路标准只要能满足场区作业即可。

一般情况下，每条轨道交通线路需设车辆段一处。当线路较长时，可考虑增设一处停车场，车辆段的位置选择从运营效率角度看应选在线路中段较佳。但是，由于城市的快速发展和扩张，在城市中部一般都很难找到适合修建车辆段的场地，此时，车辆段可设在线路端部。为了便于收发车以及上下行首尾班列车时刻基本相同，可以考虑在线路的另一端设置停车场。车辆段的用地规模可以按远期配车数中每辆车占地 1 000 ~ 1 300 m^2 进行控制。车辆段及停车场的设备配置有出入段（场）线、停车线、试车线、交接线或联络线、洗车库、维修线、办公及生活设施。

正线及辅助线的圆曲线最小长度，A 型车不宜小于 25 m，B 型车不宜小于 20 m，在困难情况下不得小于一个车辆的全轴距。

区间正线：350 m，困难地段为 300 m；

辅助线：200 m，困难地段为 150 m；

车场线：150 m；

车站：1 200 m；困难时为 800 m。

地铁线路竖曲线半径的确定：

正线区间：5 000 m，困难时为 3 000 m；

车站端部：3 000 m，困难时为 2 000 m；

辅助线：2 000 m。

3. 轨道工程

轨道是城市轨道交通运营设备的基础，它引导列车运行，直接承受来自列车的荷载，并将其分布传至路基或桥隧结构物。轨道结构一般由钢轨、扣件、轨枕、道床、道岔及其他附属设备组成。轨距是轨面以下 16 mm 范围内左右两股钢轨头部内侧之间的最短距离。道岔是指车辆由一条线路转向或越过另一条线路时的设备。道岔有 3 种基本形式：线路连接、线路交叉、线路连接与交叉。钢轨的类型，一般以每米质量千克数表示。我国铁路钢轨的主要类型有 75 kg/m、60 kg/m、50 kg/m 和 43 kg/m，正线、车辆段出入场线及试车线均采用 60 kg/m 钢轨，车场线（试车线除外）采用 50 kg/m 钢轨。

地铁线路应为右侧行车的双线线路。

区间线路的轨道中心道床面或轨道旁，应设有逃生、救援的应急通道，应急通道的最小宽度不应小于 550 mm。

4. 限 界

限界是限定车辆运行及轨道周围构筑物超越的轮廓线。限界分车辆限界、设备限界和建筑限界三种。

车辆限界是一个和线路中心线垂直的极限横断面轮廓。建筑限界是除机车车辆以及同它有相互作用的设备（如电气化铁路接触网、车辆减速器等）以外，其他设备和建筑物不得侵入的轮廓线。

为了保证列车运行安全，要求靠近铁路线路修建的建筑物及设备，不得侵入规定的与线路中心线垂直断面的轮廓尺寸线，称为建筑限界。

建筑限界和车辆限界之间的空隙，为安全空间。留有安全空间的目的：一是为组织"超限货物列车"运行；二是为适应运行中的列车横向晃动偏移和垂向上下振动，防止与邻近的建筑物或设备发生碰撞。所谓超限，是指车辆整体尺寸和车辆的任何部分都不得超出机车车辆限界规定的尺寸。

地铁设备限界是用于限制设备安装的控制线，是位于车辆限界外的一个轮廓线。

三、城市轨道车辆

1. 车 辆

城市轨道交通车辆（以下简称地铁车辆）是城市轨道交通系统的重要组成部分，也是技术含量较高的机电设备。车辆应技术成熟、安全可靠、外形美观、使用方便、便于维修，且具有相应的经济性和先进性。

地铁车辆通常分为 A 型车、B 型车、C 型车、D 型车和 L 型车等。A 型车是直流 1 500 V 受电弓受电的车辆，也是长宽尺寸最大的车辆。B 型车又分为三轨受电和受电弓受电两种，三轨受电的车辆通常由直流 750 V 供电，受电弓受电的车辆由直流 1 500 V 供电；长沙城市轨道交通采用的车辆就是由受电弓受电的 B2 型车辆。C、D 型车是地板高度不同的铰接式车辆。L 型车与以上几种车型不同，是非黏着牵引的直线电机型车辆。

现代城市轨道交通车辆的车体均采用整体承载式结构，其材料一般分为铝合金和不锈钢两种。我国城市轨道交通的受流制式有直流 750 V 和 1 500 V 两种，北京地铁大多采用直流 750 V，上海地铁采用直流 1 500 V，长沙地铁采用直流 1 500 V。

一般地铁车辆由以下七部分组成：车体、动力转向架、非动力转向架、牵引缓冲连接装置、制动装置、中央牵引装置及车辆内部辅助设备。

2. 列车自动控制系统（ATC）

信号系统是保证列车运行安全和提高线路通过能力的重要设施。城市轨道交通的信号系统主要采用列车自动控制系统（Automatic Train Control，ATC）。ATC 系统由 3 个子系统构成：列车自动监控子系统（Automatic Train Supervision，ATS）、列车自动防护子系统（Automatic Train Protection，ATP）、列车自动驾驶子系统（Automatic Train Operation，ATO）。3 个子系统相互配合，构成一个以安全设备为基础，集行车指挥、运行调整及列车自动驾驶等功能为一体的列车自动控制系统。它是一套完整的控制、监督、管理系统。

ATS 子系统主要用于实现对列车运行的监督和控制，辅助行车调度人员对全线列车运行进行管理。它给行车调度人员显示出全线列车的运行状态，监督和记录运行图的执行情况，在列车因故偏离运行图时做出反应（提出调整建议或自动修整运行图），通过 ATO 的接口，向旅客提供运行信息通报（如列车到达、出发时间、运行方向、中途停靠站名等）。

ATP 子系统主要用于对列车驾驶进行防护，对与安全有关的设备实行监控，实现列车间隔保护、超速防护等功能。其主要的工作原理是：不断地将一些信息（如来自联锁设备和操作层面上的信息、地形信息、前方目标点的距离和允许速度信息等）从地面传至车上，从而得出此时刻所允许的安全速度，依此来对列车实现速度监督和管理。使用 ATP 子系统的一大优点是缩短了列车间隔，提高了线路的利用率和行车的安全可靠性。

ATO 子系统主要用于实现"地对车控制"，即用地面信息实现对列车的驱动、制动的控制。由于使用 ATO 子系统后，可以使列车经常处于最佳运行状态，避免了不必要的、过于剧烈的加速和减速，因此明显提高了旅客的舒适度，提高了列车准点率，减少了轮轨磨损，同时与列车的再生制动相配合，可以节省电能的消耗。

ATC 系统设备分布于控制中心（Central Control）、轨旁（Wayside）及车上（Vehicle）。

城市轨道交通列车自动控制系统（ATC）根据闭塞方式可分为固定闭塞信号系统、移动闭塞信号系统（CBTC）。

根据列控方式，固定闭塞信号系统分为：

（1）基于分级速度控制方式的固定闭塞信号系统，即"固定闭塞"信号系统。

（2）基于目标距离控制方式的固定闭塞信号系统，即"准移动闭塞"信号系统。

根据移动闭塞信号系统的车-地信息传输方式和传输媒介，可将 CBTC 信号系统分为：

（1）基于交叉感应电缆环线（Inductive Loop）传输方式的 CBTC 系统，即 CBTC-IL 信号系统。

（2）基于无线扩频通信（Radio Frequency）传输方式的 CBTC 系统，即 CBTC-RF 信号系统。

城市轨道交通正线上的色灯信号机的颜色有：红、黄、绿 3 种。

四、供电系统

供电系统是城市轨道交通系统中重要的基础设施，其功能是为城市轨道交通中的各种用电设备提供能源，确保城市轨道交通车辆和各机电设备系统的正常运行。根据功能的不同，地铁供电系统一般划分为以下几部分：外部电源、主变电所、牵引供电系统、动力照明系统、杂散电流腐蚀防护系统、电力监控系统。

城市轨道交通供电系统中压网络电压等级可采用 35 kV、20 kV、10 kV。对于分散供电方式，中压网络的电压等级应与城市电网相一致；对于集中供电方式，中压网络的电压等级应根据用电容量、供电距离、城市电网现状及发展规划等综合因素确定。国内城市轨道交通一般采用 35 kV 电压等级，20 kV 和 10 kV 电压等级仅在个别城市采用。

地铁供电系统的外部电源就是地铁供电系统主变电所供电的外部城市电网电源。外部电源方案的形式有集中式供电、分散式供电、混合式供电。

牵引变电所的功能是把电力系统提供的三相工频电变为电动机车所用的电能。牵引变电所分为交流牵引变电所和直流牵引变电所，国内城市轨道交通大多采用直流牵引变电所。直流牵引变电所双电源受电，经整流机组变压器降压、分相后，按一定整流接线形式由大功率整流器把三相交流电变换为与直流牵引网相应电压等级的直流电，向电动车组供电。

城市轨道交通降压变电所是为车站和线路区间的动力、照明负荷和通信信号等负荷提供电源而设置的，当与牵引变电所合建时，称为牵引降压混合变电所。

在城市轨道交通牵引供电系统中，直流 750 V 供电一般采用第三轨，直流 1 500 V 供电一般采用接触网。接触网是指经过受电器向电动客车供给电能的导电网。接触网按结构形式可分为接触轨和架空接触网。接触轨按受流位置的不同又可分为上部受流接触轨、下部受流接触轨和侧部受流接触轨。架空接触网按接触悬挂的不同可分为柔性架空接触网和刚性架空接触网。

城市轨道交通用电设备的负荷分为一级负荷、二级负荷、三级负荷。

一级负荷：应急照明、变电所操作电源、防灾报警系统、消防系统设备、地下站厅/站台照明、地下区间照明、事故风机及其电动阀门、排烟风机及其电动阀门、通信系统设备、信号系统设备、综合监控系统设备、电力监控系统设备、机电设备监控系统设备、自动售检票系统设备、门禁系统设备、兼作疏散用的自动扶梯、屏蔽门、防淹门、排雨泵、车站排水泵等。其中，应急照明、变电所操作电源、防灾报警系统、综合监控系统设备、通信系统设备、信号系统设备等为特别重要负荷。

二级负荷：地上站厅照明、站台照明、附属房间照明、出入口通道照明、普通风机及其电动阀门、废水泵、污水泵、自动扶梯、电梯、维修电源等。

三级负荷：空调制冷及水系统设备、广告照明、电开水器、清扫电源等。

电力监控系统的功能是实时对地铁变电所、接触网设备进行远程数据采集和监控。在城市轨道交通控制中心，通过调度端、通信通道和变电所综合自动化系统对主要电气设备进行"四遥"（遥控、遥调、遥测、遥信）控制，实现对整个供电系统的运营调度和管理。电力监控系统由控制中心的电力调度子系统、各变电所内的综合自动化子系统、复示终端系统以及联系三者的通信通道构成。电力监控系统采用计算机型监控装置，利用计算机技术、网络技术、通信技术、控制测量技术、继电保护技术，实现控制中心的调度管理自动化功能及变电所控制、测量、保护等自动化功能。

五、通信系统

城市轨道交通通信系统是一个为了提高地铁运输效率、保证行车安全、提高现代化管理水平和能迅速、准确、可靠地传递语音、数据、图像和文字等各种信息的需要而设置的系统。按照业务类型，通信系统可以分为专用通信系统、公共通信系统和公安通信系统三大类。

专用通信系统为轨道交通行车指挥及运营管理提供服务，是行车指挥、运营管理的必备工具，是各种监控信息传递的基础设施，也是向乘客和工作人员传递各种信息的主要设施。专用通信系统由传输系统、公务通信系统、无线通信系统、专用电话系统、时钟系统、信息网络系统、广播系统、闭路电视监控系统、乘客信息系统、通信电源系统、集中告警等子系统和通信线路共同组成，构成传送语音、数据、图像等各种信息的综合业务通信网。

公共通信系统由轨道交通公司和电信运营商合作设置，是公共通信网在轨道交通内的延伸，主要解决乘客的移动通信工具在轨道交通范围内的正常使用。

公安通信系统根据公安及消防部门的需求设置，是公安通信网在轨道交通内的延伸，是公安及消防部门在轨道交通领域进行治安防范、防灾救灾的必备工具。公安通信系统由公安部门控制管理的治安闭路电视监视、警用集群无线通信、公安计算机网络、公安专用电话等系统组成。

传输系统是通信系统中最重要的一个子系统，是一切需要传递信息和数据的机电系统（包括通信系统的子系统）的基础。传输系统作为各种业务信息基础承载平台，其功能是为通信系统的各子系统以及其他自动控制、管理系统提供控制中心至车站（或车辆段）、车站至车站（或车辆段）的信息传输通道。传输系统传输的信息包括语音、数据和图像三类，具体如下：

（1）语音信息：公务电话、调度电话、站间电话、宽带广播；

（2）数据信息：通信系统各子系统的监控信息、时钟及网络同步（CLK）信号、列车控制（ATS）信息、电力监控（SCADA）信息、自动售检票（AFC）信息等；

（3）图像信息：车站闭路电视监控系统（CCTV）视频图像信号等。

六、其他系统

1. 通风空调系统

为了保证地铁系统的运营环境，地铁设置通风空调系统，该系统为乘客提供"过渡性舒适"的候车环境，为地铁工作人员提供舒适的工作环境，为设备正常安全运行提供所需的运行环境；控制区间隧道空气的温度和压力变化率，并满足火灾和事故时通风、排烟要求等。

通风空调系统包括隧道通风系统和车站通风空调系统两大部分：隧道通风系统分为区间隧道通风系统和车站隧道通风系统两部分；车站通风空调系统分为车站公共区通风空调系统（简称大系统）、车站设备管理用房通风空调系统（简称小系统）以及空调水系统（简称水系统）。

2. 电扶梯系统

电扶梯系统（主要包括自动扶梯、电梯、轮椅升降台等）设备作为地铁车站的大型设备，是地铁车站内与乘客接触最为紧密的设备，是为了方便乘客，提高车站的集散效率，改善乘客进、出车站时舒适度的设备，同时考虑到无障碍出行要求，体现城市文明形象。电扶梯系统是一套服务于乘客的公共交通提升设施。

3. 消防设施

消防设施包括火灾自动报警系统、自动灭火系统、消火栓系统、防烟排烟系统、应急广播、应急照明、安全疏散设施等。

4. 环境与设备监控系统（BAS）

为了满足轨道交通的运营要求，在车站设置了保障正常运营的照明设备、通风空调设备、给排水设备、屏蔽门系统、自动扶梯等机电设备；同时，为满足在紧急状态的报警、乘客疏散、救灾等要求，在轨道交通车站还设置了火灾报警系统、水消防系统、自动灭火系统、防排烟系统、防烟设备等机电设备和系统。为了实施这些系统和设备相互间的有序联动控制和监视，在轨道交通线上设置了环境与设备监控系统（Building Automatic System，BAS），形成了一个强大的轨道交通运营保障系统。BAS 系统设控制中心、车站两级管理，实现控制中心、车站、就地三级控制。中央级和车站级监控功能由综合监控系统实现。BAS 作为综合监控系统中的一个子系统，通过各级的有机配合，最终实现 BAS 的整体功能。

5. 自动售检票系统（AFC）

自动售检票系统通常由清分中心（CCHS 或 ACC）、线路中央计算机（LCC）、编码分拣系统、车站计算机系统（SC）、车站现场设备（SLE）和车票组成。从总体架构来讲，系统分为四级，清分中心、线路中央级、车站级与现场级；整个系统经由通信传输系统和网络设备连接构成。

中央清分系统（CCHS）：服务于整个城市轨道交通线网，由清分系统、发卡系统、密钥系统、线路运营管理系统、数据交换系统、报表管理系统、异地容灾系统、网络管理系统、系统软件维护与开发系统等组成。其主要功能包括统一接收和处理轨道交通各线上传的车票交易、客流及收益数据，并生成报表；统一处理和下发各线共同的票务及系统参数；统一管理各线编码分拣设备和 AFC 密钥系统；统一完成各线运营收益清分及与外部系统（城市通卡、银联）的数据交换和收益清分。

中央计算机系统：设在控制指挥中心，由中央计算机、数据存储设备、通信服务器、各种工作站和操作终端、打印机、网络设备、UPS 等组成。

中央计算机系统能定时从各车站计算机收集全线的客流、票务、交通情况和设备状况，具有 AFC 系统的审计、监视、管理和计划的功能，采集和处理来自所有车站计算机的设备信息；从 CCHS 接收相关的系统运行方式、票价表、同步时钟和控制参数等信息，并下载到全线各车站计算机，每日生成全线统计报表。

编码分拣系统：车票编码/分拣机接入中央清分系统，负责对轨道交通专用的储值票和单程票进行初始编码和分拣。

车站计算机系统：每个车站设置一套车站计算机系统，包括车站服务器、监控管理工作站、网络设备、打印机、UPS 和紧急按钮，对车站 AFC 设备进行监控和信息处理。车站计算机系统收集、统计车站每台售检票设备的车票处理数据；完成车站级售票收入、客流统计等信息报告；接收、执行中央计算机下传系统运行参数（如日期、时间、价格表、挂失卡号等），下发给车站售检票设备；向中央计算机传送统计数据。

车站 AFC 设备：包括自动售票机、票房售票机、自动检票闸机和便携式验票机等。

自动售票机：设在非付费区，由乘客自行操作。自动售票机出售单程票并可对储值车票进行加值，同时具有验票功能；设有硬币、纸币接收模块，能同时接收中华人民共和国发行并正在流通的各种硬币、纸币，同时预留识别新币种的条件，另外还应具有识别伪钞的功能，预留接收银行卡的条件。

票房售票机：设在票务处（监补票亭）内，人工收钱，由票务人员操作。票房售票机主要承担发售纪念票、优惠票，对储值票进行加值，对超时、超站的单程票进行补票等任务，并按乘客要求进行交易打印；能对回收的车票进行读写编码和发行，并能对各种需查询的车票进行数据分析。

闸机：包括进闸机、出闸机、标准通道双向闸机和宽通道双向闸机，用于隔离车站付费区与非付费区。闸机能对乘客持有的地铁专用车票及城市通卡等票卡进行检查、编码。正常情况下闸机双向锁定，停电及紧急状态下处于常开状态。

车票：分为单程票、储值票、出站票、乘次票、测试票和纪念票等。单程票：采用简易式非接触式 IC 卡车票，一次使用有效，由出闸机检票回收。储值票：采用非接触式 IC 卡，不回收，在有效期内可反复充值，长期使用。

6. 综合监控系统

随着城市轨道交通的不断发展，与之相应的监控系统大致经历了 3 个发展阶段：人工监控系统、分立监控系统、综合监控系统。综合监控系统（ISCS）属于城市轨道交通系统机电设备综合自动化的范畴，是以乘客、环境及设备的防灾和安全为核心，并为安全行车和调度指挥提供应急处理方案及丰富的信息，目的是为了进一步提高城市轨道交通服务质量和运营管理水平。

综合监控系统围绕行车和行车指挥、防灾和安全、乘客服务等目的进行设置，通过单一的软硬件平台，实现多个分立系统原有的管理监控功能，为控制中心（OCC）的各种调度员和车站值班员提供全面的资讯及辅助决策支持功能，提高地铁运营指挥的智能化水平，实现全线乘客、环境、灾害、供电及机电设备的综合管理，提供各系统之间的业务关联和触发联动，提高对事件的反应能力和速度，提供统一运行和维护平台，减少岗位、业务的重叠和交叉，降低运营成本，避免资源浪费，提高整体运营效率。

系统集成可以从横向集成和纵向集成两个角度展开。横向集成可以采取三种方式：完全集成、准集成、部分集成；纵向集成包括中央级、车站级和现场级集成。这几种方式分别对应不同的集成范围和不同的实现难度。

从目前国内外地铁系统的集成方案来看，一般都采用准集成。地铁系统主要存在两种流派：其中之一是以行车调度指挥为核心，同时提供环境监控、电力监控和乘客监控等功能的准集成监控系统；另一种主要采用以环控调度（简称环调）、电力调度（简称电调）为核心并兼顾部分与行车调度（简称行调）有关子系统的准集成模式。以环调、电调为核心兼顾部分与行调有关子系统的集成方案，集成电力监控（SCADA）、火灾自动报警（FAS）、环境与设备监控（BAS）等系统，屏蔽门系统（PSD）、防淹门系统（FG）与自动售检票系统（AFC）、信号系统（SIG）、广播系统（PA）、闭路电视监视系统（CCTV）、乘客信息系统（PIS）、无线通信系统（RTS）、时钟系统（CLK）等系统互联。

以环调、电调为核心的集成方案在国外（境外）多条地铁线路也已成功实施，目前广州地铁三、四号线等正在实施之中。此方案实现集成相对容易，即使综合监控系统出现故障也不会影响行车安全，有较成熟的经验可供借鉴。

其缺点是只能对列车运行位置等进行监视，不具备对运行计划、进路设置等的监控功能。

以行车调度指挥为核心的集成方式最显著的特征是集成信号系统的列车自动监控子系统（ATS），同时集成与行车指挥有关的闭路电视监视系统（CCTV）、广播系统（PA）、乘客信息系统（PIS），以及电力监控系统（SCADA）、火灾自动报警系统（FAS）、环境与设备监控系统（BAS）。互联的系统有 AFC、信号系统、时钟系统、无线通信系统等。

此方案的难点也就在对 ATS 的集成。以行车调度指挥为核心的集成方案在新加坡东北线、香港 KCRC、法国巴黎十四号线已成功实施，但这种方案由于与信号系统密切相关，安全性要求高，接口复杂，实施难度较大。

【复习与思考】

一、不定项选择题

1. 地铁机电设备及照明用电负荷按其不同的用途和重要性分为三级，下面哪些设备属于一级负荷（　　）。

   A. 通信、通号系统　　　　　　　　B. 排烟风机、车站工作及应急照明
   C. 自动售检票、消防泵、水蝶阀　　D. 冷水机组、冷冻水泵

2. SCADA 主要实现功能的"四遥"分别为（　　）。

   A. 遥控　　　　B. 遥调　　　　C. 遥测　　　　D. 遥信

3. AFC 车站系统由（　　）构成。

   A. 车站服务器　B. 票务管理终端　C. 票务监控终端　D. 票务服务器

4. 车站按照运营性质分为（　　）。

   A. 中间站　　　B. 区域站　　　C. 换乘站　　　D. 枢纽站

5. ATC 系统由三个子系统构成：（　　）。

   A. ATM　　　　B. ATP　　　　C. ATO　　　　D. ATS

二、判断题

1. 地铁限界分为车辆限界、设备限界、建筑限界、结构限界。（　　）

2. 闭塞原则是指保证同一区间或闭塞区间内，只允许一列列车占用。（　　）
3. 枢纽站是由此站分出另一条线路的车站，该站可接、送两条线路上的乘客。（　　）
4. 在城市轨道交通牵引供电系统中，直流 1 500 V 供电一般采用第三轨，直流 750 V 供电一般采用接触网。（　　）

三、简答题

1. 城市轨道交通的优点有哪些？
2. 城市轨道交通的车站形式包含什么？
3. 城市轨道交通 ATC 系统的功能是什么？
4. AFC 系统包含哪些内容？

第四章　行车组织基础

【章节描述】

本章主要描述列车驾驶员必须掌握的行车基础知识，从行车的基本要求、行车的秩序维护与调整、行车信号方面出发，学习了行车的基础知识。

【教学目标】

1. 能力目标

了解城市轨道交通行车组织的重要性，熟悉城市轨道交通列车运行图的构成及作用，掌握城市轨道交通行车基本知识及行车闭塞的概念。

2. 知识目标

熟悉城市轨道交通的行车组织，了解行车运行图的基本概念与作用，掌握信号的控制方法。

3. 素质目标

培养城市轨道交通列车驾驶员必须掌握的行车基本知识。

第一节　行车组织的基本要求

一、行车组织基础

（一）行车工作的原则

1. 贯彻安全生产的原则

安全生产是地铁行车工作的基本要求，在地铁行车工作中发生事故，不仅给国家财产和人民生命财产造成损失与伤害，而且在社会上造成不良影响。

2. 坚持高度集中、统一指挥的原则

（1）行车工作具有点多、线长、面广和多工种多专业联合作业的特点，只有坚持高度集中、统一指挥的原则才能够把各单位、各专业、各岗位组成一个统一的整体，使各环节紧紧相扣，确保行车工作的正常秩序。

（2）为了使各专业、各岗位、各单位能够步调一致，配合协同必须坚持高度集中、统一指挥的原则。

（3）为了保证安全运行，提高行车工作效率必须坚持高度集中、统一指挥的原则。

3. 发扬协作、团结精神的原则

地铁运输是城市社会生活和国民经济中的一个重要组成部分，不但具有行业内相互协作、配合的工作联系，而且与城市的各个方面都有着广泛的联系。因此，必须确立全局观念和服务社会的思想观念，发扬协作精神，共同完成城市交通运输任务。

4. 均衡、合理组织运输，不断提高运输效率的原则

均衡、合理组织运输是地铁运行管理部门不断增强运送能力的重要手段，通过强化运输的组织和调度，积极开发和挖掘各个运行环节的先进经验，改进工作方式、方法，充分发挥设备与人的潜力，全面完成服务乘客的任务，全面完成企业的整体运营目标。

（二）列车运行图

1. 列车运行图的概念

（1）定义。

列车运行图是用坐标原理表示列车运行状态的图解形式，它规定和包括了运用列车占用区间的时分、车站到发时分、终点站折返时分以及其他列车运用的相关内容。

列车运行图是一个综合性的运行计划和运营工作的操作工具，它比较完整地规定了运营中列车进行的时间要素、数量要素、相关要素相互协作、统一的状态。

（2）要素内容构成。

① 时间要素。

区间运行时分：指相邻车站之间的运行时分。

停站时分：指列车停站作业（包括减、加速，开、关车门等），乘客上、下车所需时间的总和。

折返作业时分：指列车到达终点站或在区间站进行折返作业的时间总和。折返作业时分包括确认信号时间，出、入折返线时间，司机换岗时间等。

出、入车辆停车场作业时分：指列车从车辆停车场到达与其相接的正线车站或以正线车站返回车场的作业时间。

营运时间：指城市轨道交通运营线路运送乘客的时间，具体为每日首、末班车始发站开车点之间的时间。

停送电时间：指每天营运开始前送电和运营结束后停电所需操作和确认的时间。

② 数量要素。

全日分时段客流分布：按客流的时间分布进行预测、调查分析，确定高峰、低谷时段客流量，从而对列车编组数或列车运行列数等相关因素进行合理安排，并作为开行不同形式列车的主要依据，如区间列车、连发列车等。

列车满载率：指列车实际载客量与列车定员数之比。编制列车运行图时，既要保证一定的列车满载率，又要留有一定余地，以应付某些不可测因素带来的客流量波动，同时也要考虑乘客的舒适水平。

出入库能力：车辆基地与线路车站之间的出入库线有限，加之出入库列车插入正线受到正线通过能力的影响，因此，每单位时段通过出入库进入运营线的最大列车数，即出入库能力，是编制列车运行图的一个重要因素。

列车最大载客量：即一个编制列车按车厢定员计算允许承载的最大乘客数，分为定员载客量和超负载客量。

③ 相关要素。

与其他交通方式的衔接：包括大交通系统，如铁路、港口、机场、公路交通枢纽等；城市交通方式，如公交线路、车站布置、自行车停放、其他车辆停放等。

与大型体育场所、娱乐中心、商业中心的衔接：这些场所会有突发性的客流冲击地铁，造成车站一时运力和人力安排的困难。

列车检修作业：为保证列车状态完好，需均衡安排列车运行与检修时间，使每列列车均有日常维护保养与检修时间。

驾驶员作息时间：根据驾驶员作息制度、交接班地点与方式、途中用餐等因素，均衡安排各列车的运行线。

车站的存车能力：线路上的车站大多数无存车线，只有在终点站、区间个别车站设有存车线，可存放一定数量的列车，在日常运行时可作为停车维护用，在夜间可存放列车，减少空驶里程，均衡早上运营发车秩序。

电客车的能耗：在计算、查定电客车的各区间运行时分时，要协调区间的运行等级、限速与给电时间的关系，尽可能使之达到最佳。同时，也要使同一区段同时起动的列车最少。

2. 列车运行图实施的意义

（1）列车运行图规定了全部运行列车在各个车站、区间的运行时分和停站、折返时分；

（2）列车运行图规定了列车在正线运行的行车间隔、运行图周期、技术速度、旅行速度以及开行列车数等内容；

（3）列车运行图规定了列车在正线的运行方式和其他相关作业的要求；

（4）列车运行图是维持运行秩序，保证行车安全，协调各个部门运行工作的综合计划和基本依据；

（5）列车运行图的实施为确保提高运输效率和运输能力，完成客运任务起着保障作用。

3. 列车运行图的基本要求

地铁运输的列车运行图在编制中确定了整个运行过程的基本要素，它对行车安全和提高运输效率起着重要的作用。

（1）列车在区间的运转时分：确定列车运行于两个相邻车站之间所需要的标准时间。

（2）列车在车站的停站时分：是列车在站进行乘客乘降和列车到发作业所规定的最小停站时间标准。

（3）追踪列车间隔时分：是一个站间区间内同方向有两列或两列以上列车运行时相互之间最小的间隔时间（只有在 ATC 运行条件下方可实施列车追踪运行）。

（4）列车进行技术作业时间标准：包括列车正线运行在终点站的折返作业时间标准、列车出入库技术作业时间标准和其他运行相关因素所需的时间标准。

4. 列车运行图的基本格式及要素

列车运行图是利用坐标系原理表示列车运行的一种图解形式，它是表示列车在各车站和区间运行状态的二维线条图,能直观地显示各次列车在时间和空间上的相互位置和对应关系。下面对地铁列车运行图要素进行介绍(见图4-1)。

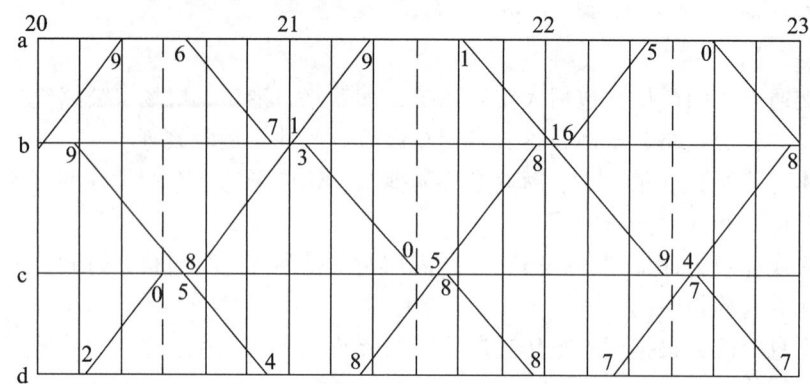

图 4-1 十分格运行图

(1)横坐标:表示时间变量,按要求用一定的比例进行时间划分。

(2)纵坐标:表示距离。

(3)垂直线:是一族平行的等分线,表示时间等分段。

(4)水平线:是一族平行的不等分线,表示各个车站中心线所在的位置。

(5)斜线:列车运行轨迹(径路)线,一般以上斜线表示上行列车,下斜线表示下行列车。

(6)列车运行线与车站的交点:表示该列车到达、出发或通过的时刻。

(7)车号与车次:列车运行图上每个列车均有不同的车号与车次,一般按不同列车类别规定代号与列车号。

5. 列车运行图的分类

(1)按时间划分不同来分。

① 一分格运行图:横轴以 1 min 为单位,以细竖线加以划分,主要用于地铁、轻轨线路使用。

② 二分格运行图:横轴以 2 min 为单位,以细竖线加以划分,常用于市郊轨道交通运行图。

③ 十分格运行图:横轴以 10 min 为单位,用细竖线加以划分,半小时格用虚线表示,小时格用较粗的竖线表示,主要供轨道交通运输企业使用。

④ 小时格运行图:横轴以 h 为单位,用竖线加以划分,轨道交通一般不采用。

(2)按区间正线数来分。

① 单线运行图:在单线区段,上下行方向列车都在同一正线上运行。

② 双线运行图:在双线区段,上下行方向列车在各自的正线上运行。

③ 单双线运行图:在有部分双线的区段,单线区间和双线区间各按单线运行图和双线运行图的特点铺画运行线。

(3)按列车之间运行速度差异来分。

① 平行运行图:在同一区间内,同一方向列车的运行速度相同,且列车在区间两端站的

到、发或通过的运行方式也相同,因而列车运行线相互平行。

② 非平行运行图:在运行图上铺画有各种不同速度的列车,且列车在区间两端站的到、发或通过的运行方式不同,因而列车运行线不相平行。

(4)按上下行方向列车数目的不同来分。

① 成对运行图:列车运行图上,上下行方向的列车数目相等。

② 不成对运行图:列车运行图上,上下行方向的列车数目不相等。

(5)按同方向列车运行方式的不同来分。

① 连发运行图:列车运行图上,同方向列车的运行以站间区间为间隔,采用连发运行图时,在连发的一组列车之间不铺画对向列车。

② 追踪运行图,列车运行图上,同方向列车的运行以闭塞分区或制动距离加上安全防护距离为间隔,即在一个区间内允许有一列以上同方向列车运行。采用追踪运行图必须是安装自动闭塞设备的线路。

以上分类,都是针对列车运行图的某一特性进行区分的。实际上,每张列车运行图都有若干方面的特点,它是双线、平行、成对和追踪的运行图。地铁系统的列车运行图因其系统特征所致,一般均为双线成对追踪平行运行图。

6. 列车运行图的编制原则

(1)在保证安全可靠的条件下,提高列车的运行速度,缩小列车的运行时分。在安全得到保证的前提下,通过提高列车运行旅行速度,压缩折返时间,减少出入库作业时间等方式,提高系统的运行效率和服务水平。

(2)尽量方便乘客。编制运行图时主要考虑列车发车间隔在满足运行技术前提下尽量选择最小值,从而减少乘客的候车时间。在安排低谷运行时,最大的列车运行间隔不宜过大。

(3)充分利用线路的能力和车辆的能力。通常情况下,折返站的折返能力是限制全线能力的关键,因此必须对折返线的折返作业时间进行精确计算,尽可能安排平行作业。当车辆周转达不到运营要求时,要合理安排车辆解决高峰客流组织。

(4)在保证运量需求的条件下,运营车数达到最少。在保证运量需求的条件下,综合考虑高峰时段列车运行速度、折返时间、列车开行方式等要素,使运营列车数量达到最少,从而降低系统的车辆保有量与运营成本。以列车编组辆数调整运能,满足不同客流时段的运量需要。该种运行图比较科学,经济合理。目前,美国地铁普遍采用,国内地铁应创造条件尽早借鉴使用。

(三)列车运行方向

1. 列车在区间的运行方向

地铁一般采用双线区段运行的方式,列车在区间内行车采用右侧单向运行制。列车在区间内运行时,列车司机的位置及信号机的设置位置均在列车运行方向的右侧。

2. 列车运行线路

在双线区段单向运行时,上下行列车分别固定在右侧正线运行,上行列车走上行线,下行列车走下行线。

在双线区段双向运行时,以右侧方向运行的列车称为双线正方向行车,反之称为反方向行车。

（四）乘务制度

1. 定　义

乘务制度是城市轨道交通司机值乘的一种工作制度，它表示城市轨道交通司机对运行列车值乘周转的方式。

2. 类　型

地铁运输运行管理中通常使用两种乘务制度：轮乘制和包乘制。

3. 区　别

（1）轮乘制是城轨司机在运行的整个时段中轮流驾驶参加运行列车的制度。

其特点如下：

① 节省参与运行的司机人数，其配量可减少到最低程度，有较高的工作和管理效率。

② 能够比较合理地利用列车台数，降低车辆使用成本。

③ 对列车司机的技术素质要求较高，对列车（车辆）性能的适应性要求较强。

④ 不利于列车保养、维护。

（2）包乘制是一列列车由一个乘务组固定使用的制度。

其特点如下：

① 城轨司机能够比较全面地掌握值乘列车（车辆）的性能，熟悉列车（车辆）情况，有利于处理列车运行时的故障。

② 有利于管理、监督。

③ 有利于列车维护、保养。

④ 由于定人包车，对提高列车（车辆）的技术状况有一定的好处。

⑤ 投用列车台数较多，列车（车辆）使用相对不均匀、不平衡。

⑥ 需配备的城轨人数较多，人员利用率不高。

二、行车指挥与调度

（一）调度指挥的原则

地铁运输系统是一个技术密集、社会化程度较高的公共交通系统，它有着由多部门、多工种相互配合，并且工作环节紧密联系，工作过程连续不断的特点，因此必须实行高度集中、统一指挥的运行指挥调度体制，以构成日常运输指挥与调度的中枢。

地铁运输系统相关运行线路和环节设置控制中心或相对独立的调度指挥部门实施高度集中、统一指挥。

1. 坚持服从指挥原则

各级、各类行车部门必须坚决服从行车调度员的行车调度命令与指示，维护地铁的正常秩序。

2. 坚持单一指挥原则

在一个区域行车工作的指挥，只能由负责该区域的行车调度员一人统一指挥，防止令出多头，造成行车工作的混乱，以致造成行车事故。

3. 坚持调度工作责任制原则

原则上由调度集中控制的区域，各个行车部门和人员必须严格按调度命令展开工作，如需由调度集中控制转为车站控制时，应实行授权并实施监督，掌握列车运行的整体状态。

（二）调度指挥的任务

在地铁运输中，行车工作涉及比较复杂的工作环节，为了统一指挥、有序组织运行工作，一般情况下，将调度指挥划分为若干部分，实施专业对口管理。通常在控制中心设置有行车调度、电力调度、环控调度等，其中心工作是指挥相关专业的作业流转，协调各个相关工作的开展。其工作任务主要有：

（1）科学地组织客流，合理使用各类运输设备，挖掘运输潜力，及时调整列车及其他作业方案，提高运输能力。

（2）组织行车部门紧密合作、协调动作，确保实施列车运行图，确保运营秩序和安全行车，完成运输生产工作任务。

（3）贯彻、组织、监控运输计划、施工计划的实施。

（4）指挥列车运行、实施突发情况时的运行调度，确保运输安全。

（5）实现电力、环控等对运行产生直接影响的重要工作内容的控制、指挥。

（6）积极参与和组织各类突发事件、事故的救援工作。

（7）做好运营指标统计、分析工作。

（三）行车调度的基本控制方式

行车调度员对运行状态的基本控制采用调度集中控制、行车指挥自动化和调度指示的方式进行。在特殊情况下，行车调度可以采用车站控制的方法进行。

1. 调度集中控制

行车调度员通过调度集中控制设备控制所管辖线路上的信号和道岔，办理列车进路，组织和指挥列车运行。

2. 行车指挥自动化

在行车调度员监控下，由双机冗余计算机等设备构成的列车自动监控系统（ATS）完成列车运行的控制任务。其基本闭塞方法为自动闭塞法。

3. 调度指示

通常情况下，地铁的行车指挥中，调度指示发布分为调度书面命令、调度口头命令和调度口头通知三种类型。

指挥列车运行的命令和口头指示，只能由行车调度员发布。基地（停车场）内不影响正线运行及接发列车的命令可由信号楼调度员发布。调度命令发布时，必须直接填记在调度命令登记簿内，并指定受令人进行内容复诵。命令内容应该保持规范、明了，不得随意简化。

（1）调度命令发布的基本要求。

在具备良好通信与录音设备条件下，行车调度员可以使用列车无线电以及其他通信设备直接发布口头命令。

（2）发布口头命令的内容如下：

① 临时加开或停开列车（包括客车、工程车及救援列车）。

② 客车推进运行、退行，工程车退行。

③ 停站客车临时变通过。

④ 采用 RM/URM 列车驾驶模式时。

⑤ 列车救援时。

⑥ 列车中途清客。

⑦ 变更列车进路。

（3）发布书面命令（特殊情况下可先用口头命令，事后补发书面命令）的内容有：

① 发布线路限速或取消限速。

② 封锁、开通线路。

③ 行调认为有必要记录的命令。

行车相关人员必须严格按照有关规定发布与执行调度命令，不得随意改变和简化调度命令的具体方式与内容，以保证调度命令的严肃性和权威性。在发布和接受命令时，有关人员要仔细核对、明确内容，并且复诵无误。在命令中，发令人、受令人、复诵人都必须填记全名。受令处所可根据规定填记标准缩写，发令日期与时间必须正确，命令内容要正确、明了，不得随意涂改或者含糊其词。

（四）行车调度员运行调整的主要方法

为实现按图行车，行车调度员要努力确保列车正点运行，而组织列车正点始发又是列车正点运行的基础。对始发列车，行车调度员应在列车出场、列车折返方式、客流组织等方面进行组织，确保列车正点始发。

在始发站正点始发的情况下，由于途中运缓、作业延误或设备故障等原因，会造成列车运行晚点。此时行车调度应根据列车运行的实际情况，按恢复正点和行车安全兼顾的原则，对列车的运行等级进行调整，尽快使晚点列车恢复正点运行。

列车运行调整的主要方法有：

（1）始发站提前或推迟出发列车。

（2）根据车辆的技术状态、线路允许速度，调整列车速度。

（3）组织车站快速作业，压缩停站时间。

（4）组织列车跳站通过运行。

（5）变更列车运行交路，组织列车在具备条件的中间站折返。

（6）组织列车反方向运行：在双线运行时，当一个方向列车密度较大，而另一方向列车密度较小，为恢复列车正点运行，可利用有岔站的渡线，将列车转到密度较小的线路上反方向运行。当一方向由于列车故障救援等原因可能造成大间隔时，可利用有岔车站的渡线，将列车转到另一条线路上反方向运行，以缩小列车间隔，均衡运行。

（7）扣车：当一条线路的列车由于车辆或其他设备故障引起运行不正常，造成乘客拥挤时，调度员可采取扣车措施，将列车扣在附近车站，以缓和压力，确保列车间隔。

（8）加开或停运列车：当线路某区断中断时，已不能满足在线列车运行时，调度员可适当抽调部分列车下线，拉大列车时间间隔运行。在正线运营客流量剧增时，根据具备条件组织加开列车。

三、行车闭塞法

（一）行车闭塞的定义

1. 定　义

为了确保列车运行安全，在组织列车运行时，通过设备或人工控制方式，使一个区间或规定的空间范围内在同一时间只有一列列车占用，并保持列车与列车间一定的安全距离的技术方法称为闭塞或行车闭塞法。

2. 作用与目的

行车闭塞是一种列车运行的规范和方法。闭塞的实现同整个运行系统和实际状况即技术状况和社会需求状况有密切的关系。列车运行中使用的运行区间是不变而相对固定的。如何使用现有的区间，使列车运行能够符合高密度、快速度、小间隔的要求，提高运输能力，同时确保列车运行的安全，就是我们使用何种行车闭塞的目的。

3. 闭塞中的运行区间

所谓"区间"，是为了安全和有效地组织列车运行，地铁运行线路以车站为界点，划分的许多线段，而区间是地铁列车在线路上运行时最基本的空间。闭塞就是在行车时能够确认列车运行区间的状态是否符合运行与行车规范要求。区间有三种状态：

（1）区间开通：指区间内无列车占用或没有相关的施工作业；列车通行信号和条件已经具备，可以允许列车进入；列车可以依据有关的行车凭证进入该区间。

（2）区间占用：指区间内已经进入列车或者有关列车已经取得了占用该区间的行车凭证，如进路已经准备完毕，信号机已经呈开放状态或者司机已经取得合法的行车凭证。

（3）区间空闲：指该区间没有被占用，该区间的行车凭证未发给任何列车或者进入该区间的信号机也未开放。

行车闭塞法就是利用区间的不同状态，利用技术手段或者制度管理手段对列车的运行状态作相应的指示，对整个列车运行做全面的调节、协调，使列车运行既安全又合理。

（二）行车闭塞的分类

1. 站间闭塞

站间闭塞就是两站间只能运行一列列车，其列车的空间间隔为一个站间。站间闭塞按技术手段和闭塞方法又可分为电话闭塞、路签闭塞、路牌闭塞、半自动闭塞、自动站间闭塞。目前，路签闭塞、路牌闭塞在城市轨道交通中已不采用，但在电话闭塞的基础上增加了一种电话联系法行车，要求和电话闭塞相似，只是手续更加简化。

2. 自动闭塞

自动闭塞是利用通过信号机把区间划分为若干个装设轨道电路的闭塞分区，通过轨道电路将列车和通过信号机的显示联系起来，使信号机的显示随着列车运行位置而自动变换的一种闭塞方式。在每个闭塞分区始端都设置一架防护该分区的通过色灯信号机，这些信号机平时显示绿灯，称为"定位开放式"；只有当列车占用该闭塞分区（或发生断轨故障）时，才自动显示红灯，要求后续列车停车。

自动闭塞的优点：由于划分成闭塞分区，可用缩短运行间隔时间开行追踪列车，从而大大提高区间通过能力；整个区间装设了连续的轨道电路，可以自动检查轨道的完整性，提高了行车安全的程度。

自动闭塞按信号显示数目分有二显示自动闭塞、三显示自动闭塞和四显示自动闭塞。二显示自动闭塞的通过信号机只有两种显示，即闭塞分区内有车占用时显示停车信号（红灯），闭塞分区空闲时显示进行信号（绿灯）。三显示自动闭塞的通过信号机有3种显示，即闭塞分区内有车占用时显示停车信号，前方只有一个闭塞分区空闲时显示注意信号，前方有两个以上闭塞分区空闲时显示进行信号。四显示自动闭塞则有4种显示，即可显示出停车、注意、减速、进行4种信号。

3. 准移动闭塞系统/ATC系统

它通过数字音频轨道电路（FTGS）将线路划分成很多分区，通过轨道电路占用、ATP子系统实时检测所有列车的位置，并向所有列车发送诸如列车运行方向、目标位置、区间最大速度、目标距离、下一段轨道电路区段的坡度、限速区间的允许速度、列车所在轨道电路的编号确认、列车所在轨道电路的长度等信息的信息码。信息由车载天线接收，并传送到车上，供ATP设备使用，如图4-2所示。

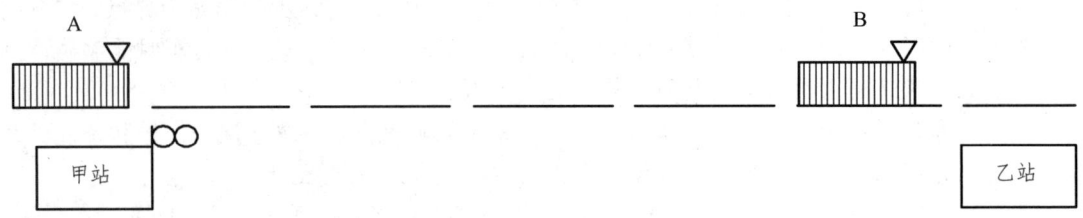

图4-2 准移动闭塞系统

ATC系统（自动列车控制系统）与人工闭塞和自动闭塞相比，是一种基于通信技术和计算机技术的先进列车自动控制系统。ATC系统是根据列车在线路上运行的客观条件和实际情况，对列车运行速度及制动方式等状态进行监督、控制和调整的系统。ATC系统包括地面设备与车载设备两部分。地面设备产生出列车控制所需要的全部基础数据，如列车的运行速度、间隔时间等。车载设备通过车载天线接收地面传来的信号，并进行信息处理，生成列车速度控制数据及列车制动模式，用来监督和控制列车安全运行。ATC系统改变了传统的信号控制方式，可以连续、实时地监督列车的运行速度，自动控制列车的运行，实现列车的超速防护。

4. 移动闭塞系统

移动闭塞是一种新型的闭塞制式。基于无线通信的列车控制系统（CBTC）是移动闭塞系统的关键技术之一，也是这种闭塞制式的应用系统。它最显著的特点是取消了以信号机分隔的固定闭塞区间。

列车间的最小运行间隔距离由列车在线路上的实际运行位置和运行状态确定，所以闭塞区间随着列车的行驶，不断地向前移动和调整，故称为移动闭塞。

移动闭塞通过车载设备和轨旁设备不间断地双向通信，根据列车实时的速度和位置动态计算列车的最大制动距离。列车的长度加上这一最大制动距离并在列车后方加上一定的防护距离，便组成了一个与列车同步移动的虚拟分区，如图4-3所示。由于保证了列车前后的安全距离，两个相邻的移动闭塞分区就能以很小的间隔同时前进，这使列车能以较高的速度和较小的间隔运行,从而提高了运营效率。

移动闭塞的线路取消了物理层次上的分区划分,而是将线路分成了若干个通过数据库预先定义的线路单元,每个单元长度为几米到十几米之间,移动闭塞分区即由一定数量的单元组成,单元的数目可随着列车的速度和位置而变化,分区的长度也是动态变化的。

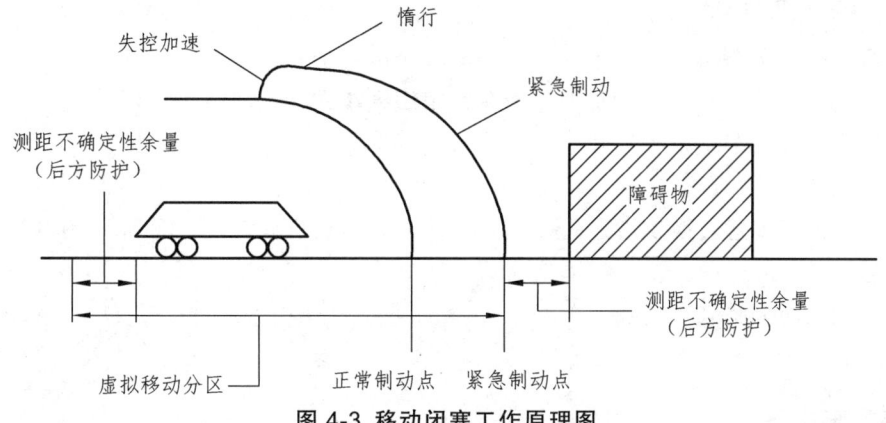

图4-3 移动闭塞工作原理图

移动闭塞系统中列车和轨旁设备必须保持连续的双向通信。列车不间断地向轨旁控制器传输其标识、位置、方向和速度,轨旁控制器根据来自列车的信息计算、确定列车的安全行车间隔,并将相关信息(如先行列车位置、移动授权等)传递给列车,控制列车运行。

CBTC系统是一个连续数据传输的自动控制系统,利用高精度的列车定位(不依赖于轨道电路),实现双向连续、大容量的车-地数据通信,能够执行列车自动防护(ATP)、列车自动运行(ATO)以及列车自动监控(ATS)。CBTC系统主要由移动设备(车载设备)、轨旁设备、通信网络、控制中心组成。

无线CBTC采用无线通信系统,通过开放的数据通信网络实现了列车与轨旁设备实时双向通信,信息量大,并采用基于IP标准的列车运行控制结构,可以在实现列车运行控制的同时附加其他功能(如安全报警、员工管理及乘客信息发布等)。

第二节 行车秩序维护与调整

为了实现按图行车,行车调度员要努力组织列车正点运行,而组织列车正点始发又是列车正点运行的基础。对于始发列车,行车调度员应具体掌握和组织列车出段、列车折返交路和客流情况等各方面信息,以确保正点始发。

由于列车途中运缓、作业延误或设备故障等原因,难免出现列车运行晚点、线路中断等特殊情况。此时,行车调度员应根据列车运行的实际情况,按恢复正点和行车安全兼顾的原则,根据规定的列车等级进行运行调整,尽可能在最短时间内使晚点列车恢复正点运行。

列车的等级依次为专运列车、客运列车、调试列车、空驶列车和其他列车。在抢险救灾情况下,优先放行救援列车。对同一等级的客运列车,可根据列车的接续车次和载客人数等情况进行运行调整。行车的调整方法有:加开列车、抽线、扣车、越站、组织小交路、站前折返、备用车替换和单线双向运行。

一、加开列车

加开列车，需经值班主任同意。

1. 车辆段加开列车

（1）行调根据运营需要安排车辆段（停车场）准备加开列车。
（2）行调向信号楼调度员发布加开命令，组织列车在转换轨待令。
（3）行调向相关车站发布加开命令。
（4）跟踪信号楼加开列车准备情况。
（5）加开列车到达转换轨后，确认加开车次、方向。行调在人机界面（MMI）上输入车次及车体号。
（6）行调及时调整列车间隔。
（7）及时通知加开列车司机动车。

2. 备用车加开

（1）通知备用车司机做好动车准备。
（2）向备用车司机发布加开命令。
（3）行调在 MMI 上修改车次。
（4）向各车站发布加开命令，要求各站做好乘客服务。
（5）行调及时通知加开列车司机动车。

3. 延长运营时间加开列车

（1）行调通知司机长、信号楼、检调、派班室正线延长运营服务。
（2）行调向司机发布加开命令，行调在 MMI 人工输入车次。
（3）行调向全线各站发布加开命令，要求做好乘客服务。
（4）延长运营服务期间，加强列车及设备监控，随时与各单位做好沟通与协调。
（5）做好施工计划调整和安排。
（6）行调向各站收集延长运营服务时间内的客流信息，了解各站延长运营服务时间内的客流情况及车站的客流组织情况，并向值班主任汇报。

二、抽 线

在运营期间因故障、突发事件或客流调整等原因造成抽线时，行调应做好以下工作。
（1）调整列车间隔（多停、修正运行时分、早开晚发）。
（2）行调向全线各站（信号楼）发布命令：因运营调整需要，××次列车××至××站间抽线，前后列车均有调整，各站作好乘客服务。
（3）行调电话通知两端换乘室：××次列车抽线。
（4）及时组织车辆段加开或正线回库下线列车、备用车替开抽线列车。

三、扣车与放行

1. 扣车

（1）行调在相应站台停车点未释放前，在 MMI 上点击需要扣车的站台，选择"保持信号"并执行。

（2）行调通过无线调度电话直接通知司机在××车站待令/扣车（多停），并用有线调度电话通知车站××次列车在你站待令/扣车（多停）。

（3）行调通知车站在 LCP 盘上执行"扣车"，紧急情况下可采取紧急停车措施。

（4）因较大事件需扣停某一车站后所有列车在车站，在 MMI 点击相应站台，选择"信号返回"并执行。

（5）行调也可以采用在 MMI 上修改停站时间在站多停。

2. 放行

（1）扣车原则上执行"谁扣谁放"，只有在 ATS 故障时，对原 MMI 扣停的列车，经行调授权后由相关车站放行。行调通知车站"扣车"的，由行调通知车站"放行"。

（2）列车在站停稳（可通过 CCTV 监控）后，行调在 MMI 上再次点击相应的站台，选择"继续"并执行。

（3）行调通过无线调度电话直接通知司机在××车站取消待令/扣车（多停），并用有线调度电话通知车站××次列车在你站取消待令/扣车（多停）。

（4）行调选择"信号返回"连续扣车，需每个车站执行"继续"进行放行。

四、列车越站

1. 在突发情况下越站

（1）行调报告值班主任，决定越站。

（2）行调在 MMI 上相应站台区段执行"终止站停"命令，或执行"略过此信号"、修改目的码、"调整"菜单中执行"不停"命令。

（3）行调向司机发布命令：××次列车在××站越站，做好乘客服务。

（4）行调向本站发布命令：××次列车在你站越站，做好乘客服务。

（5）行调向后续站发布命令：××次列车在前一站越站，请你站做好乘客引导。

（6）不影响后续列车正点运行或折返后能够正点始发的晚点列车，原则上不得越站通过。

（7）末班车或乘客无返乘条件的列车，不得越站通过。不准三列及其以上客运列车在同一车站连续越站通过。始发站不准两列及其以上客运列车连续放空。

2. 列车在站区内停车位置超出站台 3 个车门及以上时后退或越站（注：站台无屏蔽门）

（1）行调报告值班主任，决定后退，布置车站、司机做好防护后退对标。

（2）决定越站，行调命令司机不开门继续运行至下一站载客。

（3）行调向本站发布命令：××次列车在你站越站，做好乘客服务。

（4）行调向下一站发布命令：××次列车在前一站越站，请你站做好乘客引导。

五、列车小交路运行

（1）值班主任决定小交路方案，行调按照方案具体操作。

（2）行调提前交出控制权，要求车站解锁小交路进路道岔的单独锁定，关闭相关信号机自排（追踪）状态。

（3）行调向车站发布清客命令，布置小交路方案，交由车站负责排列折返进路。

（4）行调向车站发布加开（改开）命令。

（5）行调向司机发布清客命令，布置小交路方案，加开（改开）车次。

（6）行调负责监控车站折返进路排列、列车在站清客情况。

（7）行调负责调整列车，控制相关列车间隔。

六、站前折返

（1）行调提前通知列车司机：采用站前折返，折返后开行的车次。

（2）在 MMI 上对信号机进行操作，需要时人工修改车次。

（3）行调电话通知换乘室接班司机。

（4）行调及时通知折返车站：下行到达列车站前折返，做好乘客清客引导。

（5）到达列车停妥，行调与司机联系动车。

（6）行调关注列车间隔，可采用多停或扣车措施，保证一个区间不能有两列列车。

（7）连续采用站前折返可向车站发一次命令，要求做好乘客服务。

七、备用车替换

（1）行调提前通知即将转备用列车司机。

（2）行调提前通知备用列车司机（动车准备、开行车次），修改车次。电话通知换乘室接班司机。

（3）行调及时通知相关车站。

（4）及时排列上线列车进路，通知列车司机动车。

（5）待上线列车出清线路后，排列至非折返股道进路，通知即将转备用列车司机动车。

（6）转备用列车修改为备用车次，在《客车使用登记本》更改车体号。

八、列车单线双向运行

（1）值班主任决定单线双向运行方案，行调负责方案的具体操作实施。

（2）行调向车站发布××次列车清客命令及往返改开车次（可用图外车次）命令，要求相关车站做好乘客引导。

（3）行调将控制权交车站由其负责排列列车运行进路，进路无法排列时，将道岔开通至正确位置并单独锁定，确保进路安全。

（4）行调监控车站操作，及时扣停列车。

（5）行调向司机发布××次列车清客命令及往返改开车次命令。命令司机确认地面信号或确认进路安全动车。加强与司机联控。

（6）行调负责其他区段列车调整运营，维持最大限度的服务。

第三节　行车信号

一、信号基础知识

（一）信号定义及要求

所谓信号，是指示列车运行与调车工作开展的命令，它传达指挥者的意图，指示列车运行条件，表示有关行车设备的位置和状态等，是行车指挥的一种形式。信号装置就是实现信号含义的专用装置。

对信号的基本要求：

（1）各种信号机的灯光排列、颜色、外形尺寸应符合规定的标准。

（2）信号机的显示方式和表达的含义必须统一，并且符合规定的要求。

（3）信号机的设置须保持能够进行实时检测、故障警告，为列车运行提供安全保障、正确信息。

（4）在一般情况下，信号机设置在运行线路的右侧，与列车司机的驾驶位置相同，便于瞭望和确认信号。

（5）行车手信号、行车听觉信号的显示方式和表达的含义应该符合规定要求。

（6）信号机的设置以及行车手信号、行车听觉信号的显示应考虑线路地形、地物的相关影响。

（二）信号的基本分类

1. 按接收信号的器官分类

根据器官感受的区别，信号分为视觉信号和听觉信号两大类。

视觉信号：是以信号的颜色、形状及数字、灯光数目和状态等来表达的信号，如信号机、信号旗、信号标志牌、信号灯、信号表示器等。

听觉信号：是以不同器具发出的音响的次数、音响长短作符号来表达的信号，如口哨、口笛、铃声、响墩以及车辆的鸣笛声等。

2. 按信号是否可以移动分类

根据信号是否可以移动，信号分为固定信号、移动信号和手信号三大类。

固定信号：是被固定地安装在运行线路一定位置，用以指示列车运行和调车工作的信号，如信号机、行车信号标志牌、信号表示器等。

移动信号：当运行线路在特殊情况下需要施工、救援，要求列车禁止驶入某地点、区域或须减速运行时应设置移动信号。移动信号根据需要临时设置或撤除，如停车信号牌或灯、减速信号牌或灯、减速防护地段终端信号牌或灯。

手信号：是行车有关人员手拿信号旗者直接用手臂显示的信号，用来表达相关的含义，指示列车或者车辆的允许和禁止条件。

3. 按信号的用途和功能分类

根据信号的用途和功能，信号分为指示运行条件和要求的信号、信号表示器两大类。

信号机信号和手信号、音响信号是通常用以指示列车、车辆运行条件和要求的信号。

信号表示器是表示运行线路设备状态、位置变化的信号，如道岔表示器、脱轨表示器、车挡表示器、发车表示器等。

（三）信号机与行车标志种类

1. 信号的基本颜色

地铁运输组织中使用的视觉信号基本上与目前世界上各类运输业使用的视觉信号的颜色和基本含义相一致，它有四种基本颜色，分别表示不同的意思。

红色：停车。

黄色：注意并减速运行。

绿色：按规定速度运行。

月白色：按规定要求允许越过该架信号机。

2. 信号机的基本种类

信号机是地铁最常用的视觉信号设备，它的作用贯穿于行车工作的整个过程。一般情况下，信号机按其功能可分为进站信号机、出站信号机、防护信号机、调车信号机、复示信号机、阻挡信号机、引导信号机等。

（1）进站信号机：防护车站和指示列车运行条件的信号机。

（2）出站信号机：防护发车进路及运行线路的信号机。

（3）防护信号机：防护敌对进路的列车相互冲突的信号机，通常设置在平面线路的交叉地点。

（4）调车信号机：保证机车、车辆在站内或基地内从事转线、编组作业的信号机，使这些工作能够安全高效地进行。

（5）复示信号机：受地形、地物影响，主体信号机的显示达不到规定的显示距离时，调车、出站及发车信号机前应设置复示信号机，复示主体信号机的显示状况。

（6）阻挡信号机：设置在线路尽头，不准车辆越过该信号机，防护线路终端。

（7）引导信号机：设置在进站信号机或接发车进路信号机机柱上。当主体信号机进行信号因故不能开放，显示一个红色灯光时，其可点亮一个月白色灯光或月白灯光闪光引导列车进站（场）。

3. 行车标志

地铁运行中的行车标志分为线路标志和信号标志。它们是行车工作的一个重要组成部分，主要用来对列车运行时的驾驶以及运行设备的巡检、维修等指示相关目标、条件、操作要求。

（1）线路标志。

表示建筑物及线路设备位置或状态的标志称为线路标志。通过各种线路标志可以使工作人员知道或明了线路情况，方便进行各种设备维修、检查，使列车操纵能够掌握和依据各种标志指示的条件与要求驾驶列车，达到运行安全和规范行车的目的。与行车直接有关的线路标志主要有以下几种：

① 百米标：表示正线距离里程计算起点每一百米的长度，以百米为单位。

② 公里标：表示地铁线路从起点开始计算的连续里程标志，以公里为单位。

③ 曲线标：曲线起点和曲线终点标志的简称。设在曲线中点处，标志上标明了曲线中心里程、半径大小、圆曲线及缓和曲线长度、超高、加宽等有关数据。

④ 圆曲线及缓和曲线始终点标：设在直线、曲线、缓和曲线三者相互联系的节点处或开始与终止处，标明所向方向为直线、圆曲线、缓和曲线。缓和曲线是指线路上直线和圆曲线相接处为减少振动而设置的一段半径渐变的曲线，其起点没有弯度，然后逐渐变弯，弯度加大，半径减小，与圆曲线半径相同时和圆曲线相接，这种曲线称缓和曲线。圆曲线是线路上的一段弧，它的弯曲程度用圆半径表示，即曲线半径，以"米"为单位。曲线半径越大，弯度越缓和；曲线半径越小，弯度越紧促。

⑤ 坡度标：设在线路纵断面的变坡点处。它在正面与背面分别表示两边的坡度与坡段长度，箭头所指为上坡或下坡，箭尾数字表示坡度千分率，侧面标明变坡点位置。

⑥ 桥梁标：表示桥梁位置（中心里程）的标志，一般设置在桥梁中心里程处或桥头端，上面标明桥梁编号及中心里程数。

（2）信号标志。

表示运行线路所在地点的情况和状态，指示行车人员依据标志的要求，及时、正确地进行相关作业与操作的标志称为信号标志。

与行车相关的信号标志主要有以下几种：

① 警冲标：在两条线路汇合处，为了防止停留在一线的车辆与邻线上的车辆发生侧面冲撞而设在两汇合线路之间间隔 4 m 的中间的标志。股道之间间距不足 4 m 时，警冲标应设在两线路中心线最大间距的起点处。

② 站界标：是车站与区间的分界处的标志，主要用于车站管辖范围区界划分和列车运行时位置识别。

③ 鸣笛标：要求司机鸣笛的标志，一般设在道口、桥梁、隧道口以及线路状况复杂地段的外方规定位置。

④ 停车牌：指示列车停车位置的标志，通常用于车站站台规定的乘客上下车的停车地点以及列车折返时指示司机停车的地点，它固定设置在规定位置。

⑤ 一度停车标：要求列车（机车）在该地点停车后进行确认线路、道岔以及进行相关操作后继续行驶的指示标志。

⑥ 车挡表示器：设在线路尽头线车挡上的表示器，便于司机以及调车员确认车挡位置。隧道内显示红色灯光，地面线路昼间使用红色方牌、夜间使用红色灯光。

⑦ 接触网终止标：表示接触网已终止的标志，设在接触网终端，警告司机不准越过该标，防止脱弓。

二、视觉信号的意义

（一）色灯信号机的显示方式和意义

色灯信号机是运行组织过程中最基本的信号设备，它通过固定装置上的各种光色的变化来表达电客车或其他车辆运行的条件，对列车、车辆的开行指示命令。

正线使用两种色灯信号机：防护信号机和阻挡信号机。基地内设有调车信号，用以指示基地的调车和转线等作业。

1. 防护信号机的信号显示

防护信号机是列车运行正线上对道岔以及运行进路进行防护而设置的信号，它对通过的列车或车辆显示信号。

防护信号机有以下四种状态的显示：

一个红色灯光：不准列车越过该架信号机。

一个绿色灯光：表示前方进路道岔在直向位置，准许列车按规定速度越过该信号机。

一个黄色灯光：表示前方进路道岔在侧向位置，准许列车按规定速度越过该信号机。

一个红色灯光及一个黄色灯光：引导信号显示，准许列车以不超过规定的速度越过该信号机，并准备随时停车。

2. 阻挡信号机的显示意义

阻挡信号机一般设置在线路的尽头线，用以指示列车的停车位置或者在停运检修期间指示检修作业位置，阻挡列车（车辆）越过，确保安全。

（1）尽头线：指线路一端已经终止，无任何道岔连接，并设置安全车挡，以防车辆溜出的线路。

（2）显示状态。

一个红色灯光：不准列车（车辆）越过该架信号机。

对于如何在接近线路终端的作业，在安全运行规则中有具体的规定，包括运行速度和接近距离规定。

3. 基地（停车场）调车信号机的显示意义

基地（停车场）调车信号机是对基地内进行调车作业的列车（车辆）指示准许或禁止作业条件和要求的信号机。

（1）显示状态。

一个红色灯光：禁止越过该架信号机进行调车作业。

一个白色灯光：准许越过该架信号机进行调车作业。

（2）关于调车信号的说明。

① 调车信号机显示一个白色灯光，一般是指该架信号机显示所指示的调车进路前方道岔在开通状态。它与调车作业应该到达或需要的进路是有所区别的，也就是说调车信号机显示所指示的路径可能是作业需要的路径，可能是错误的路径，也可能是由于信号控制人员的失

误操作使进路开通方向与调车作业的目的地或方向不一致。因此，在调车作业中，参加调车作业的相关人员除看清信号显示外，还必须确认调车进路。

②调车信号机的显示表示前方进路情况，但是否可以开始进行调车作业，还必须有参加调车作业的调车指挥人的指示命令，因为调车作业还将受到多种因素的影响与制约。

（二）手信号的显示方式和意义

1. 手信号显示的作用与分类

（1）手信号的基本作用。

手信号是运行系统的重要的信号显示，在运行实践中经常要使用手信号来表示或传达相关的行车指示和命令，它与运行以及运行安全有着密切的联系。手信号是运行中普遍采用的一种视觉信号，它是用信号旗或信号灯及显示信号的人用手臂显示的信号，通过旗、灯、手臂的状态变化使接收信号的行车人员明确显示的意义并遵守执行。

手信号的基本作用是机动地指挥列车运行和调车作业，对相关的行车事项进行联络。

手信号显示的准许通行信号、停车信号、注意或减速信号、引导信号同固定信号机所显示的含义具有相同的作用。

（2）手信号的分类。

手信号显示根据它的作用与用途可以分为列车运行有关手信号、调车手信号和联系用手信号。

① 列车运行时有关人员应遵守下列手信号的显示，如表4-1所示。

表4-1 列车运行有关手信号

序号	手信号类别	显示方式	
		昼间	夜间
1	停车信号：要求列车停车	展开的红色信号旗，无红色信号旗时，两臂高举头上，向两侧急剧摇动	红色灯光，无红色灯光时，用白色灯光上下急剧摇动
2	紧急停车信号：要求司机紧急停车	展开红旗下压数次，无信号旗时，两臂高举头上，向两侧急剧摇动	红色灯光下压数次，无红色灯光时，用白色灯上下急剧摇动
3	减速信号：要求列车降低速度运行	展开的黄色信号旗，无黄色信号旗时，用绿色信号旗下压数次	黄色信号灯光，无黄色灯光时，用白色或绿色灯光下压数次
4	发车指示信号：要求司机发车	展开的绿色信号旗上弧线向列车方面做圆形转动	绿色灯光上弧线向列车方面做圆形转动
5	通过手信号：准许列车由车站通过	展开的绿色信号旗	绿色灯光
6	引导信号：准许列车进入车站或基地	展开黄色信号旗高举头上左右摇动	黄色灯光高举头上左右摇动

② 调车手信号,如表 4-2 所示。

表 4-2　调车手信号

序号	调车手信号类别	显示方式	
		昼间	夜间
1	停车信号	显示方式与表 4-1 第 1 项相同	
2	减速信号	展开的绿色信号旗下压数次	绿色灯光下压数次
3	指挥列车或车辆向显示人方向来的信号	展开的绿色信号旗在下方左右摇动	绿色灯光在下方左右摇动
4	指挥列车或车辆向显示人反方向去的信号	展开的绿色信号旗上下摇动	绿色灯光上下摇动
5	指挥列车或车辆向显示人方向稍行移动的信号（包括连挂）	左手拢起红色信号旗直立平举,右手展开的绿色信号旗在下方左右小摆动	绿色灯光下压数次后,再左右小动
6	指挥列车或车辆向显示人反方向稍行移动的信号（包括连挂）	左手拢起红色信号旗直立平举,右手展开的绿色信号旗在下方上下小动	绿色灯光平举上下小动
7	三、二、一车距离信号	右手展开的绿色信号旗下压三、二、一次	绿色灯光平举下压三、二、一次
8	连挂作业	两臂高举头上,拢起的手信号旗杆成水平末端相接	红、绿色灯光（无绿色灯时,用白色灯光代替）交互显示数次
9	试拉信号（连挂好后试拉）	按本表第 5 或第 6 项的信号显示,当列车起动后立即显示停车信号	
10	取消信号：通知前发信号取消	拢起的手信号旗,两臂于前下方交叉后,左右摇动数次	红色灯光做圆形转动后,上下摇动

2. 手信号的显示原则与时机

（1）手信号的显示原则。

手信号的显示原则是指在进行手信号显示时原则规定,也就是说在显示手信号时要遵循的制度和规范,否则信号显示将失去意义或者无效。

① 地面车站及基地内,昼间使用信号旗,夜间使用信号灯。

② 地下车站一律使用信号灯,按夜间规定办理。

③ 显示手信号时左手持红旗,右手持绿旗（扳道员右手持黄旗）。

（2）手信号的显示时机。

手信号的显示时机是指正确及时地掌握显示手信号的时间,即什么时候开始显示手信号,在什么时候收回所显示的手信号。时机的掌握对安全行车与提高行车效率有着直接密切的关系。如果过早显示,将影响行车工作效率,易产生行车节奏被打乱现象;而太迟显示,将不能够保证列车运行安全和失去显示要求所要达到的目的。

① 显示通过、停车等信号时,必须在看见列车灯光时开始显示,待列车头部越过显示信号地点后方可收回。

② 显示发车信号必须在确认列车起动后方可收回。
③ 显示引导信号要待列车越过显示地点后方可收回。
④ 显示调车手信号须待司机回示后方可收回。
⑤ 显示停车信号和临时停车信号须待列车或车辆停车后方可收回。

三、听觉信号的意义

（一）听觉信号的使用标准

1. 用 途

在行车工作中，各工种或专业人员相互之间有时不能通过口头、电信及视觉信号的方法取得联系时，必须使用听觉信号进行相互联络，维持工作的持续、效率、安全。

2. 标 准

鸣示听觉信号时，为防止混淆，应按音节长短及间隔的规定标准进行，其规定为：
（1）长声显示时间为3 s，短声显示时间为1 s，音响的间隔时间为1 s。
（2）如果需要重复鸣示时，每次（组）须间隔5 s以上。
（3）在一般情况下，隧道内取消列车、机车起动鸣笛和声响联络，如遇运行中危及行车安全以及人身安全的突发事件和特殊情况时除外。
（4）地面车站、基地作业时应充分考虑居民区等情况，执行城市轨道交通的有关规定。

（二）听觉信号的显示

1. 种 类

地铁运输中常用的听觉信号有：起动注意信号、退行信号、警报信号、召集信号、紧急停车信号六种。

2. 显示方式及含义（见表4-3）

表4-3 听觉信号

序号	名称	鸣示方式	使用时机
1	起动注意信号	一长声 ———	① 列车起动或机车车辆前进时（双机牵引时，本务机车鸣笛后，尾部机车应回示，本务机车再鸣笛一长声后起动）； ② 接近车站、鸣笛标、隧道、施工地点、黄色信号、引导信号、天气不良时； ③ 在区间停车后，继续运行时，通知车长
2	退行信号	二长声 ——— ———	客车、机车车辆、单机开始退行
3	召集信号	三长声 ——— ——— ———	要求防护人员撤回时
4	呼唤信号	二短一长声 ·· ———	① 客车或机车要求出入基地（停车场）时； ② 在车站要求显示信号时

续表

序号	名称	鸣示方式	使用时机
5	警报信号	一长三短声 — ···	① 发现线路有危及行车安全的不良处所时； ② 列车发生重大、大事故及其他需要救援情况时； ③ 列车在区间内停车后，不能立即运行，通知车长时
6	试验自动制动机复示信号	一短声 ·	① 试验制动机开始减压时； ② 接到试验制动结束的手信号，回答试风人员时； ③ 调车作业中，表示已接收调车员所发出的信号时
7	缓解信号	二短声 ··	试验制动机缓解时
8	紧急停车信号	连续短声 ·····	司机发现邻线发生障碍，向邻线上运行的列车发出紧急停车信号时，邻线列车司机听到后，应立即紧急停车

【复习与思考】

一、不定项选择题

1. 在 ATC 系统正常情况下正线驾驶采用（ ）驾驶模式。
   A. ATO　　　　B. AR　　　　C. RM　　　　D. URM

2. 行车指挥自动化时（ATC 系统）列车运行调整的方法是（ ）。
   A. 自动列车运行调整和人工列车运行调整
   B. 只能进行人工列车运行调整
   C. 列车跳站停车可自动进行，不需人工干预
   D. 列车运行图早晚点时间在一定范围内的图定列车不能自动进行调整，需人工干预

3. 关于 ATS，不正确的描述是（ ）。
   A. ATS 由控制中心、车载和车站 ATS 设备组成
   B. 利用控制中心 ATS 设备可自动排列进路
   C. ATS 故障时，可由调度员人工介入设置进路，对列车运行进行调整
   D. ATS 系统只能进行中央控制，不能实现车站现地控制

4. 关于 ATP 子系统，正确的描述是（ ）。
   A. 当行车速度超过防护值时产生紧急制动
   B. 测试装置属于 ATP 轨旁设备
   C. ATP 负责计算出安全停车点的速度-距离曲线，该停车点后行列车不得超过
   D. ATP 不能进行列车开关门操作

二、判断题

1. 信号机、信号类、手信号、信号旗、固定信号等显示的信号均是视觉信号。（　　）

2. 在正线和试车线上，车载 ATP 接收装置接收到轨旁设备发送的报文后，车载 ATP 单元对列车的运行方向监督，不允许列车倒行，当列车倒行时，ATP 产生紧急制动。（　　）

3. 无论任何情况，扣车放行都应坚持"谁扣谁放"的原则，执行"放行"命令时，应确

认列车已停稳方可操作。（　　）

4. 我国目前所采用的行车组织方法有时间间隔法和空间间隔法。（　　）

三、简答题

1. ATC列车自动控制系统由哪三个子系统组成？
2. 什么是移动闭塞？其基本要素是什么？各有何作用？
3. ATP子系统由哪几部分组成？其工作原理和主要功能是什么？
4. 色灯信号机的显示方式和意义是什么？

第二部分　车辆结构

第五章　车　门
第六章　车　体
第七章　转向架
第八章　车辆连接装置
第九章　城市轨道交通车辆制动系统
第十章　城市轨道交通车辆电气装置
第十一章　城市轨道交通车辆空调系统

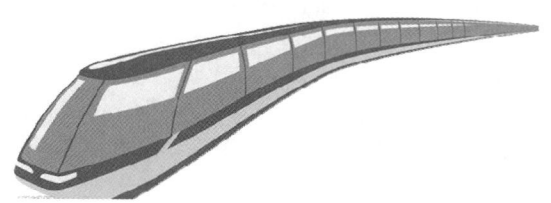

第五章　车　门

【章节描述】

车门是城轨车辆的重要组成部分，车门故障也是城市轨道交通列车在运行中发生最多的故障。本章将就车门的结构及其应用、车门故障时的应急处理问题进行讲解。

【教学目标】

1. 能力目标

了解车门的分类与结构，熟悉城市轨道交通列车车门常见故障及处理方式。

2. 知识目标

熟悉城轨车门的分类及编号方式，了解列车车门的基本结构，掌握车门的应急处理方式。

3. 素质目标

培养城市轨道交通列车驾驶员必须掌握的车门控制方式。

第一节　车门概述

城轨车辆自运营以来，车门系统的故障率一直居车辆故障首位。由于车门系统集电控、气动及机械传动于一体，系统设有列车不动安全保护装置，有一个车门发生故障，列车就无法正常牵引，且车门数量多，开关频繁，一旦车门发生故障，会给地铁运营带来较大影响。

一、车门的类型

根据城市轨道交通的特点，城轨车门应方便乘客，并应尽量缩短乘客上下车时间，以满足列车运行密度的要求。城轨车门应具有以下特点：

（1）要有足够的有效宽度（一般应为 1 300～1 400 mm）。
（2）车门要均匀分布，以方便乘客上下车。
（3）要有足够数量的车门，可使乘客上下车时间满足地铁列车运行密度的要求。
（4）车门附近要有足够的空间，方便乘客上下车时周转。
（5）要确保乘客的安全。
（6）要具有较高的可靠性。

二、车门的分类

目前，国内外城轨车辆的车门种类较多，现分类如下：

（一）按功能分

按功能来分，车门分为客室侧门、驾驶室侧门、司机室通道门和紧急疏散门四种。

1. 客室侧门（见图 5-1）

A 型车的每节车厢两侧各有 5 扇客室门，呈对称布置，六节车编组共 60 扇客室门。客室门为双叶式电动塞拉门，其中门页由铝框架、铝板、层压板、双层玻璃等组成。门页边用橡胶条压嵌而成。门页上方设有一套电动驱动机构，由门控单元（EDCU）、丝杠、制动单元、压轮、导轨、驱动电机、滚轮摆臂等组成。开关门的速度及压力可以通过调节车门控制单元（EDCU）来改变。每扇客室车门设有一套机械解锁机构（每节车的 5A 和 1B 门设有两套机械解锁机构）和一套门切除机构，以便在紧急情况下，能从客室内或外直接打开和切除车门。

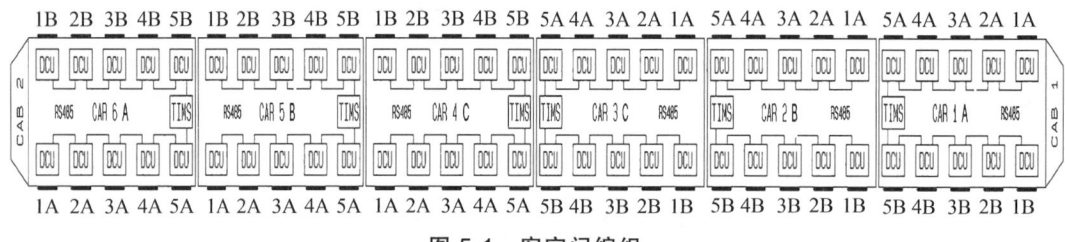

图 5-1　客室门编组

（1）客室门每扇车门均有各自的编号，不同地铁线路的车辆，车门编号不同，图 5-2 为北京某线路地铁单节车辆的编号。

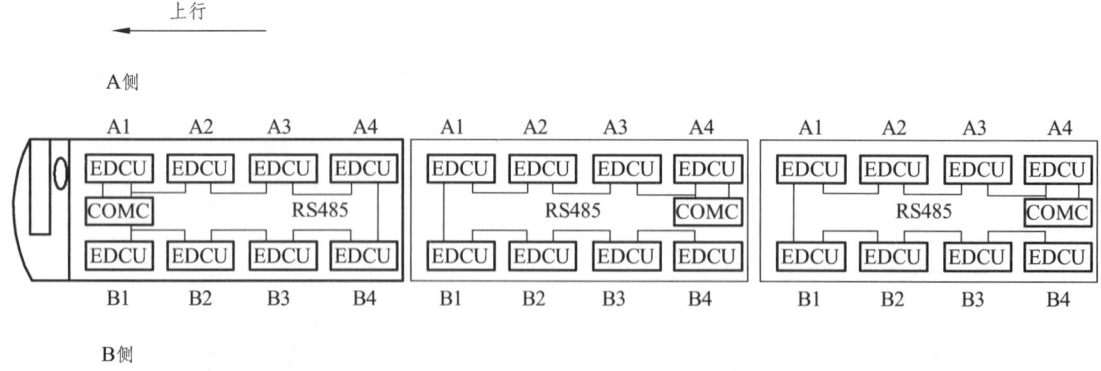

图 5-2　车门编号

注：编号中的英文字母 A 代表车体的 A 侧（左侧），B 代表车体的 B 侧（右侧），编号中的数字 1 至 4 从车体一位端开始计算。

（2）客室门技术参数如表 5-1 所示。

表 5-1 客室门技术参数

技术参数	数据
开门时间/s	$3.0_0^{0.5}$（可调整）
关门时间/s	$3.0_0^{0.5}$
温度范围/℃	-25~70
供电电压/V	DV 110
平均电流消耗/A	1
最大电流消耗/A	4
门框宽/m	1.690
门框高/m	2.155
水平净开度（宽度）/m	1.4
垂直净开度（高度）/m	1.95

2. 司机室侧门

每节拖车的司机室两侧各有 1 扇侧门，呈对称布置，侧门为单门页的内藏式门，手动操作，在门页上方配有可上下移动开启的玻璃窗。其技术参数如表 5-2 所示。

表 5-2 驾驶室侧门技术参数

技术参数	数据
高度/m	1.933
宽度/m	0.654
门密封性/m	0.14
质量/kg	32

3. 司机室通道门

每节拖车安装有一个司机室通道门，用于分隔司机室和客室，在紧急情况下打开此门能使乘客通过司机室从逃生门离开列车。其技术参数如表 5-3 所示。

表 5-3 驾驶室通道门技术参数

技术参数	数据
高度/m	1.900
宽度/m	0.613
门密封性/m	0.035
质量/kg	30

4. 紧急疏散门

每节拖车还有1扇紧急疏散门（逃生门）。逃生门设在司机室的左前方，在紧急情况下，打开它能使乘客安全离开列车。逃生门由铝合金复合材料制成，三层折叠形式，回收到位后又呈固定装置。梯子底部与车体铰链，打开时，可向前倾倒在轨道上，梯子两侧设有固定绳索，可作为乘客扶手之用，如图5-3所示。逃生门可从司机室内外简单地手操作打开和回收。

图 5-3 紧急疏散门

列车在隧道内运行时，一旦发生火灾或者其他危险性的事故，必须疏散列车上的乘客，这时司机可以打开设在两端的 A 车端墙中间的紧急疏散门，引导乘客通过紧急疏散门走向路基中央，然后向两端的车站疏散。

通常情况下，紧急前门处于锁闭状态。因紧急疏散或按计划对门进行维护需要时才打开。该紧急前门系统，是手动铰链式的门，在驾驶室内或室外都可开启，其打开方式为向外下方翻转的方式，一旦门锁开启，车门能自动倒向路基，并且有缓冲器，不致使倒下的加速度过大，而使门损坏。紧急疏散门技术参数如表5-4所示。

表 5-4 紧急疏散门技术参数

技术参数	数 据
高度/m	1.800
宽度/m	0.662
疏散梯高/m	0.215
疏散梯宽/m	0.600

（二）按驱动系统动力来源分

按照驱动系统动力来源的不同，车门分为电控风动门和电传动门。

1. 电控风动门

电控风动门由压缩空气传动气缸，再通过机械传动系统和电气控制系统完成对车门的开关动作。机械传动系统的作用是将传动气缸活塞杆的运动传递至车门，使车门动作。电气控制系统包括气动门控制、再开门控制、车门动作监视和列车控制电路联锁等。其作用是为了保证车门动作可靠和行车安全。

2. 电传动门

电气驱动车门由电动机、传动装置（轴、磁性离合器、皮带轮和齿形皮带）、控制器、闭锁装置和紧急开门装置组成，如图 5-4 所示。齿形皮带与两个门翼相固定，闭锁和解锁所需要的扭矩由电动机提供。

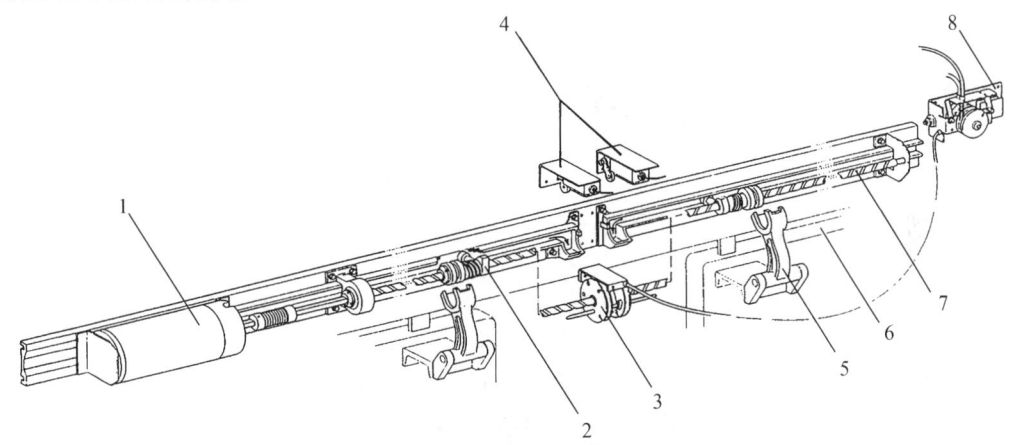

图 5-4　客室侧门结构

1—电机；2—传力螺母；3—关门限位装置；4—闭锁限位开关；5—臂叉；
6—门页；7—螺杆；8—紧急解锁机构

（三）按安装方式与运动轨迹分

按安装方式与运动轨迹分，车门分为内藏嵌入式、外摆式、外挂式、塞拉式。

1. 内藏门

（1）驱动机构占用车辆上的空间小，这与内藏门的运动方式有关，内藏门只做沿车长方向的直线运动，没有曲线运动，因此驱动机构相对较为简单。

（2）质量较轻。

（3）手动开、关门所需力量较小。

2. 外摆门

（1）开门时通过转轴和摆杆使门页向外摆出并贴靠在车体的外墙板上，门关闭后门页外表面与车体呈一平面。

（2）在门开启的过程中，门页需要较大的摆动空间。

3. 外挂门

外挂门与内藏门的主要区别在于门页和悬挂机构始终位于侧墙的外侧，车门传动机构原理与内藏门完全相同。

（1）与其他形式的车门相比，采用外挂门形式的列车车内空间相对较大。
（2）由于门翼始终位于车体侧墙的外侧，因此车辆运行过程中会产生一定的运行阻力。

4. 塞拉门

塞拉门是车门在开启状态时，门页贴靠在侧墙的外侧，车门在关闭状态时门页外表面与车体外墙呈一平面。

塞拉门优点如下：
（1）保持列车外形美观。
（2）减小空气阻力。
（3）具有良好车厢密封性能，噪声小。

第二节　车门系统组成及重要部件介绍

一、客室门的组成（见图5-5）

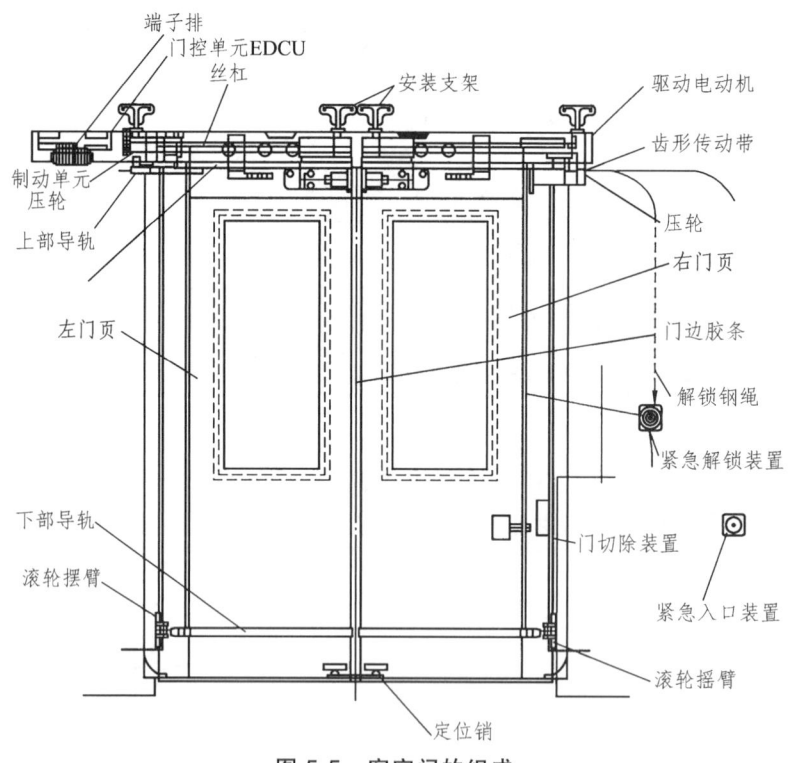

图5-5　客室门的组成

（1）门页和定位销。每扇门页由两块铝合金板对折覆盖在一块铝合金挤压型材的框架上组成。
（2）支承杆。支承杆通过一个能承载整个门机构重量的底板固定到车体上。

(3)滑车/托架。滑车可以通过滚珠轴承在导杆上滑行,同时也将来自门机械装置的力传给门页,反过来也一样。

(4)驱动电动机。门的移动主要由一个带齿轮的电动机驱动。

(5)制动单元。一个由自由轮和离合器组成的车门制动单元通过法兰连接在丝杠上。

(6)紧急解锁装置和外部紧急解锁装置。为了能够在紧急情况下打开客室车门,在客室内每扇门的右侧内墙上装有一个紧急解锁装置,如图5-6所示。在车辆的每侧的一扇门的上方有一个未上锁的红色手柄,如图5-7所示,当发生紧急情况时,乘客能使用这个手柄解锁并打开对应的车门。当拉动手柄时,手柄机械导向到相应的拉动位置,信号传送到司机室。如果列车停止运行,相应的车门将打开。手柄用透明的盖子罩住。即使失电的情况下,紧急手柄的动作也能打开相应的车门。

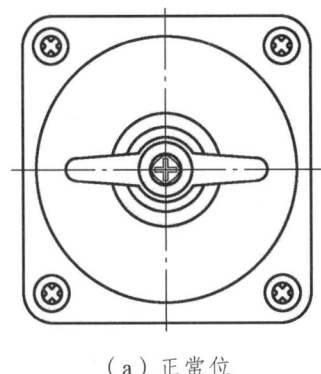
(a)正常位

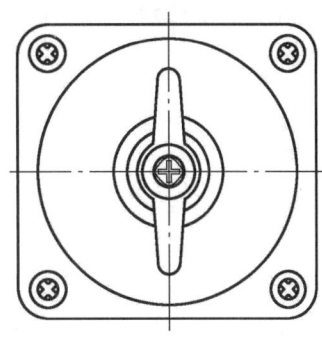
(b)解锁位

图5-6 紧急解锁装置

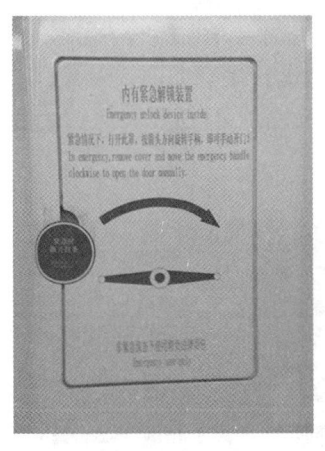

紧急解锁装置

图5-7 紧急解锁装置实物

(7)门切除装置。在每一对门的一扇门页上安装有门切除装置,可以机械地切除车门,在出现故障时,工作人员可以在车内或车外通过方孔钥匙切除车门,如图5-8所示。每一扇车门都安装了一个锁紧/切除装置,目的是当某车门出现故障时可以将该车门从服务状态切除,并机械锁紧。人们可以在车内和车外,通过旋转双位方形钥匙(锁紧位、切除位)来实现。

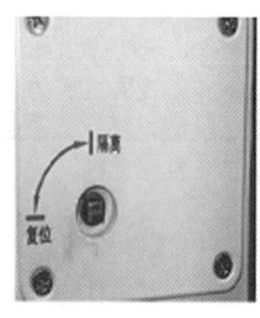

门切除开关

图 5-8 门切除开关

门锁定时，车门不能再具有紧急解锁功能。因此，既不能用紧急手柄，也不能通过驾驶室控制打开该锁。

（8）电子门控单元。电子门控单元（Electrical Door Control Unit，EDCU）是车门的核心控制单元，其功能为：① 驱动系统控制功能；② 内、外部通信功能；③ 车门工作状态监控与诊断功能；④ 故障显示与存储功能。

（9）上部执行器。上部执行器确保门页做对称运行和协调运行，即确保车门的正常工作状态；一般由车门吊挂系统、车门驱动系统（电动、气动）、车门锁紧和解锁装置、电子门控单元组成。

（10）车门控制板。在司机室每侧的门柱上安装有控制客室车门的按钮，可根据选定侧打开同侧车门。在城市轨道车辆正常运行状态下，只有在运行司机室才能够控制车门。

（11）乘务员钥匙开关。在每节车的外部均设有一个乘务员钥匙开关，如图 5-9 所示，当车辆断电时，可以由乘务员从外部打开车门，功能类似于车辆内部紧急解锁开关。

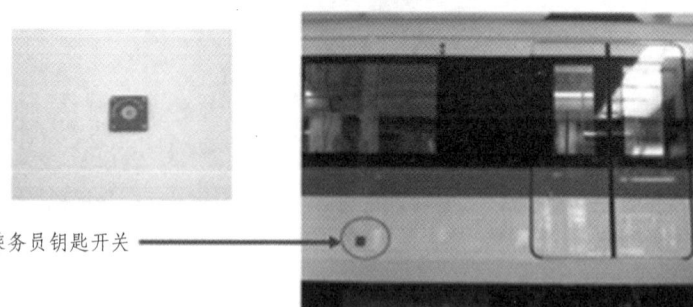

乘务员钥匙开关

图 5-9 乘务员钥匙开关

二、客室门的控制

1."零速"列车线

只有当"零速"出现，即列车的运行速度小于 1.8 km/h（ATC 设置）或 3 km/h（洗车模式)时,"开门"列车线才可能激活。

2. 开门/关门

客室车门的开、关是由车门控制单元(EDCU)根据列车控制(开门列车线、关门列车线、零速列车线)电平信号和车门驱动机构上的元件(限位开关、车门位置传感器)电平信号来控制的。

(1)开门。门开启在"开门"列车线触发后,门开后,在未收到关门指令前,将一直停留在开启位置;在开门期间,如果"开门"列车线撤销指令,门将开至开门位置并停留。

(2)关门。在"关门"列车线触发 3 s 后,门开始关闭。门关闭在"关门"列车线触发后,在关门期间,如果"关门"列车线撤销指令,门将仍然关闭至关门位置;在关门期间,如果"关门"列车线撤销指令,且"开门"列车线触发,关门动作将停止,1 s 后门将开启。门关闭在"零速"列车线触发后,"零速"列车线触发后门将立即被关闭。在没有 ATP 允许或 ATP 旁路的情况下,门不会再开启。

3. 警告灯/蜂鸣器

在每扇客室车门的上方车体内外部各装设有一个警告灯,开关门时警告灯将会亮并闪烁。

4. 障碍物探测

(1)关门防夹(关门时的障碍物探测)。
(2)开门时障碍物探测。

5. 车门切除

一旦运营中有车门开关故障时,驾驶员可以通过用方孔钥匙将故障车门切除(切除开关有方向性,车外切除应是逆时针,车内切除应是顺时针,否则会造成切除机构损坏)。

6. 主隔离开关

在每扇门的驱动机构上安装有一个主隔离开关。

7. 紧急解锁

(1)在速度低于 1.8 km/h 或 3 km/h 时操作紧急解锁装置将导致:
① 传给门控单元的信号使门控单元切断其所有的门控功能;
② 通过弓形钢缆手动解锁丝杠的制动装置,使车门处于解锁位;
③ 触发门驱动件上制动装置处的限位开关;
④ 将中断车门关闭和锁定环路;
⑤ 门控单元发出信号;
⑥ 门可以通过手动在开门和关门方向上移动。
(2)当速度大于 1.8 km/h 时操作紧急解锁装置将导致:
① 产生一个持续 1 s、8 A 的脉冲发给电动机(完全关门),在这个短暂的脉冲之后,将会给电动机施加连续的大约为电动机正常工作电流 50%(1.5 A)的电流以使车门保持在关闭位,而且这个连续电流施加的时间不限;
② "紧急解锁"限位开关上的常闭触点断开,这时"门关闭和锁定回路"中断。
(3)当速度大于 5 km/h 时操作紧急解锁装置还将导致列车产生紧急制动。

三、HMI 车门状态显示界面（见图 5-10）

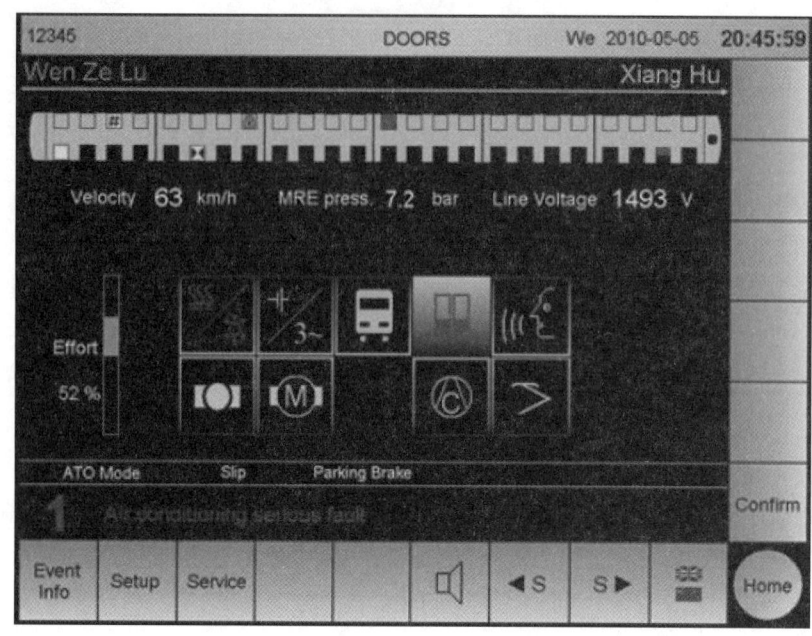

图 5-10　HMI 车门状态图形界面

其图标含义如图 5-11 所示。

#	门从里面或外面紧急解锁
🔒	门切除
■	门故障
▶◀	门检测到障碍物
■	门开，无故障
▢	门关，无故障

图 5-11　HMI 图形界面含义

驾驶室 HMI 系统在检查到障碍物后显示为 ▶◀，车门完全打开时显示为车门大图标 （红色），门故障时显示为 ，此时车辆具有再关门功能。

发现车门夹人夹物时，要等待大约 10 s 时间后，判断是否恢复正常。车门无法关闭时按再关门按钮 2 s 以上，如果车门显示仍然为 ■，则切除该车门。

第三节 车门常见故障及处理

车门常见故障及处理如表 5-5 所示。

表 5-5 车门常见故障及处理

序号	屏幕显示	处理建议	说　　明
1	车门故障	（1）单节同一侧有三个或少于三个车门故障，切除故障门，继续运营； （2）单节同一侧有三个以上车门故障，切除故障门，终点站退出服务	车门切除程序： （1）用方孔钥匙打开车门盖板； （2）拔出 EDCU 上 P3 插座（在 EDCU 最右侧）； （3）手动关门后顺时针将车门切除装置的凸轮打下； （4）确认凸轮打到切除位（凸轮切除位凹槽与定位螺钉吻合）同时相应行程开关的滚轮已处于凸轮的凸台上； （5）手推门页确认车门已关好； （6）确认对应车门盖板上红色指示灯是否亮，亮则合上车门上盖板并将其锁定后继续运行，如不亮则确认司机室内关门指示灯是否亮，亮则继续运行
2	车门紧急拉手被拉下	（1）若同时伴有"说明"中所述现象，立即停车并作处理，通过复位车门紧急拉手并确认门关好后可继续运行； （2）若同时无"说明"中所述现象，按"确认"键后继续运营	（1）URM 模式下：有一个车门紧急解锁时列车惰行 （2）有 ATP 保护下：有一个车门紧急解锁时会导致列车紧急制动
3	对应左右车门不能打开或关闭	检查相应门的微型断路器是否跳闸，如有跳闸则复位；如无跳闸或复位无效则将其切除	
4	故障车门不能切除	退出服务	
5	整列车左侧门打不开	操作紧急开门装置开门，疏散乘客后退出服务	
6	整列车右侧门打不开	操作紧急开门装置开门，疏散乘客后退出服务	
7	单个车门未关上	根据 MMI 显示，查找出对应故障车门并切除	
8	单个车门不能打开	根据 MMI 显示，查找出对应故障车门并切除	

续表

序号	屏幕显示	处理建议	说明
9	司机室侧门无法关闭	报告OCC,请求增派保安或副司机协助扶住车门,限速60 km/h维持运行到终点站退出服务	
10	司机室侧门无法打开	报告OCC,请求增派保安或副司机协助扶住车门,限速60 km/h维持运行到终点站退出服务	

【知识链接】

西安地铁2号线采用了北京博得交通设备有限公司生产的双扇电控电动齿带传动内藏门,每节车8个车门,全列6节车共48个车门。由于地铁车辆客室车门的使用频率较大,使得车门故障率较高,客室车门的可靠性成为制约列车安全、正点运营的瓶颈之一。

1. 客室车门简介

地铁车辆客室车门采用双扇电控电动齿带传动内藏门。车门的电控电动装置采用微处理器控制的电机驱动装置,具有自诊断功能和故障记录功能,具有与列车总线网络进行通信的功能,采用硬连线控制。传动方式采用齿带传动,上部导向装置、驱动装置和锁闭装置集中为一个紧凑的功能单元,便于用户安装和维修。车门系统的设计保证可靠高效,门机构在车内即可进行维修,所有部件易于接近,便于维护、调整,系统设计寿命为30年,并充分考虑了西安地区的气候条件。

客室车门的净开宽度为(1 300±5)mm,净开高度为(1 850±10)mm,同时为了防止夹人夹物,采用了防夹功能(障碍物探测重开门功能),探测最小障碍物为25 mm×60 mm(厚×高)。如果关门时碰到障碍物,最大的关门力持续0.5 s后,车门重新打开200 mm,再重新关闭。如果障碍物仍然存在,则这样的循环将再循环一次。当障碍物探测达到3次,车门处于开状态,需由司机再次操作关门方可将门关闭,该功能有效地保护了乘客上下车的安全。开关门时间为(3±0.5)s,延时时间为0~3.0 s且可调。车门关闭时,通过车门的密封系统和合理的门板结构保证车门具有良好的隔音及隔热效果,开关门的噪声也较小,并能有效地消除振动。每扇门页上都有对应的编号,方便作业人员检修时汇报故障位置。

2. 客室车门主要零部件及工作原理

客室车门主要由门板总成、驱动机构、基础安装总成三部分构成。

门板骨架采用铝合金框架结构,内部为30 mm厚的铝型材框架,在门骨架的上方粘贴1 mm厚的铝板,内部下方粘贴1 mm厚的不锈钢踢脚板,门骨架外部粘贴1 mm厚的不锈钢板,四周卷边,以增加强度。门骨架中间空隙处用纸蜂窝填充,不锈钢板表面均做过拉丝处理。在门扇上装有双层中空安全玻璃,用粘贴形式固定在门骨架上,玻璃四周用密封胶密封。

驱动机构包括机械控制及电气控制两部分。机械控制部分由传动导向装置、内外侧紧急解锁、故障隔离锁等设备共同组成。电气部分由门控器、驱动电机及实现自动门功能的其他附件组成。驱动机构的作用就是实现开关门功能和故障自检、记录等,带有行星齿轮、锥齿轮减速机的 60 V 驱动电机提供动力，通过电机旋转，带动锥齿轮减速箱变向及减速，然后通过齿轮带和齿轮转化为直线运动。齿轮带在做直线运动的过程中，带动左右两个吊板部件在地板的上导轨中做方向相反且同步的运动，进而将运动传递给门扇，使其在门框范围内进行开关门运动。内外侧紧急解锁装置通过钢丝绳组成将紧急解锁拉手与机构锁组成相连接，当操纵紧急解锁拉手时，也会使锁钩旋转，从而将锁闭撞轴释放出来实现解锁，同时触发行程开关，提供门被紧急解锁信号。故障隔离锁是在门发生机械或电气故障时要求单独停止工作，由乘务员用四方钥匙转动隔离锁闭装置，使驱动机构锁闭，同时触发行程开关，提供门被隔离锁闭信号，进而隔离电路；当门被隔离后，紧急解锁不能将其打开。

3. 客室车门常见故障及整改措施

地铁列车运营线路站距短，客室车门频繁地开启和关闭，因而易导致客室车门的门控电气元件和机械零部件损坏，造成正线运营列车的客室车门故障频发。故障较轻则该车门被切除，故障较重则列车发生清客和下线。

西安地铁 2 号线为西安开通的首条线，司乘人员及检修人员面对故障的应变能力和处理能力还稍显不足，尤其是车门又属于故障高发部件，经常处于超常工况状态下，故障随机性比较大，不固定在某一部件上面，即使故障现象相同，故障原因也不尽相同，因此不断加深对车门系统的理解和认识，不断摸索和改进处理车门系统故障的经验和方法都尤为重要。在检修中将车门系统列为重点检查项目，经常系统地进行普查，提高车门系统的可靠度，降低故障率。

【复习与思考】

一、不定项选择题

1. 下列城市轨道交通车辆车门系统中，属于按照驱动系统的动力来源分类的车门是（   ）。
    A. 电动式车门   B. 内藏嵌入式车门
    C. 外挂式车门   D. 塞拉式车门

2. 下列城市轨道交通车辆车门系统中，属于按照功能分类的车门是（   ）。
    A. 电动式车门   B. 气动式车门
    C. 外挂式车门   D. 客室侧门

3. 在下列四种客室车门系统中，下列隔音效果最好的车门是（   ）。
    A. 外摆式车门   B. 塞拉式车门
    C. 内藏嵌入式车门   D. 外挂式车门

4. 在电动塞拉式车门的机械机构中，下列属于电动驱动元件的是（   ）。
    A. 闭锁装置   B. 门体
    C. 电动机   D. 护指橡胶

5. 在内藏嵌入式客室车门的机械机构中，下列属于传动机构元件的是（   ）。
    A. 齿形皮带   B. 门扇
    C. 紧急缓解阀   D. 隔离开关

6. 可视端门通常采用的门体形式是（   ）。
    A. 内藏嵌入式车门   B. 塞拉式车门
    C. 外摆式车门   D. 单开拉门

二、判断题

1. 驾驶室疏散门因为不常用,所以可有可无。(   )
2. 驾驶室的逃生门是靠电能操作的。(   )
3. 当速度大于 1.8 km/h 时操作紧急解锁装置将导致列车产生紧急制动。(   )
4. 发现车门夹人夹物时,要等待大约 10 s 时间后,判断是否恢复正常。(   )

三、简答题

1. 城轨车辆客室门按车门的运动轨迹与车体的安装方式分为哪几种?
2. HMI 车门状态显示界面上车门的常见图标及含义是什么?

第六章 车 体

【章节描述】

城市轨道交通车辆中,车体是一个重要的组成部分。那么,车体有哪些种类,车体的结构又是怎样,有什么特点,通过这一章的学习,我们就能解决这些问题。

【教学目标】

1. 能力目标

掌握车体的作用与分类,熟悉车体的结构形式,掌握不锈钢车体的结构和特点,熟悉车体的模块化结构,掌握驾驶室控制台的组成。

2. 知识目标

熟悉城轨车体的结构形式,掌握驾驶室控制台的组成。

3. 素质目标

培养城市轨道交通列车驾驶员必须掌握的车体基本结构知识以及驾驶台的基本结构。

第一节 车体概述

一、车体的作用与分类

车体是城市轨道交通车辆中最重要的组成部件之一。它支撑在转向架上,保证旅客的安全。车体底架下部及车顶要安装大量的机电设备,构成车辆的主体。车体要承受各种动静载荷、各种振动并适应车辆在最高速度下的运行;还要隔音、隔热、防火,在事故状态下尽可能保证旅客安全。

车辆结构的主体,是供旅客乘坐和司机驾驶的部分。车体由底架、两侧墙(包括车门、车窗)、前后端墙、车顶六大部分组成。车体的强度、刚度,关系到列车运行安全可靠性和舒适性;车体的防腐、耐腐能力、表面保护和装饰方法,关系到车辆的外观、寿命和检修制度;车体的重量关系到能耗、加减速度、载客能力乃至列车编组形式(拖动比)。所有这些都直接影响运营质量和经济效益。

车体的结构形式、性能和技术经济指标主要取决于车体材料。因此,对车体构件和内部装饰所使用的材料应当注意考虑诸多因素,其主要因素如下:

（1）应具有构件所要求的高强度和刚性；
（2）质量轻；
（3）具有耐老化、耐污染、耐磨耗及耐光照等特性；
（4）耐火、阻燃；
（5）施工容易且价格便宜；
（6）易于维修；
（7）适合于环境的改进（隔热、隔音性能提高）；
（8）适合于提高舒适度（减振等）。

车体结构按使用的主要材料可以分为普通碳素钢车体、高耐候结构钢（耐候钢）车体、不锈钢车体和铝合金车体。

按承载方式分，车体可以分为底架承载、侧墙承载和整体承载三种方式。承载式结构，即所有车体承载件和外板都参与承载，这样能充分发挥所有承载零部件的承载作用，有效地减轻车体重量。特别是板梁组合结构，原则上可按照有限元法的车体强度、刚度结果来分配材料：强度不足的部位补强，刚度不足的部位补刚，强度刚度富余的部位将材料去掉，从而达到最佳的轻量效果。

按结构形式分，车体有板梁组合结构、开口型材与大型中空型材组合结构、大型中空型材结构三种形式。这些结构都属于整体承载结构。

从板与梁（柱）、梁（柱）与梁（柱）之间的结合方式来分，车体有焊接、铆接、螺栓（钉）连接或混合连接结构。我国和日本大多数车体采用焊接结构。焊接、铆接或焊接、螺栓（钉）连接在欧洲应用较多。

按车体组合方式分，车体可以分为一体化设计和模块化设计。如广州地铁1号线车辆采用的是一体化设计，而2号线采用的则是模块化设计。

按照车体尺寸分，车体可分为A型车车体、B型车车体和C型车车体，如广州地铁1、2号线采用A型车，西安地铁采用B型车。

二、车体的基本特征与结构

城轨车辆是用于城市或者近郊客运的专门的客运交通工具，因而车体具有独自的特性。

1. 车体的基本特征

（1）城市轨道交通车辆一般为电动车组，有单节、双节、三节式等；有头车（即带有驾驶室的车辆）和中间车，以及动车与拖车之分，其车体结构也就有其多样性。

（2）城市轨道交通车辆是服务于城市内的公共交通工具，乘客数量多，旅行时间短，上下车频繁，因此车内设置的座位数量少，车门数量多而且开度大，服务于乘客的车内设备简单。

（3）对车辆的质量限制较为严格，特别是高架轻轨，要求列车质量轻、轴重小，以降低线路设施的工程投资。

（4）为减轻列车自重，车辆必须轻量化，对于车体承载结构一般采用大型中空截面挤压铝型材、高强度复合材料或不锈钢等，采用整体承载筒形车体结构，车辆的其他辅助设施也尽量采用轻型材料和轻量化结构。

（5）城市轨道交通车辆一般运营于城市人口稠密地区，并用于承载旅客，所以对车辆的防火要求严格，特别是地铁车辆。

（6）对车辆的隔音和降噪有严格要求，以最大限度降低噪声对乘客和沿线居民的影响。

（7）城市轨道交通车辆主要用于城市内交通，所以车辆外观造型和色彩必须考虑城市文化、环境美化，与城市景观相协调。

2. 车体的结构形式

（1）底架承载结构。全部载荷由底架来承担的车体结构，称底架承载结构，也称自由承载结构。

（2）侧墙和底架共同承载结构。由侧、端墙与底架共同承担载荷的车体结构，称侧墙和底架共同承载结构，也称侧墙承载结构。

（3）整体承载结构。在板梁式侧、端墙上固接由金属板、金属梁组焊接而成的车顶，使车体的底架、侧墙、端墙、车顶连接成一个整体，成为开口或闭口箱形结构，此时车体各部分结构均参与承受载荷，因而称这种结构为整体承载结构，如图 6-1 所示。

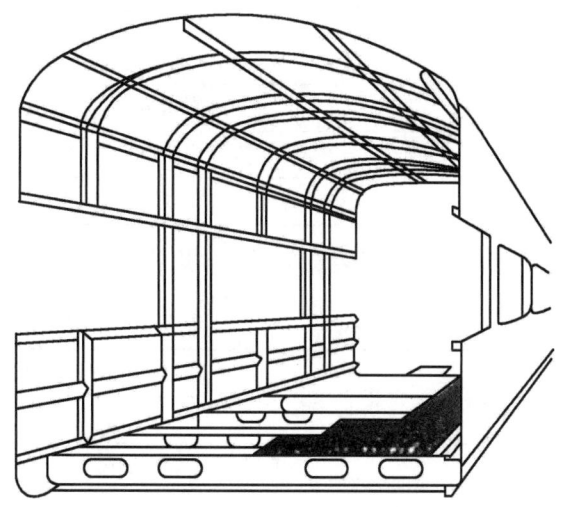

图 6-1 钢制车体整体承载结构

3. 车体的基本结构

车体是由若干纵向、横向梁和立柱组成的钢骨架，如图 6-2 所示，再安装内饰板、外蒙皮、地板、顶板、隔热及隔音材料、车窗、车门及采光设施等结构。车体一般包括底架、端墙、侧墙、车顶、车窗、车门、贯通道和车内设施等部分。

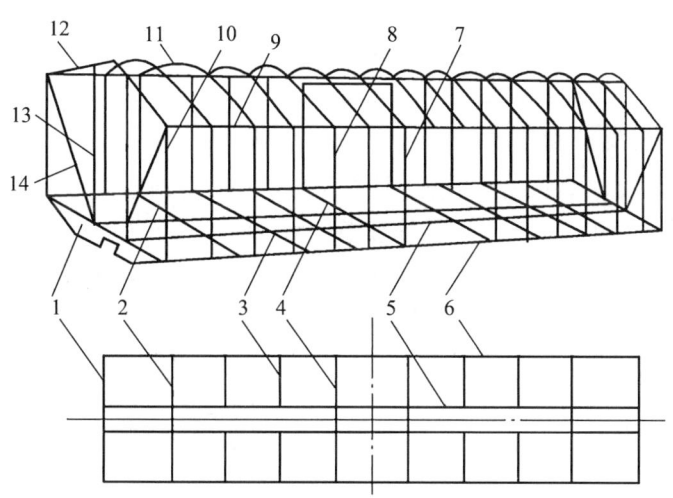

图 6-2 车体的一般结构形式

1—缓冲梁（端梁）；2—枕梁；3—小横梁；4—大横梁；5—中梁；6—倒梁；7—门柱；8—侧立柱；
9—上侧梁；10—角柱；11—车顶弯梁；12—顶端弯梁；13—端立柱；14—端斜撑

三、车体结构的基本参数

1. 上海地铁1、2号线车辆车体规格（见表6-1）

表6-1　上海地铁1、2号线车辆车体规格

两端车钩连接中心线长度/mm	有驾驶室	24 140
	无驾驶室	22 800
车体最大宽度/mm		3 000
车顶中心线距轨面高度/mm		3 800
客室地板面距轨面高度/mm		1 130（1 500）
车门高/mm		1 800（1 860）
车门宽/mm		1 300（1 400）
两转向架中心距（定距）/mm		15 700

2. 天津滨海轻轨车辆车体规格（见表6-2）

表6-2　天津滨海轻轨车辆车体规格

两端车钩连接中心线长度/mm	有驾驶室（DK38）	19 000
	无驾驶室（DK39）	19 500
车体最大宽度/mm		2 800
车辆高度（轨面到车顶高度、新轮、不含受电弓）/mm		3 800
转向架中心距/mm		12 600
可承受纵向压缩载荷/kN		800
最大纵向拉伸载荷/kN		650
车门高/mm		2 012
车门宽/mm		1 550

3. 广州地铁2号线车辆

广州地铁2号线车辆共有3种车型：带有司机室和全自动车钩的拖车（A车）、不带半自动车钩并带受电弓的动车（B车）以及带有半自动车钩的动车（C车）。运营时，由A、B、C车组成固定的6车编组，A车位于列车两端，编成A-B-C-C-B-A的形式。

A车是带司机室的拖车，车钩连接面之间的长度为24 390 mm，自重为35.17 t。

B车是动车，车钩连接面长度为22 800 mm，自重为38.4 t。

C车也是动车，长度及质量与B车相同。

B车通过半永久牵引杆与A车和C车相接，C车与C车之间通过半自动车钩相连，自动车钩装在列车的两端。

每节车辆每侧有5对外挂车门，车辆之间的通道可使列车内的乘客分布均匀。

广州地铁车辆宽3 m，带有48个座位，在正常状态下可容纳288人，在客流高峰期当负载增加时可容纳310人，最大超容量（超员载荷）可容纳432名乘客。

每列车有 6 节编组车组成,在额定载荷(AW$_2$)下,可容纳 1 860 名乘客;超员载荷(AW$_3$)时,可容纳 2 592 名乘客。

广州地铁 2 号线车辆车体的主要技术参数如下:

车体静态压缩载荷	120 t
车辆长度(车钩连接面之间长度)	
A 车	24 390 mm
B、C 车	22 800 mm
列车长度	≤140 000 mm
车辆最宽部分宽度	3 070 mm
车体内部宽度	3 000 mm
在两内墙之间的地板面测量	2 720$^{+4}_{-11}$ mm
在客室两边门之间高于地板面 10 mm 处测量	≥2 800 mm
车体长度	
A 车	23 690$^{+15}_{-10}$ mm
B、C 车	22 100$^{+15}_{-10}$ mm
车辆高度(轨面到车顶高度、新轮、不含受电弓)	
不含排气口	≤3 800 mm
含排气口	≤3 855 mm
受电弓落弓时高度	≤3 810 mm
受电弓工作范围	175~1 600 mm
受电弓最大升起高度	1 700 mm
车体内中心高度(客室内净空高度)	
地板面到天花板中心最小高度	2 100 mm
室内乘客站立区最小高度	1 900 mm
轨面到地板面高度(空气弹簧充分充气、新轮、空载)	1 130$^{+15}_{-5}$ mm

第二节　车体结构及组成

一、车体结构

广州地铁 2 号线车辆,其车体结构设计上是整体承载的轻量化结构,采用大断面铝合金挤压型材、模块化设计制造而成。这种挤压型材是由两块铝板通过中间夹层连接,且中间没有基板,因此也被称作为"中空型材"。各模块化部件之间通过螺栓、垫圈、螺母连接成一体构成车体合件。

二、车体组成

广州地铁 2 号线电动客车的车体主要由以下几部分组成:

1. 底　架

底架是车体中一个重要的部件。其主要作用是承受车体上部载荷并传递给整个车体，承受因各种原因而引起的横向力和走行部传来的各种振动和冲击，牵引梁连挂组成列车，并在车辆间传递牵引力和制动力。

底架上设各种吊梁、吊卡、线槽、安装座，用来安装车钩缓冲设备、各种机电设备、制动设备等。

底架是用大型铝合金蜂窝状挤压型材焊接而成的，由侧梁、端梁、牵引梁、枕梁和横梁组成。在 A 车前端还设有一个撞击能量耗散区，在车辆受撞击时用以吸收传至地板水平方向的能量，最大限度地保护客室乘客。底架由空腔部分纵向排列组成。

底架端部由以下部分组成：

① 铝合金结构；

② 挤压板；

③ 主横梁；

④ 车钩端梁。

底架由以下部分构成：

① 侧梁；

② 底架；

③ 挤压板；

④ 底架端部附属部件。

底架设备（见图 6-3）包括以下设备：

① 转向架；

② 轮对；

③ 驱动装置；

④ 空气压缩机；

⑤ 空气干燥器；

⑥ 空气控制屏（包括制动控制单元）；

⑦ 供风缸；

⑧ 辅助逆变器；

⑨ DC/DC 逆变器；

⑩ 汽笛管道；

⑪ 司机室及设备柜的电气配线；

⑫ 受电弓与转向架间的电气配线。

2. 侧　墙

侧墙也是由多个空腔结构按纵向分布组成，由中空截面的铝合金挤压型材铆接而成。

侧墙内安装有：

① 安装在橡胶构架中的 4 块窗玻璃；

② 照明灯；

③ 5 对外挂式对开门；

④ 乘务员锁开关。

此外，A车侧墙还装有单开的司机室侧门。

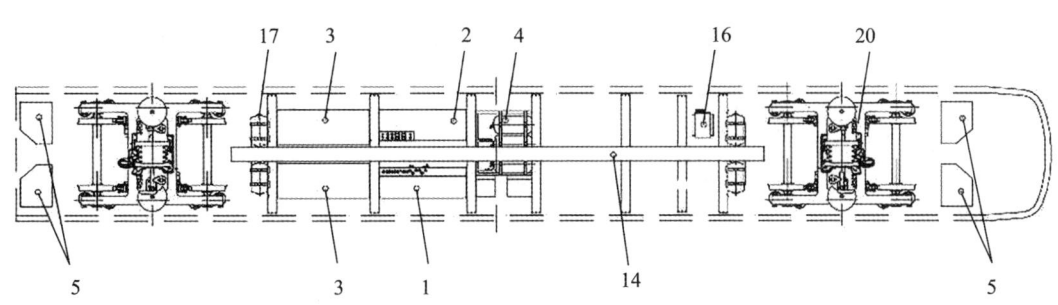

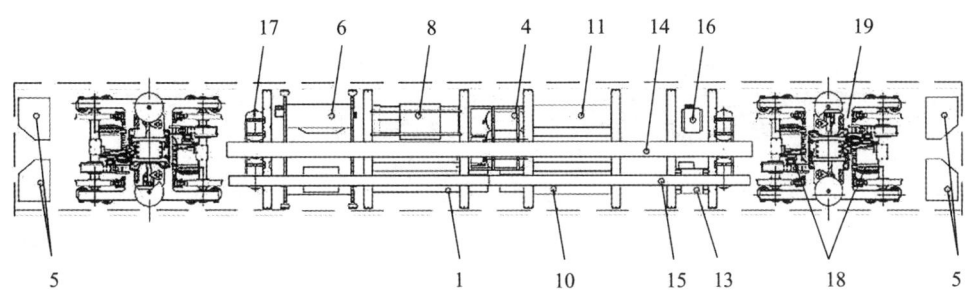

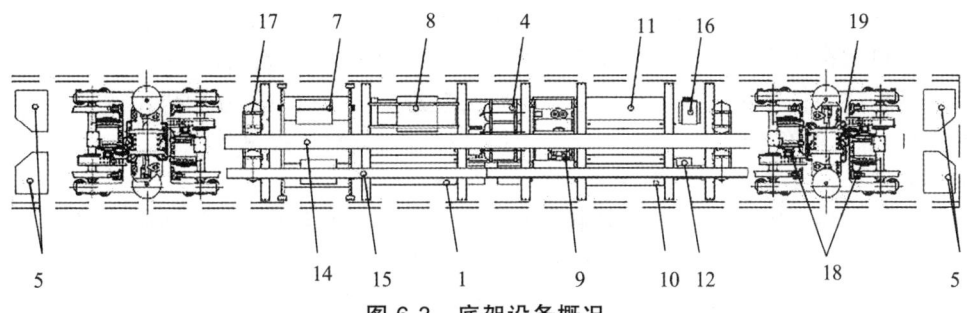

图6-3 底架设备概况

1—辅助设备箱（UFAEB-A/B/C）；2—蓄电池充电器+主蓄电池箱；3—蓄电池箱；4—制动控制模块；5—车钩连接箱；6—MCM/HV 逆变器模块（PH 箱：HV 包括高速断路器、车间电源等高压设备）；7—ACM 逆变器模块（PA 箱）；8—制动电阻箱；9—供风单元；10—电子柜（UFELB-B/C）；11—设备箱（UFEQB-B/C）；12—ACM 线路电抗器；13—MCM 线路电抗器；14—低压线槽；15—高压线槽；16—A/C 单元变换器；17—辅助空气风缸；18—牵引装置；19—动车转向架；20—拖车转向架

3. 端　墙

车辆端部为简单铆接结构，过渡设备用框架固定。

端墙主要用于以下连接：

① 贯通通道；

② 空调单元。

此外，A车一位端还用于连接：
① 用于安装两个无构架的挡风玻璃；
② 位于挡风玻璃下方的两个头灯和两个尾灯；
③ 两个能独立工作的空气控制刮雨器。

此外，防爬装置和扰流器也安装在A车1位端。扰流器安装在司机室下面，当列车脱轨时，便于拆卸。

4. 车 顶

车顶由几个空腔部分按照纵向排列组成，包括拱形顶梁。
每节车顶主要装有：
① 8个静通风口；
② 2个空调设备及其换气连接、电力供应、排水装置（见图6-4）。
此外，A车车顶装有车辆无线电天线。

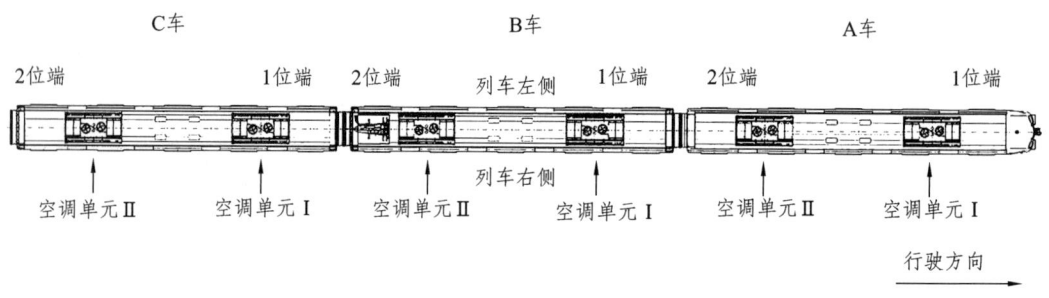

图6-4 车顶空调布置

5. 司机室

仅A车设置了全宽的司机室。由于延长了A车以设置司机室，因此不会减少客室的可利用空间。司机室模块为框架结构，外部由玻璃钢罩板包裹。从运行方向来看，司机操纵台在右边，设备柜在司机座椅后部墙上，电子柜则在左边。副司机位置在司机位置左边。司机室是按照人机工程学原理来设计的。因此，司机在操纵时候对所操纵的仪器、指令灯以及显示器都能够看得一清二楚。

在司机室前端墙中央设有紧急逃生装置。一旦发生列车不能到达下一站的情况，它就可以给乘客提供下车的通道。紧急出口在两个司机台之间，用于列车的疏散，它由弹簧载荷组成，窗的折页在上部，且有一活动梯储存在盖后。

由于该斜梯限制了司机操纵台的可利用空间，因此，将不经常使用的指示灯和操纵装置设置在司机操纵台左侧的副司机操纵台上，以及位于司机座椅后端墙的设备柜内。而电子柜则位于后端墙左侧。

6. 客 室

每节车厢每一侧都有4张长凳，满座时可以容纳48名乘客，设备柜和电子柜位于B、C车1位端（A车电子柜、设备柜在司机室内）。

车体结构为整体承载铝合金模块化鼓形结构，由底架、侧墙、端墙及车顶多个单独模块构成。总装前分别对其内部部件进行预组装，在每个模块上预装隔热及隔音材料、玻璃和内侧墙，最后机械紧固在一起组成一个轻量化的一体化车体。

三、车体上的安装部件

（一）车钩

在 A 型车司机室端装有自动车钩装置，包括风动对中装置，以及防止冲击损伤车体的装置。该车钩用超载可分离紧固件固定在底架上。

如果发生事故，其冲击力超过最大允许值时，该车钩即松脱，使车辆前端的变形区能够消耗冲击力的能量。

A 车和 B 车的 2 位端以及 B 型车和 C 型车的 1 位端，装有半永久牵引杆。C 型车的 2 位端装有半自动车钩，如图 6-5 所示。

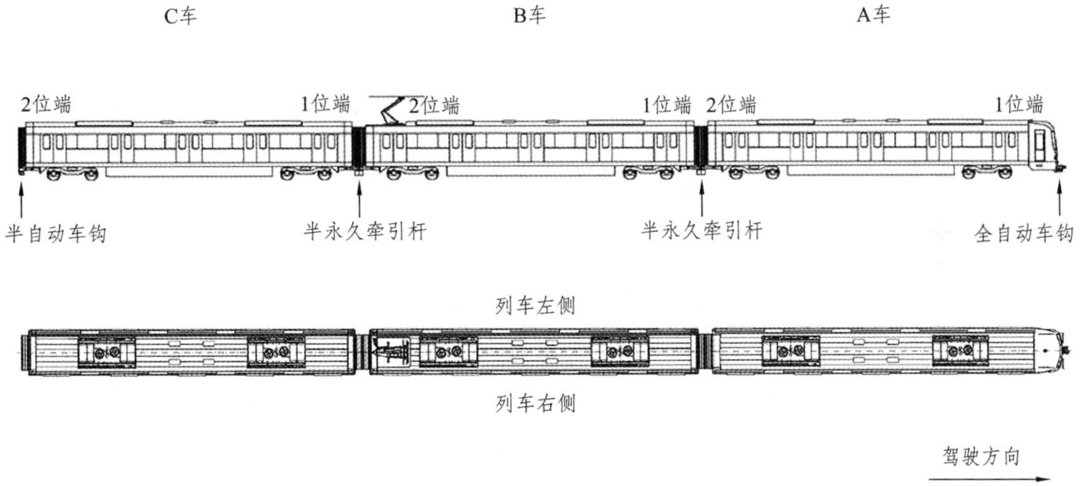

图 6-5 车钩布置图

（二）贯通通道

1. 概　述

贯通通道是列车上的一个柔性部件，允许车厢间的相对运动，为旅客提供安全、舒适的过道。同时，它可以挡风雨，防水、隔音，并且是运行可靠的通道。贯通通道的结构设计几乎是免维护的，使用寿命较长。

2. 贯通通道的主要结构

广州地铁 2 号线车辆贯通通道设备采用的是两体式结构，在两辆车连挂和解钩时能快速连挂接合，锁定或解锁、分离，可操作性强。该贯通通道由内装板和渡板两部分组成。

贯通通道的每部分均分别与车辆的一端相连，另一端（称为中央金属结构）面向相对的金属框架，由紧固件牢固连接。

侧板、顶板和渡板安装在相连的贯通通道部分，平稳地跟随两个车体运动，确保乘客的安全，保证与客室内有同样的舒适性。

（1）贯通通道折棚。

贯通通道折棚采用的是柔性结构。中央金属框架部分由车辆的车钩来支撑并且由安装在贯通通道顶部的弹簧来平衡，这样也可以同时满足贯通通道随着车体运动。贯通通道的连挂和解挂工作必须由人工来操作，这样，即使两节车之间有横向位移，也可以通过导渡板金属框架的导向销将金属框架与另外一节车的金属框架相连。

（2）侧板。

侧板由端板及中间板组成，其中端板通过铰链连接形式固定在车辆的端部，并且可以在水平方向转动。中间板由两个端板来支撑。

端板由不锈钢制成，且面板表面粘贴装饰座。中间板由专用橡胶制成，且表面涂与端板相近的颜色。

（3）顶板。

顶板安装在中央金属框架上，由连接着车辆的端板和中间板组成。每个板由不锈钢组成且面板表面粘有装饰座，每个板均能顺应相对的两车间的位移。

（4）渡板。

渡板可以通过安装在中央金属框架上的铰链进行垂直方向上的转动，渡板的裙板可以通过安装在车辆端部的铰链上下运动。这种结构的渡板可以弥补车辆运动时所产生的位移，同时也便于维护。裙板由有毛刷磨光的不锈钢制成，为保证乘客的安全，提高防磨耗及防滑的耐久力，脚踏板采用不锈钢制成的波纹板。

3. 技术数据（见表6-3～6-7）

表6-3　与贯通通道配合的车体主要尺寸

序号	参数	车型	数据
1	包括车钩在内的长度/mm	A	24 390
2	包括车钩在内的长度/mm	B/C	22 800
3	车体总长/mm	A	23 580
4	车体总长/mm	B/C	21 880
5	车辆定距/mm	A/B/C	15 700
6	悬挂/mm	A/B/C	3 200
7	车体最大宽度/mm	A/B/C	3 000
8	转向架轴距/mm	A/B/C	2 500
9	从轨面至车顶的高度/mm	A/B/C	3 800
10	前部排水车体间距/mm	A/B/C	920
11	车端与车钩间距/mm	A/B/C	920
12	从轨面至地板的高度/mm	A/B/C	1 130
13	车辆整个横断面的游隙/mm	A/B/C	45
14	最小轨道尺寸/mm	A/B/C	1 397
15	每个敞车的转角	A/B/C	±1°
16	两车间的转角	A/B/C	±2°
17	旋转连挂中心间距/mm	A/B/C	2 310
18	车钩最大行程/mm	A/B/C	+80 -210（碰撞条件）
19	最大高度差/mm	A/B/C	140

表 6-4　路况

序号	参　数	干　线	车辆段
1	曲线上最大的轨道斜面/m	120	—
2	最大轨道斜面误差/m	7.5	—
3	最小的曲线半径/m	—	水平方向
4	最小的基点半径/m	水平方向	180
5	最小单向曲线/m	2 000	—
6	带有中间直线 L 的最小 S 曲线（R_1，R_2）（水平方向）	$R_1 = 200$ m $L = 20$ m $R_2 = 200$ m	$R_1 = 150$ m $L = 5.0$ m $R_2 = 150$ m
7	带有中间直线 L 的最小 S 曲线（R_1，R_2）（点）（水平方向）	—	$R_1 = 135$ m $L = 20$ m $R_2 = 135$ m
8	带有中间直线 L 的最小 S 曲线（R_1，R_2）（垂直方向）	$R_1 = 2\,000$ m $L = 50$ m $R_2 = 2\,000$ m	$R_1 = 2\,000$ m $L = 50$ m $R_2 = 2\,000$ m
9	最大坡度	35‰	40‰
10	最大轨道宽度/mm	1 442	—
11	在 150 m 曲线上最大轨道宽度/mm	—	1 452

表 6-5　贯通通道的主要尺寸

参　数	数　据
贯通通道宽度/mm	2 282
贯通通道高度/mm	2 442
过道的宽度/mm	1 500
过道的高度/mm	1 900
正常情况下车两端间的距离/mm	920

表 6-6　轨道情况

参　数	数　据
直线段	—
最小 S 曲线	（车辆段）$R150$ m-直线段 5 m-$R150$ m
最小单向曲线（干线）	$R180$ m
最小 S 曲线（车辆段）	$R150$ m-直线段 5 m-$R150$ m，超高 140 mm，滚动角 ±1°
最小单向曲线（干线）	$R135$ m，超高 140 mm，滚动角 ±1°
最小单向曲线（干线）	$R135$ m，超高 140 mm，滚动角 ±1°
最小单向曲线（干线）	$R180$ m，超高 140 mm，滚动角 ±1°
最小单向曲线（干线）	$R180$ m，超高 35 mm，滚动角 ±1°
直线段	超高 140 mm，滚动角 ±1°

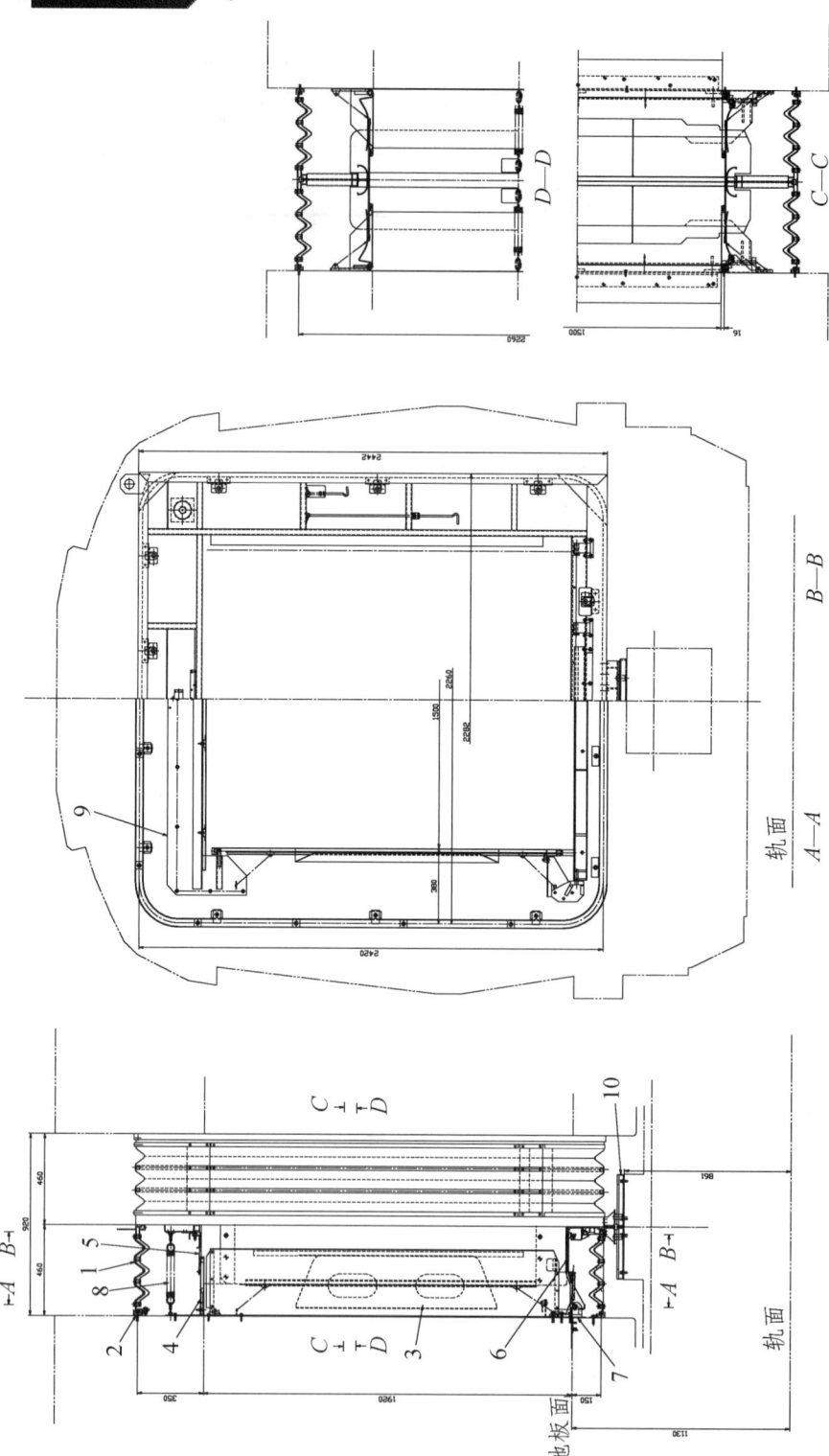

图 6-6 贯通通道总体结构

1—折棚；2—金属框架；3—侧板；4—吊板（端板）；5—吊板（中间板）；6—脚踏板；7—裙部；8—金属支撑架；9—上部安装板；10—下部支撑装置

表 6-7 贯通通道的设计特征

连挂/解挂	自动啮合，手动连挂，从内部进入锁闭装置
贯通通道折棚	弹性橡胶折棚，双折棚
贯通通道内部	不锈钢及橡胶侧板、不锈钢顶板，4顶板&6侧板
脚踏板	最小化设计，4脚踏板/连接装置
贯通通道质量	约 600 kg/连接装置
可燃性	DIN 5510

贯通通道使两辆车之间实现柔性连接，并使乘客可以在车厢之间流动均匀分布。

贯通通道（见图 6-6 和图 6-7）由两个配对可分解的波纹形折棚、两块装在车辆端的渡板以及承载在车钩上的滑动支承组成。贯通通道连接如图 6-8 所示。贯通通道是列车上的一个柔性部件，允许车厢间的相对运动，为旅客提供安全、舒适的过道。贯通通道的结构设计几乎是免维护的，使用寿命较长。

贯通通道的结构

（a）整个贯通通道

（b）侧板

（c）顶板

（d）渡板

图 6-7 贯通通道的结构

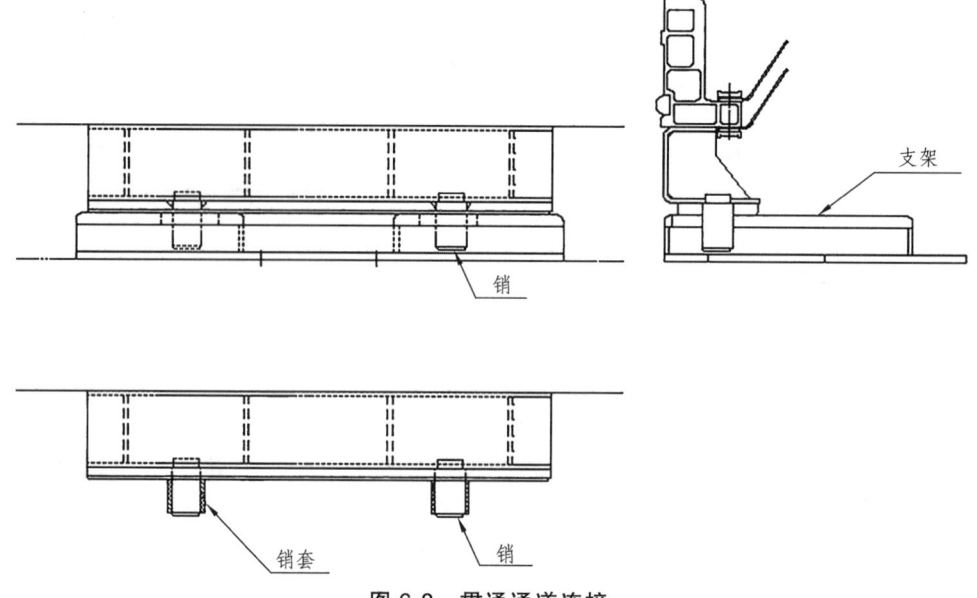

图 6-8 贯通通道连接

(三) 车门和车窗

每辆车每侧装有五个外挂式对开门。两扇门页通过丝杠螺母传动实现同步开闭，并设有机械门锁，使两扇门页在全关闭位置时锁闭。

司机室设有两个滑动式侧门，分别位于左侧和右侧，司机从车外可通过侧门进入司机室，从车内和车外均可将车门锁住或开锁。车门上部装有滑动式窗。该窗镶有厚 5 mm、无涂层、不着色的单层玻璃，并有阳极氧化铝合金窗框。上部窗为外滑型、垂向降落式，在关闭位置可以牢固地闩住。

每个司机室设有两块电热式前窗玻璃，采用强化安全玻璃制造。

前窗可以通过控制旋钮（接通位或关断位）开关进行加热。

1. 紧急疏散门

紧急疏散门设在前端墙的中央，底部铰接于车体，将顶部插闩拉开后，斜梯可向前倒向轨道（见图 6-9）。如果列车因故不能行进到下一车站时，可作疏散乘客下车用。

2. 转向架和车体的连接

车辆转向架包括动车转向架和拖车转向架。A 车为拖车转向架，B 车和 C 车为动车转向架。转向架由轻质构架组成，动车转向架和拖车转向架的构架是相同的，因此是可以互换的。一系悬挂采用德国 Phoenix 公司生产的具有适当的垂向和横向刚度的锥形金属橡胶弹簧，它一方面可以缓和来自轨道的各种冲击和振动，提高列车的乘坐舒适性；另一方面可以对轴箱进行弹性定位，既能保证列车在直线上运行的稳定性，又能使转向架更加顺利地通过曲线，减少轮缘磨耗，防止脱轨。二系弹簧位于转向架构架与车体之间，为两个空气弹簧，通过空气弹簧高度阀可自动调节车体在不同载荷下的高度。减振器布置在垂直和水平（横向）方向上。止挡限制车体的横向运动。牵引杆中装有消声的橡胶块，传递牵引力与制动力给车体。

此外，车体上还安装有许多高压设备、牵引制动及辅助设备等。

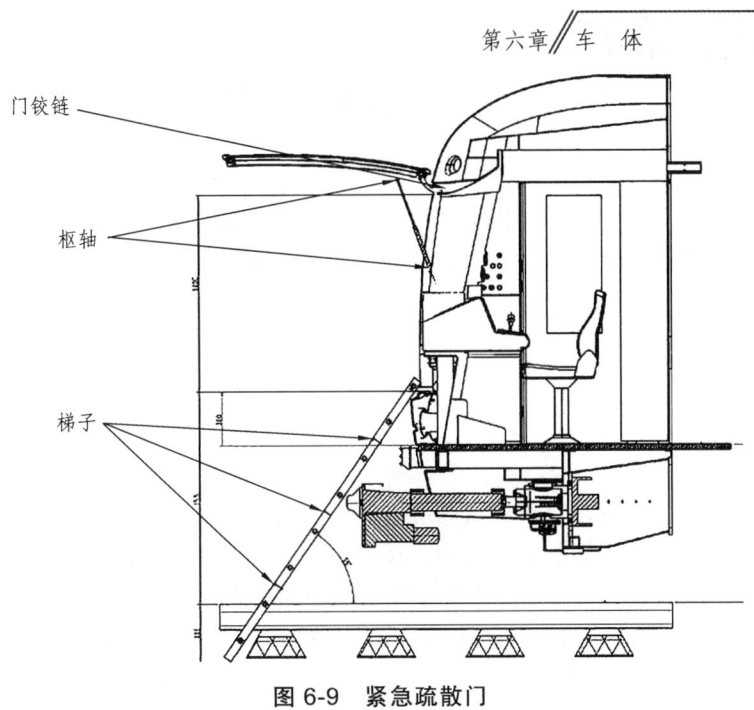

图 6-9 紧急疏散门

第三节 车体轻量化结构

减轻车辆的自重一直是交通运输部门长期以来奋斗的目标,减轻自重不仅可以节约材料、减少牵引动力的消耗,而且可以减轻车辆走行部和线路的磨耗,延长使用寿命,带来巨大的经济效益。一般车体承载结构的重量占车辆自重的 20%～25%,因此研究车体承载结构的轻量化具有很大的现实意义。

传统的铁路客车车体均采用由普通碳素钢制成的有众多纵、横型材构成的骨架和外包板结构,形成一个筒形薄壳整体承载结构,一般自重达到 3～10 t。且普通碳素钢车体在使用过程中腐蚀十分严重,增加了维修的工作量和费用。为提高车体的耐腐蚀性能,延长车体的使用寿命,现在推广使用含有铜或镍铬等合金元素的低合金钢材料,这样可以使车体钢结构自重减轻 10%～15%。

如果采用半不锈钢或全不锈钢车体,在保证强度、刚度的前提下,板厚可以减小,从而达到车体薄壁化、轻量化,同时也提高了使用寿命。一般不锈钢车体自重比普通碳素钢可以减轻 1～2 t。

为进一步实现车体的轻量化,多数国家在近代的高速列车、地铁车、轻轨车和近郊客车上采用了铝合金车体。由于铝合金的密度仅为钢的 1/3,弹性模量也是钢的 1/3,为了充分发挥材料的承载能力,铝合金车体在结构形式上与钢车体有很大的差异。铝合金车体的主要承载构件一般采用大型中空截面的挤压铝型材制造,以提高构件的刚度,充分发挥材料的承载性能,达到最大限度地减轻车体自重的效果。全车的底架、侧墙、车顶均采用大型中空截面的挤压铝型材拼焊而成,比钢制车体的焊接工作量减少了 40%,制造工艺大为简化,重量可以减轻 3～5 t,同时可以保证车体承载结构在使用期内(一般 25～30 年)不需要维修或少维修。

第四节 几种车体的比较

目前，城市轨道交通车辆中车体结构使用的材料主要为车辆专用经济不锈钢（不锈钢）和铝合金，下面从机械性能、重量、价格、工艺等方面对不锈钢车体和铝合金车体的现状和发展作进一步分析比较。

一、材料和结构

1. 不锈钢车体

作为不锈钢车体的材料，应具有耐高应力，焊接性、辊轧成形性、冲压性等加工性能良好。能符合上述条件的不锈钢通常有两种：奥氏体系不锈钢的 SUS 301L、SUS 304，性能见表 6-8。由于前者具有通过轧制加工而易于增加硬度和抗拉强度的特性，故可根据使用部位选用适当等级的材料。SUS 301L 的含碳量在 0.03% 以下，可抑制电弧焊时碳化铬的析出，是一种可以防止晶界腐蚀裂纹的材料，并且从 1991 年开始已在 JIS G 4305 中标准化。SUS 304 一般用于强度要求不严格的部位。

表 6-8 SUS 301L、SUS 304 两种不锈钢材料的比较

不锈钢	主要化学成分（不包括铁）/%							
	C（max）	Si（max）	Mn（max）	Ni	Cr	S（max）	P（max）	N（max）
SUS301L	0.03	1.00	2.00	6.00~8.00	16.00~18.00	0.030	0.045	0.20
SUS304	0.08	1.00	2.00	6.00~10.50	18.00~20.00	0.030	0.045	—

不锈钢	机械性能					
	调质处理	屈服强度 /（N/mm²）（以上）	抗拉强度 /（N/mm²）（以上）	延伸率/%		
				厚度为 0.4 mm 以下	厚度为 0.4 mm 以上，0.8 mm 以下	厚度为 0.8 mm 以上
SUS301L	1/4H	345	690	40 以上		
	1/2H	410	760	35 以上		
	3/4H	480	820	25 以上		
	H	685	930	20 以上		
SUS304	—	205	520	40 以上		

新型不锈钢车采用超低碳（$w_C<0.03\%$）的 SUS301L 车辆专用经济不锈钢，通过压延率的不同分成 LT、DLT、ST、MT、HT 五个强度级。SUS301L 的改性压延状态机械性能代号 HT 的屈服点在 961 N/mm² 以上，拉伸强度在 1 275 N/mm² 以上。但其纵向弹性模量（E）却只有钢的 85%（钢的 $E=2.06\times10^5$ N/mm² 以上，不锈钢的 $E=1.76\times10^5$ N/mm²），这意味着不锈钢车体比同样结构（当然结构是有很大不同的）耐候钢车刚度要小。刚度下降将导致舒适性下降。这就是不锈钢车体设计时尽量增大刚度的原因。

不锈钢车体结构采用板梁组合整体承载全焊结构。由于使用的板材更薄（车体外板厚度为 0.4~1.2 mm，梁柱厚度为 0.8~3 mm），需采用大量的薄板（一般厚度为 0.8 mm）轧压成补强（刚）型材与外板点焊连接形成空腔，借以提高外板的刚度、强度。这是不锈钢车体的结构特征之一。

2. 铝合金车体

为了减轻铁道车辆的重量，降低系统能耗，车辆内装饰材料开始采用了铝合金。首先以板材形式用于内墙板、门板等，以铸件形式用于托架等配件。此外，压条、窗框等使用挤压型材，特别是为了提高强度而开发了添加 Mg、Zn、Mn 的三元合金。几种常用的铝合金材料性能比较见表 6-9。

表 6-9 几种铝合金材料的机械性能

铝合金	主要化学成分（铝以外的成分）/%								机械性能			
	Si	Fe	Cu	Mn	Mg	Cr	Zn	Ti	质量级别	厚度/mm	屈服强度/(N/mm^2)	抗拉强度/(N/mm^2)	延伸率/%
5052	0.25以下	0.40以下	0.10以下	0.10以下	2.2~2.8	0.15~0.35	0.10以下	—	H112		70 以上	175 以上	—
									0		70 以上	175~245	20 以上
6061	0.4~0.8	0.70以下	0.15~0.40	0.15以下	0.8~1.20	0.04~0.35	0.25以下	0.15以下	0		110 以下	145 以下	16 以上
									T4		110 以上	175 以上	16 以上
									T42		85 以上	175 以上	16 以上
									T6		245 以上	265 以上	8 以上
									T62		245 以上	265 以上	10 以上
6063	0.2~0.6	0.35以下	0.10以下	0.10以下	0.45~0.90	0.10以下	0.10以下	0.10以下	T1	12 以下	60 以上	120 以上	12 以上
										12~25	55 以上	110 以上	12 以上
									T5	12 以下	110 以上	115 以上	8 以上
										12~25	110 以上	145 以上	8 以上
									T6	3 以下	117 以上	205 以上	8 以上
										3~25	175 以上	205 以上	10 以上
7003	0.30以下	0.35以下	0.20以下	0.30以下	0.5~1.0	0.20以下	5.0~6.5	0.20以下	T5	12 以下	245 以上	285 以上	10 以上
										12~25	235 以上	275 以上	10 以上
7N01	0.30以下	0.35以下	0.20以下	0.20~0.70	1.05~2.0	0.30以下	4.0~5.0	0.20以下	0		145 以下	245 以下	12 以上
									T4		195 以上	315 以上	11 以上
									T5		245 以上	325 以上	10 以上
									T6		275 以上	335 以上	10 以上

铝合金车体目前普遍采用的结构是大型桁架式中空型材组焊式（一般采用自动弧焊）。铝合金车体的最新结构是车顶、侧墙无梁柱的桁架式中空型材结构，有的在面板、筋板上还贴

有防振吸音材料或填充（半填充）聚氨酯泡沫（型材挤压过程中发泡），大大提高了防振隔音效果。日本的 700 系新干线车就采用此项技术。形状复杂的铝合金车体前端也有采用钢质或骨架用钢、蒙皮用玻璃钢的结构。车下设备吊装也有采用钢梁。铝型材之间采用摩擦搅拌焊接（Friction Stir Welding，FSW）。日本 JR 九州 815 系近郊型交流电动车已采用这种先进方法。

从表 6-8 和表 6-9 比较得出以下结论：

（1）不锈钢车体比铝合金车体的机械性能好。铝合金车体的屈服强度、抗拉强度、延伸率以及弹性模量约为不锈钢车体的 1/3。

（2）铝合金车体比不锈钢车体的刚度要小，因此，铝合金车体设计时采用加大板厚和尽量加大车体端面来提高车体抗弯刚度。

二、轻量化与价格

以 16 t/14 t 轴重的 A、B 型车体为例：不锈钢与碳钢（耐候钢）相比，最大优势是轻量化，但与中空铝型材相比，铝合金车体又比它每节减轻 1 t 左右。价格方面：SUS304 不锈钢和 6063 铝合金的价格均为 29 000 元/t 左右，虽然二者的原材料单价相差无几，但薄板不锈钢车体是板梁结构，需大量工装、模具、夹具、样板和中间检查手段，生产工艺极其复杂，费工费料，所以成品价格还是不锈钢车体偏高。不锈钢车体与铝合金车体的重量、价格如表 6-10 所示。

表 6-10　不锈钢车体与铝合金车体的重量、价格

车体材料	车体重量（轻量化车体）	车体价格（近似）
不锈钢	6～7 t	19 万元
铝合金	4～5 t	13 万元

三、制造工艺

不锈钢车体采用板梁组合整体承载全焊结构，为了不降低板材强度和减小变形，应尽量采用点焊。特别是强度高级的材料不允许任何形式的弧焊。采用接触焊代替弧焊是不锈钢车的又一特征和技术关键。

铝合金车体目前普遍采用大型桁架式中空型材组焊式，中空铝型材是制造厂一次轧制而成，车辆制造厂只需下料、拼装、氩弧焊接，工艺简单、省工省料；而薄板不锈钢车体是板梁结构，需大量工装、模具、夹具、样板和中间检查手段，生产工艺极其复杂，费工费料。

四、外观质量

不锈钢车体制造过程中虽然不必进行防腐保护，也无须涂漆，但为了提高装饰性，板材自带线条或梨皮点状装饰。车辆制造厂家可进行适当修饰，或用彩色胶膜装修。由于车体表面装饰大多是原材料带有的，因此在焊接前的加工过程中要贴膜保护。由于外墙板很薄（一

般为 1.5 mm)、很光，对不平度反映过敏，只要有 0.2 mm 的凹凸，经反光折射，肉眼就感到不舒服；尤其是薄板的点焊印更是无法消除，密密麻麻的焊点是设计确定、工艺保证的，焊点的排列、深度、大小的一致性都有严格的要求。

相比之下，铝合金车体的耐腐蚀性能较差，但中空铝型材平整、挺拔，又可根据用户要求选择不同的装饰和颜色，因此给人的感觉是庄重、美观，广大乘客容易接受。

五、抵御磕碰、防划伤能力

铝合金占优，且可以修复。不锈钢由于是薄板且为拉丝板，容易划伤，更忌讳异向划痕，出现划痕又难以消除；至于触摸的手印，还是可以清洗掉的。

六、对车下设备提供的安装空间和布置方式

中空铝型材车体，车下空间大，适应大线槽布线和空气管路预装配，做到整体吊装，实现模块化结构要求。不锈钢车体由于板薄（底架边梁也只是采用最厚的 $\delta=4$ mm 钢板轧制而成），板梁点焊结构，车下空间小，设备布置分散，只能用传统的预留线槽线道、现车穿线工艺，线路、管路布置零乱。

七、使用寿命

腐蚀介质主要是水、盐分、二氧化硫等，特别对沿海地区和某些重工业区，由于湿度大、盐分高、污染重，因此不同材料车体的抗腐蚀能力对于车体的使用寿命起到重要作用，在这方面，不锈钢优势比较明显；不锈钢熔点在 1 400 °C 以上，而铝合金只有 630 ~ 650 °C 且到 300 °C 以上就发软变形，因此不锈钢车体的防火性能也远优于铝合金车体。从以上几个方面考虑，不锈钢车体的使用寿命优于铝合金车体。

目前，使用不锈钢车体的有天津滨海线轻轨，北京 4、5、10 号线。使用铝合金车体的有上海 1、2、3、4 及明珠 2 号线，广州 1、2 号线及深圳 1 号线等所有地铁的 A 型车；B 型车有广州 3 号线，直线电机牵引的 4、5 号线等。

第五节　车体的模块化结构

一、模块化结构的概念

地铁车辆模块化是指在车辆设计、制造时，将整体结构进行分解，形成若干独立而又相互联系的分系统，即模块，如车顶模块、侧墙模块、底架模块、司机室模块、中间端模块等。我国目前也已经开始采用这种模块化的车体结构。各个模块的结构如图 6-10 ~ 6-12 所示。

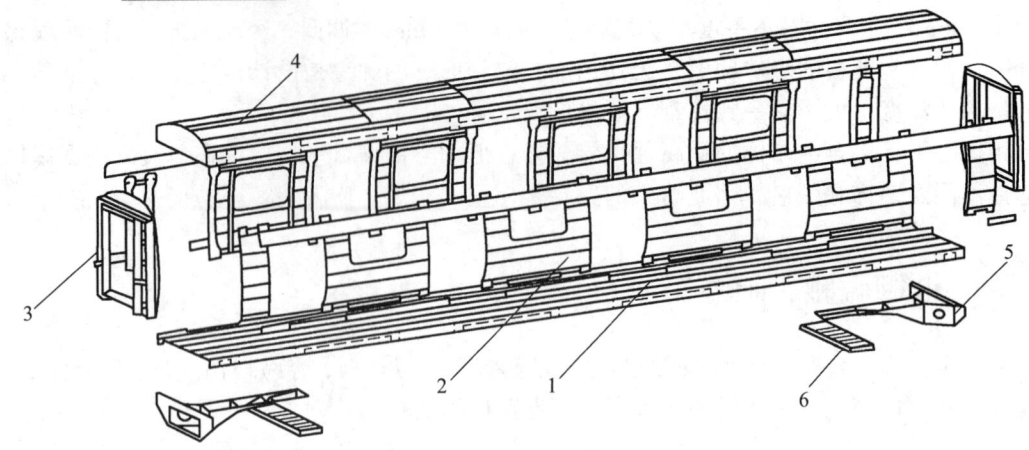

图 6-10 车体模块组成

1—底架模块；2—侧墙模块；3—端部模块；4—车顶模块；5—牵引梁模块；6—枕梁模块

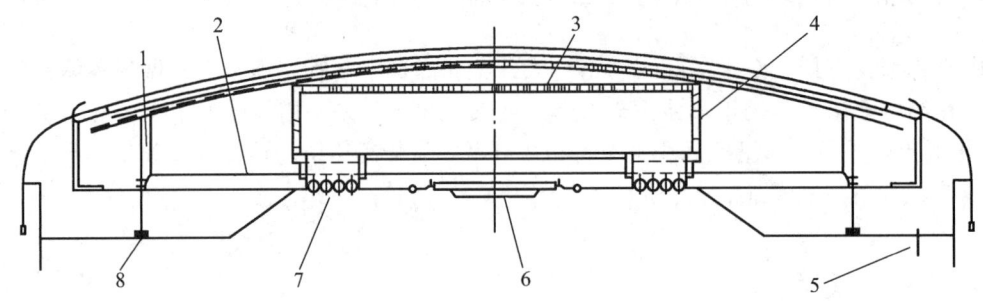

图 6-11 车顶模块

1—顶板吊架；2—顶板槽梁；3—空调风道；4—隔音、隔热材料；5—内部装饰；6—灯带；7—出风口；8—顶板悬挂

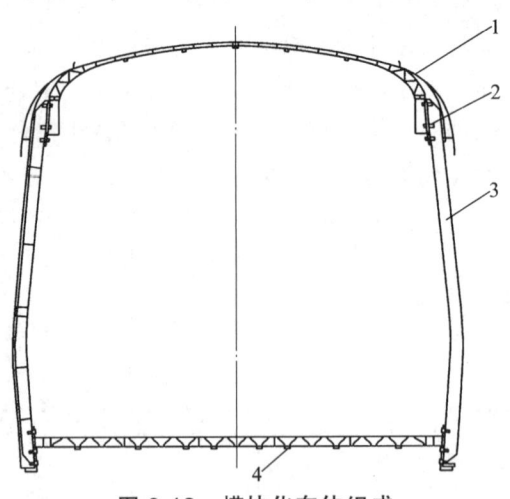

图 6-12 模块化车体组成

1—车顶模块；2—螺栓；3—侧墙模块；4—底架模块

二、模块化结构的优点

（1）在每个模块的制造过程中均注意验证其质量。

（2）每个模块的制造可以独立进行，并解决了模块之间的接口问题，因此，各模块和部件可以由不同的工厂同时生产。

（3）可以改善劳动条件，降低施工难度，提高劳动效率，保证整车质量。

（4）可以减少工装设备，简化施工程序，降低生产成本。

（5）在车辆检修中，可采用更换模块的方式进行，方便维修。

三、模块化结构的缺点

模块化结构的个别部件有的采用了部分钢材制造，在各个部件之间又采用了钢制螺栓连接，所以车体自重要比全焊接结构稍重。

第六节 驾驶室结构

驾驶室通过隔离墙与客室分开，未经允许乘客不能进入驾驶室，但是，驾驶员可以自由进入驾驶室和客室。在驾驶室的左边安装了应急逃生门，应急逃生门是机械式的，驾驶室隔离门打开后，乘客可以通过逃生门的梯子逃出车外。

驾驶室由以下几部分组成：内部设备（驾驶员座椅）；驾驶员两边设有边窗、驾驶室门、开关客室门的按钮；驾驶室上部设有驾驶室空调、内部照明、外部信息显示器、光亮度探测器；驾驶室后方设有驾驶室隔离墙；驾驶室前方设有驾驶员控制台、隔阳窗帘、无线电设备；驾驶员左手边设有应急逃生门、驾驶室灭火器等。

驾驶室的主要操作台集成了车辆的各种状态信息、性能信息及控制手段。虽然各个车辆生产厂的列车根据用户要求有所区别，但基本布置相同。下面以西门子B型地铁列车为例来介绍驾驶室的主要操作台。

驾驶员操纵布局图

设备布局如图6-13所示，各组成部件如表6-11所示。

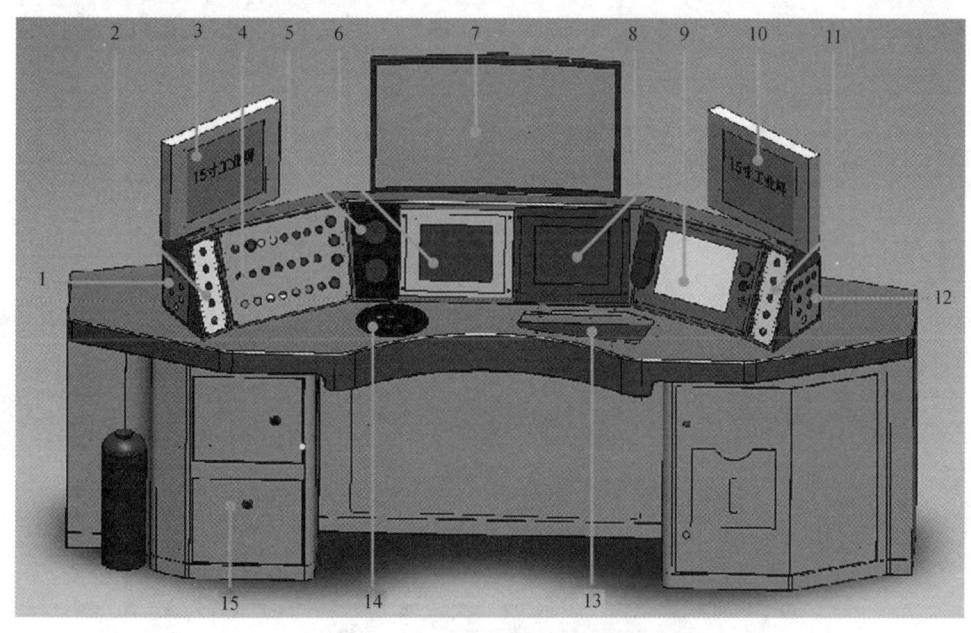

图6-13 驾驶员操纵台布局图

表 6-11 操纵台组成部分说明

序号	名 称	序号	名 称
1	PSL 面板	9	司机联控显示屏（无线电面板）
2	车门面板	10	右侧窗显示器
3	左侧窗显示器	11	车门面板
4	主控面板	12	PSL 面板
5	仪表面板	13	司机控制器面板
6	车辆显示器	14	驾驶面板
7	三维视景显示器	15	备品柜
8	信号显示器		

驾驶员操纵台各操作部分，如图 6-14～6-19 所示。PSL 面板为就地控制盘面板，设置在驾驶室操作台的左右两侧。

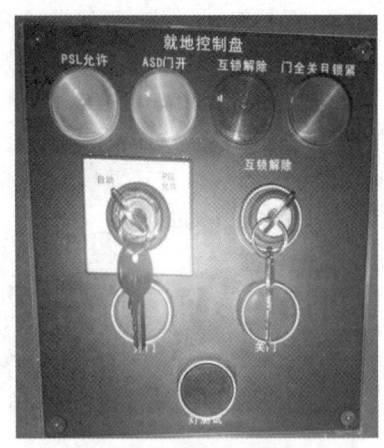 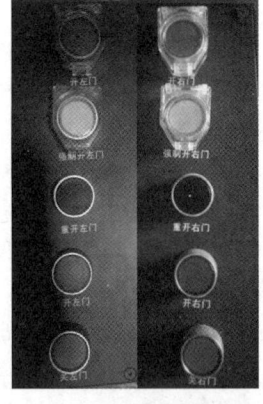 

PSL 面板

图 6-14　PSL 面板（表 6-11 中第 1、12 项）　图 6-15　左、右侧车门面板（表 6-11 中第 2、11 项）

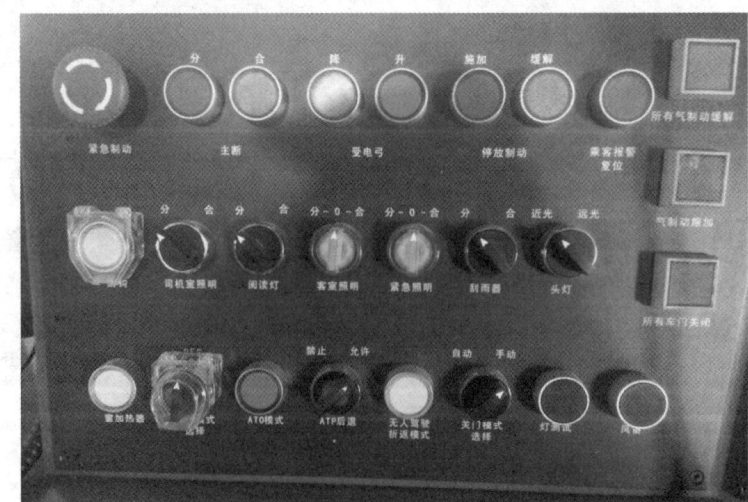 

主控面板

图 6-16　主控面板（表 6-11 中第 4 项）

图 6-17　司机控制器（表 6-11 中第 13 项）

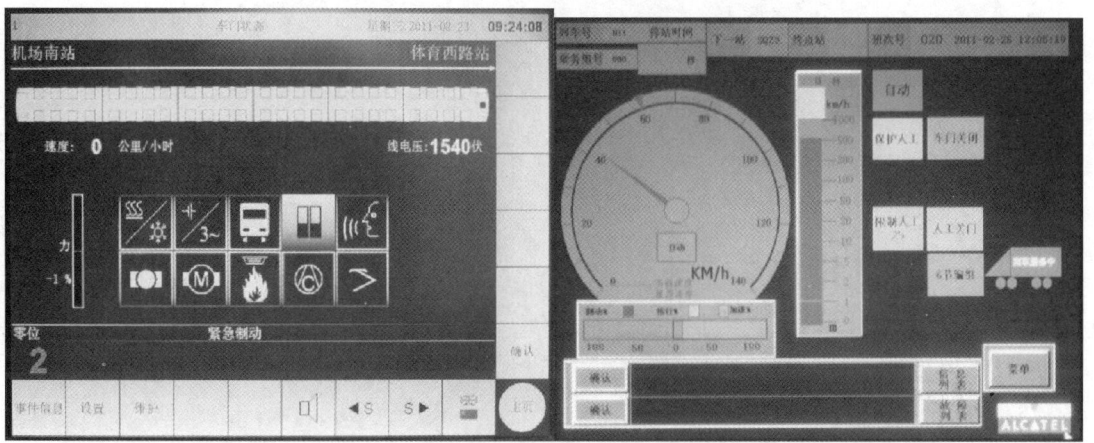

图 6-18　车辆屏及信号屏（表 6-11 中第 6、8 项）

车辆屏及信号屏

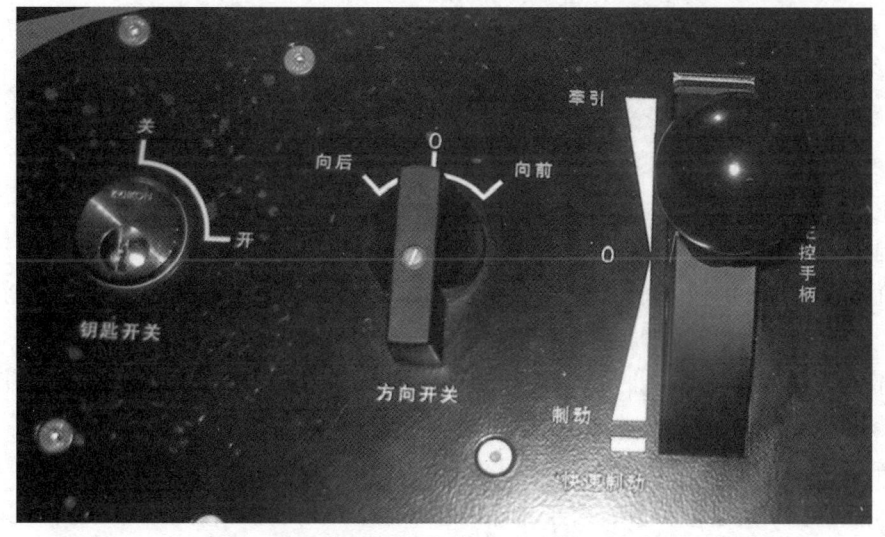

驾驶面板

图 6-19　驾驶面板（表 6-11 中第 14 项）

驾驶员作业区域如图 6-20 所示。

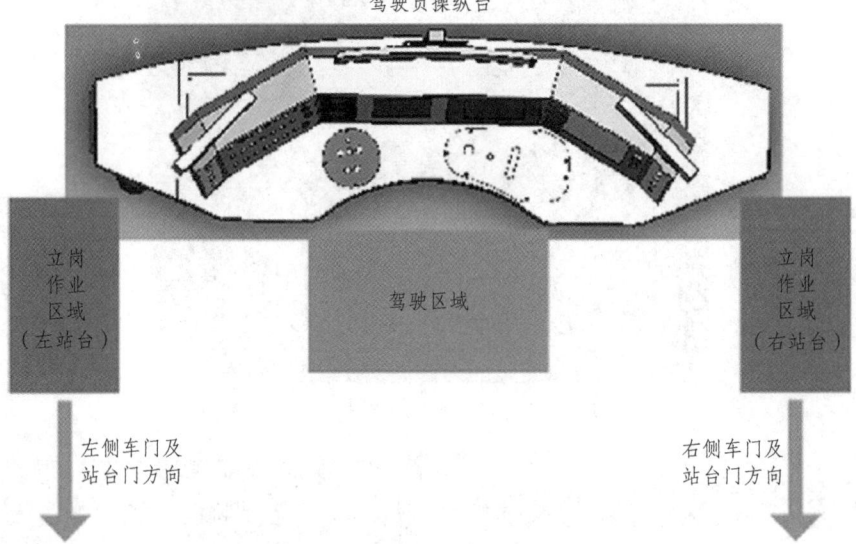

图 6-20　驾驶员作业区域平面图

【复习与思考】

一、不定项选择题

1. 城轨车体常见的材料包括（　　）。
   A. 铝合金　　　B. 不锈钢　　　C. 耐候钢　　　D. 钛合金
2. 车体机构一般包括（　　）。
   A. 侧墙　　　B. 端墙　　　C. 车顶　　　D. 底架
3. 模块化结构的优点是（　　）。
   A. 每个模块的制造可以独立进行，并解决了模块之间的接口问题，因此，各模块和部件可以由不同的工厂同时生产
   B. 可以减少工装设备，简化施工程序，降低生产成本
   C. 在车辆检修中，可采用更换模块的方式进行，方便维修
   D. 增加了整车质量

二、判断题

1. 贯通通道是列车上的一个柔性部件，允许车厢间的相对运动，为旅客提供安全、舒适的过道。同时，它可以挡风雨，防水隔音，并且是运行可靠的通道。（　　）
2. 紧急疏散门设在前端墙的中央，底部铰接于车体，将顶部插闩拉开后，斜梯可向前倒向站台。（　　）
3. 城轨列车在运动时没有倒车的设置。（　　）
4. 驾驶室通过隔离墙与客室分开，未经允许乘客不能进入驾驶室，但是，驾驶员可以自由进入驾驶室和客室。（　　）

三、简答题
1. 简述3种常见的车体材料的优缺点。
2. 介绍模块化结构的优点。
3. 描述驾驶室操作台的主要设备及其功能。

第七章　转向架

【章节描述】

车辆走行部在车辆运行中起着非常重要的作用，它不仅承受了车体的载荷，而且传递纵向力、垂向力和横向力。转向架是支承车体并担负车辆沿着轨道走行的支承走行装置。为了便于通过曲线，在车体和转向架之间设有心盘或回转轴，转向架可以绕心盘或回转轴相对车体转动。由于车辆在线路上运行时通过道岔、弯道及车辆加速、减速等原因会产生各种冲击和振动，为了改善车辆的运行品质和满足运行要求，在转向架上设有弹簧减振装置和制动装置。对于动车，转向架上还装有牵引电动机和减速机构，将牵引电动机的转矩通过齿轮转动传递给轮对，转化为列车前进的牵引力，以驱动车辆运行。这一章就是要学习这些知识。

【教学目标】

1. 能力目标

掌握转向架的结构，掌握三向力（纵向力、垂向力、横向力）的传递路径，掌握转向架的主要部件，掌握油压减振器的工作原理、结构以及调整方法。

2. 知识目标

掌握转向架的结构，掌握油压减振器的工作原理、结构以及调整方法。

3. 素质目标

培养城市轨道交通列车驾驶员必须掌握的车辆转向架基本结构知识。

第一节　转向架概述

城轨车辆与其他有轨车辆一样，其走行部的主要作用是引导车辆沿着轨道行驶，支承车体，传递车体与轨道之间的各种载荷并缓和其动力。走行部的结构、性能直接影响车辆的运行可靠性、动力性能和行车安全，所以它是车辆最重要的组成部件之一。

目前，城轨车辆的走行部件主要以转向架的形式出现，主要为二轴转向架。把两个或几个轮对用专门的构架（或侧架）组成的一个小车，称为转向架。

转向架是城市轨道交通车辆最重要的部件之一，它是保证车辆运行品质、动力性能和行车安全的关键部件。转向架安装在车体与轨道之间，用来牵引和引导车辆沿着轨道行驶，承受与传递来自车体及线路的各种载荷并进行缓冲。地铁车辆转向架结构比动车组转向架相对简单，主要由构架、轮对、一系悬挂、二系悬挂、抗侧滚扭杆、基础制动系统、中央牵引单元、轮缘润滑系统及辅助装置等零部件组成。转向架构件及各部件参数是否合理，直接影响车辆的运行品质、动力性能和行车安全。

行驶于地下或高架线上的车辆，其转向架在降噪、减振性能方面具有较高的要求。

一、转向架的作用与要求

（1）车辆采用转向架是为了增加车辆的载重量、长度和容积，提高列车的运行速度。

（2）保证在正常运行条件下，车体都能可靠地坐落在转向架上。

（3）转向架能支承车体，承受并传递从车体至轮对之间或从轮轨至车体之间的各种载荷及作用力，并使轴重均匀分配。

（4）保证车辆安全运行，并顺利地通过曲线。

（5）采用转向架的结构便于弹簧减振装置的安装。

（6）转向架能充分利用轮轨之间的黏着力，传递牵引力和制动力。

（7）转向架是车辆的一个独立部件。

（8）对于地铁车辆的转向架来说，还要便于安装牵引电动机及传动装置，以驱动车辆沿着钢轨运行。

二、转向架的组成（见图7-1）

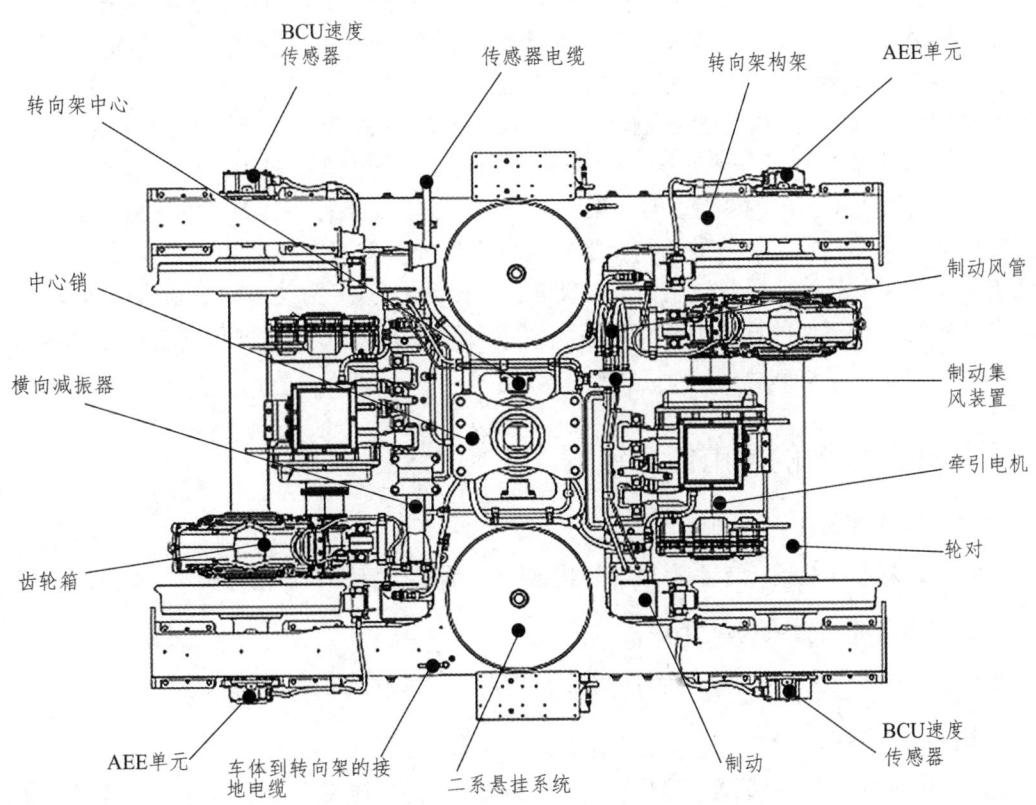

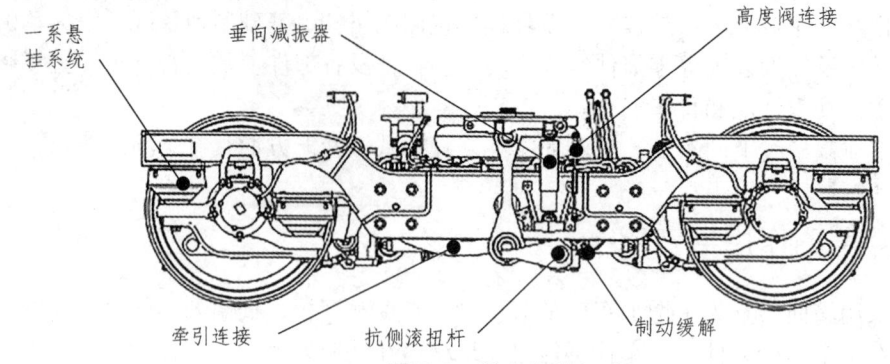

图 7-1 转向架的组成

一般转向架的组成可以分为以下几个部分：

（1）轮对、轴箱装置。轴箱与轴承装置是联系构架（或侧架）和轮对的活动关节，使轮对的滚动转化为车体沿钢轨的平动。

（2）弹性悬挂装置。为减少线路不平顺和轮对运动对车体的各种动态影响（如垂向振动、横向振动等），转向架在轮对与构架（侧架）之间或构架（侧架）与车体（摇枕）之间，设有弹性悬挂装置。前者称为轴箱悬挂装置（又称一系悬挂），后者称为摇枕（中央）悬挂装置（又称二系悬挂）。目前，我国大多数货车转向架只设有摇枕悬挂装置，客车转向架既设有摇枕悬挂装置，又设有轴箱悬挂装置。

（3）构架。构架（侧架）是转向架的基础，它把转向架各个零部件组成一个整体。所以它不仅承受、传递各作用力及载荷，而且其结构、形状和尺寸大小都应满足各零部件的结构、形状及组装的要求（如应满足制动装置、弹簧减振装置、轴箱定位装置等安装的要求）。

（4）（基础）制动装置。为使运行中的车辆能在规定的距离范围内停车，必须安装制动装置，其作用是传递和放大制动缸的制动力，使闸瓦与轮对之间产生的转向架的内摩擦力转换为轮轨之间的外摩擦力（即制动力），从而使车辆承受前进方向的阻力，产生制动效果。

（5）转向架支承车载的装置。转向架支承车载的方式（又称为转向架的承载方式）不同，使得转向架与车体相连接部分的结构及形式也各有所异，但都应满足两个基本要求：安全可靠地支承车体，承载并传递各作用力（如直向力、振动力等）；为使车辆顺利通过曲线，车体与转向架之间应绕不变的旋转中心相对转动。转向架的承载方式可以分为心盘集中承载、非心盘承载和心盘部分承载三种。

三、转向架力的基本传递过程

1. 垂向力（重量）

车体→二系悬挂装置（二系弹簧）→构架→一系悬挂装置（轴箱弹簧）→轮对→钢轨。

2. 纵向力（牵引力或制动力）

钢轨→轮对→一系悬挂装置（定位装置）→构架→二系悬挂装置（牵引装置）→车体→车钩。

3. 横向力（导向力）

钢轨→轮对→一系悬挂装置（定位装置）→构架→二系悬挂装置（横向止挡）→车体→车钩。

四、转向架的主要技术参数(见表 7-1)

表 7-1 转向架的主要技术参数

参　　数	数　　据
轨　距	1 435 mm
最高运行速度	80 km/h
构造速度	90 km/h
固定轴距	2 500 mm
轴颈间距	2 000 mm
轮对内侧距	(1 353±2) mm
车轮直径	840 mm(新)/770 mm(全磨耗)
拖车转向架质量	5 800 kg
动车转向架质量	7 800 kg

五、转向架结构的种类

转向架结构各异,种类繁多,一般可以按照以下方式对转向架进行分类:

1. 按轴箱定位方式分类

(1)拉板式轴箱定位转向架。用特种弹簧钢材制成的薄片形定位拉板,其一端与轴箱连接,另一端通过橡胶节点与构架相连,如图 7-2(a)所示。

(2)拉杆式轴箱定位转向架。拉杆的两端分别与构架轴箱销接,拉杆两端的橡胶垫、套分别限制轴箱与构架之间的横向与纵向的相对位移,实现弹性定位,如图 7-2(b)所示。

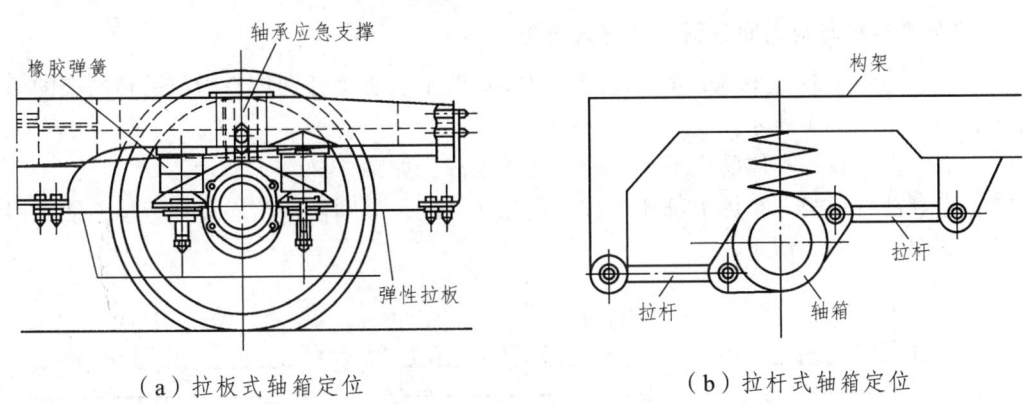

(a)拉板式轴箱定位　　　　　　　　　(b)拉杆式轴箱定位

图 7-2 拉板式和拉杆式轴箱定位

(3)转臂式轴箱定位转向架。它又称弹性铰定位,定位转臂的一端与圆筒形轴箱体固接,另一端以橡胶弹性节点与构架上的安装座相连接,如图 7-3(a)所示。

(4)层叠式橡胶弹簧定位转向架。在构架与轴箱之间装设压剪型层叠式橡胶,其垂向刚度较小,使轴箱相对构架有较大的上下方向位移,而它的纵、横向有适宜的刚度,以实现良好的弹性定位,如图 7-3(b)所示。

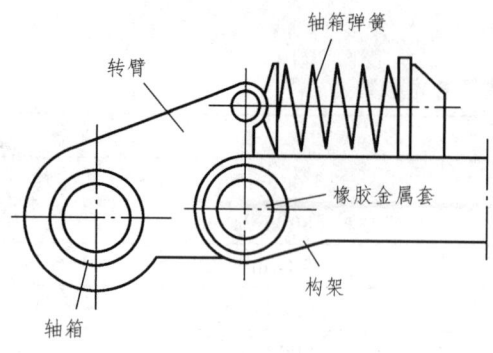
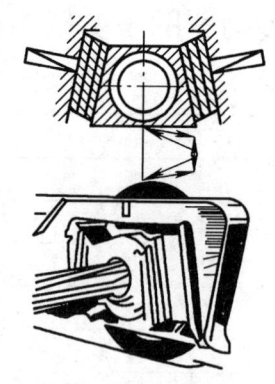

(a) 转臂式轴箱定位　　　　　　　　(b) 层叠式橡胶弹簧定位

图 7-3　转臂式轴箱定位和层叠式橡胶弹簧定位

2. 按弹簧系统分类

（1）一系弹簧悬挂。在车体与轮对之间，只设有一系弹簧减振装置，如图 7-4（a）所示。

（2）二系弹簧悬挂。在车体与轮对之间设有二系弹簧减振装置，即在车体与构架间设弹簧减振装置，在构架与轮对间设轴箱弹簧减振装置，两者相互串联，使车体的振动经历两次弹簧减振的衰减，如图 7-4（b）所示。

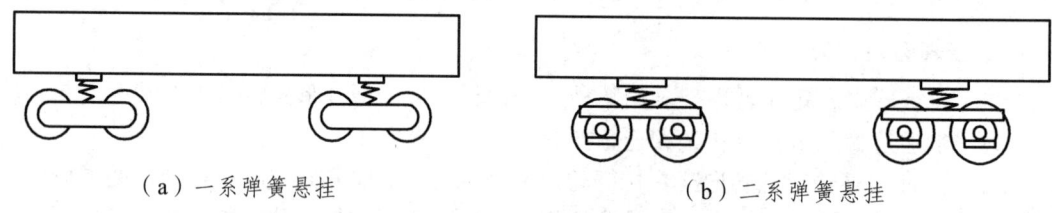

(a) 一系弹簧悬挂　　　　　　　　(b) 二系弹簧悬挂

图 7-4　弹簧悬挂装置

3. 按车体与转向架之间载荷传递方式分类

（1）心盘集中承载。车体的全部质量通过前后两个上心盘分别传递给前后转向架的两个下心盘，如图 7-5（a）所示。

（2）非心盘承载。车体的全部质量通过旁承承载，如图 7-5（b）所示。

（3）心盘部分承载。车体上部质量按一定比例分配，分别传递给心盘和旁承，使它们共同承载，如图 7-5（c）所示。

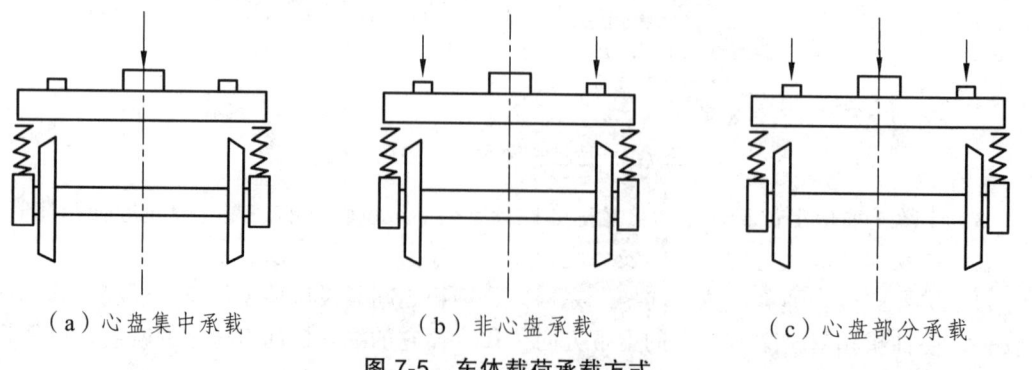

(a) 心盘集中承载　　　　　(b) 非心盘承载　　　　　(c) 心盘部分承载

图 7-5　车体载荷承载方式

第二节 构 架

构架是转向架的基础，是转向架各零部件的安装部件。其作用是承受和传递荷载及作用力。转向架构架一般为 H 形结构，是转向架的主要承载部件。侧梁中部设有空气弹簧的安装座和横向减振器座。横梁上设有电机吊座、齿轮箱吊座和牵引拉杆座。抗侧滚扭杆座设置在两个侧梁的下部。侧梁端部的四个起吊座可使构架或整个转向架被安全地吊起。

在额定载荷下，构架预计疲劳寿命为 30~35 年。构架主要采 EN10025 标准的 S275J2G3 钢板制造。构架的焊接和探伤检查均采用欧洲标准。

一、构架的作用与要求

（1）部分尺寸精度要求较高，使一些部件安装具有较高的定位精度，如轮对定位，使转向架具有较好的运行性能。

（2）便于各部件及附加装置的安装，包括轮对安装、传动齿轮装置的悬挂、牵引电动机的安装、制动系统的安装。

（3）结构经过设计，具有足够高的强度，承受并传递牵引力、制动力、车体质量以及各种冲击、振动，保证列车运行安全。

二、构架的分类

就制造工艺而言，转向架的构架主要有铸钢构架和焊接构架两种形式。铸钢构架由于质量大，铸造工艺复杂，使用中受到一定程度的限制，在城轨车辆中一般不采用。焊接构架的质量轻，节省材料，又能满足强度和刚度的要求，所以应用比较广泛。

按照结构形式来分类，构架可分为开口式、封闭式，或 H 形、日字形、目字形等。

地铁转向架有动车和拖车转向架之分，构架也分为动车用构架和拖车用构架，其结构的主体部分完全相同，主要区别是根据各自所安装的设备的不同，如动车构架带有电机吊座、齿轮箱吊座等。两种构架都属于 H 形构架。

三、构架的组成

构架主要由左右侧梁、一根或几根横梁及前后端梁组焊而成。没有端梁的构架称为开口式构架，有端梁的构架称为封闭式构架。构架的组成具体如图 7-6 所示。

侧梁是构架的主要承载梁，是传递垂向力、纵向力和横向力的主要构架，侧梁还用来确定轮对位置。横梁和端梁用来保证构架在水平面内的刚度，使两轴平行并承托牵引电机。

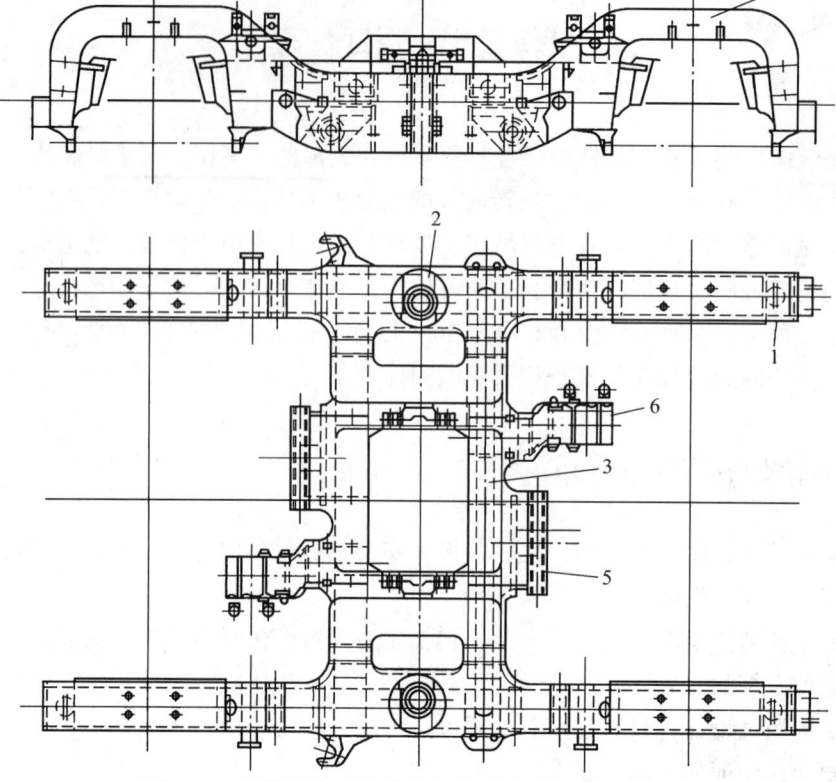

图 7-6 广州地铁 1 号线车辆转向架的构架的组成
1—侧梁；2—空气弹簧座；3—横梁；4—轴箱吊框；5—电动机安装座；6—齿轮箱吊座

第三节 轮对轴箱装置

一、轮 对

轮对是车辆的重要部件之一。它承受着从车体、钢轨两个方面传递来的各种作用力，并引导车轮沿着钢轨滚动完成车辆的运行。轮对性能的好坏，直接影响行车安全。因此，轮对必须坚固耐用，各部尺寸必须符合技术规定，以确保行车安全。

轮对分为动力轮对和非动力轮对。动力轮对包括车轮、车轴、轴箱组成、齿轮箱（变速箱）和牵引电机；非动力轮对包括车轮、车轴、轴箱组成及动车驱动装置。

轮对的基本要求如下：

（1）应有足够的强度，以保证在容许的最高速度和最大载荷下安全运行。

（2）应在强度足够和保证一定使用寿命的前提下，使其重量最小，并具有一定弹性，以减小轮轨之间的相互作用。

（3）应具备阻力小和耐磨性好的优点，这样可以只需要较小的牵引动力并能提高使用寿命。

（4）应适用车辆直线运行，同时又能顺利通过曲线，还应具备必要的抵抗脱轨的安全性。

轮对由一根车轴和两个相同的车轮组成，组装时采用过盈配合，在轮轴顶压机（油压机）上将两车轮压装于车轴两端。磨耗超限的车轮可退卸更换，更换新轮前轴座须抛光恢复到最初的光洁度，拖车转向架与动车转向架间的轮对不能互换。

如图 7-7 所示，轮对由一根车轴和两个相同的车轮组成，在轮轴接合部采用过盈配合，使两者牢固地结合在一起，为保证安全，绝不允许有任何松动现象发生。

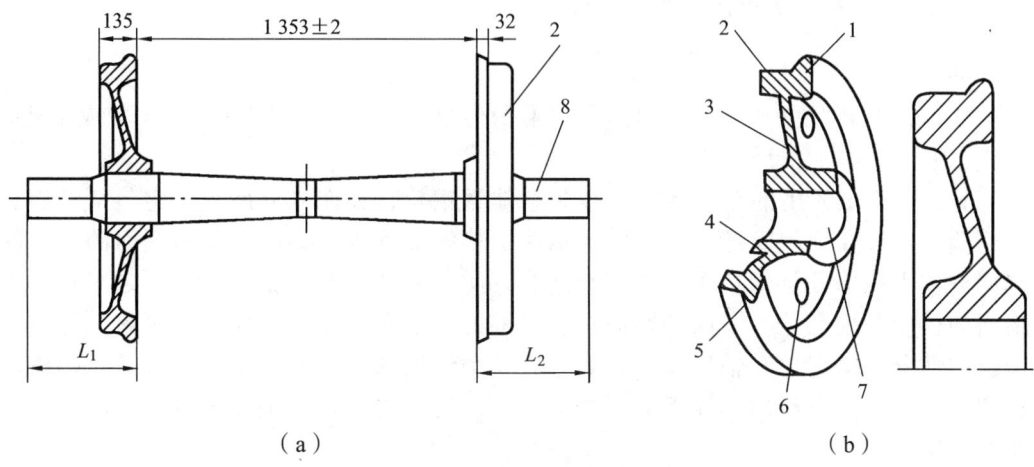

图 7-7　轮对和整体辗钢轮
1—轮辋；2—踏面；3—辐板；4—轮毂；5—轮缘；6—工艺孔；7—轮毂孔；8—车轴

轮对内侧距离有严格的规定：我国地铁车辆轮对内侧距为（1 353 ± 2）mm。

1. 车　轴

车轴采用优质碳素钢加热锻压成型，经过热处理和机械加工制成。车轴是轮对的主要配件，它除与车轮组成轮对外，两端还要与轴箱油润装置配合，保证车辆安全运行。目前，车辆所用车轴绝大多数是圆截面实心车轴，如图 7-8 所示。

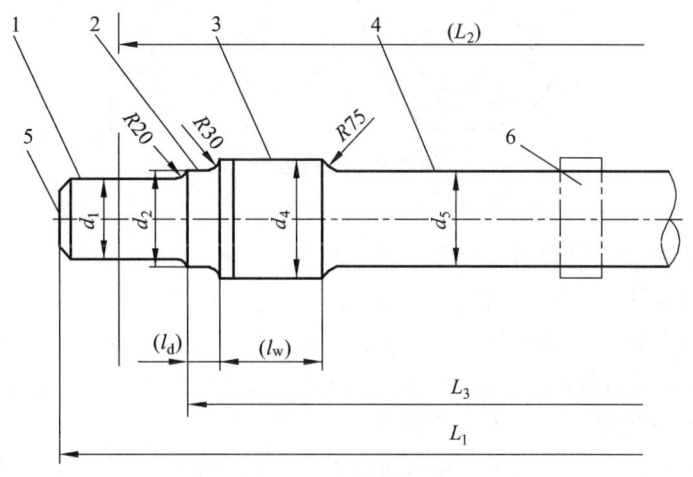

图 7-8　车轴结构
1—轴颈；2—防尘板座；3—轮座；4—轴身；5—轴端螺栓孔；6—制动盘安装座

（1）轴颈 1 是安装滚动轴承和承载的部位。
（2）防尘板座 2 为车轴与防尘板配合部位，其直径比轴颈直径大，比轮座直径小。
（3）轮座 3 是车轴和车轮配合的部位，是车轴受力最大的部位。
（4）轴身 4 是两轮座的连接部分，为增加其强度和减少应力集中，车轴轴身呈圆柱形。
（5）轴端螺栓孔 5 是滚动轴承车轴安装轴端压板的地方，轴端压板的作用是防止滚动轴承内圈从轴颈两端窜出。
（6）制动盘安装座 6 供压装制动盘用。

2. 轮 对

车轮是车辆最终受力配件，它把车辆的载荷传给钢轨，并在钢轨上转动，完成车辆的运行。其性能的好坏，直接影响行车安全。

目前，车辆上使用的车轮绝大多数是整体辗钢轮，如图 7-9 所示。它包括踏面、轮缘、轮辋、辐板和轮毂等部分。车轮与钢轨的接触面称为踏面。车轮内侧面的径向圆周凸起部分称为轮缘，是保持车辆沿钢轨运行，防止脱轨的重要部分。轮辋是车轮具有完整踏面的径向厚度部分，以保证踏面具有足够的强度和便于加修踏面。轮毂是轮与轴互相配合的部分，固定在车轴轮座上，为车轮整个结构的主干与支承。辐板是连接轮辋与轮毂的部分，起支撑作用，辐板上有两个圆孔，便于轮对在切削加工时与机床固定和搬运轮对之用。

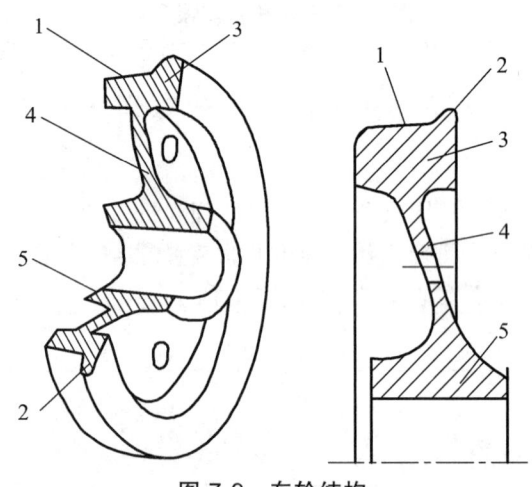

图 7-9 车轮结构
1—踏面；2—轮缘；3—轮辋；4—辐板；5—轮毂

车轮踏面一般做成一定的斜度，称为锥形踏面，如图 7-10（a）所示。它的作用如下：

（1）便于通过曲线。车辆在曲线上运行时，由于离心力的作用，轮对偏向外轨，于是在外轨上滚动的车轮与钢轨接触的部分直径较大，而沿内轨滚动的车轮与钢轨接触部分直径较小，使滚动中的轮对大直径的车轮沿外机行走的路程长，小直径的车轮沿内轨行走的路程短，让轮对得以顺利通过曲线，减少车轮在钢轨上的滑行。

（2）可自动调中。在直线线路上运行时，如果车辆中心线与轨道不一致时，轮对在滚动过程中，能自动纠正偏离位置。

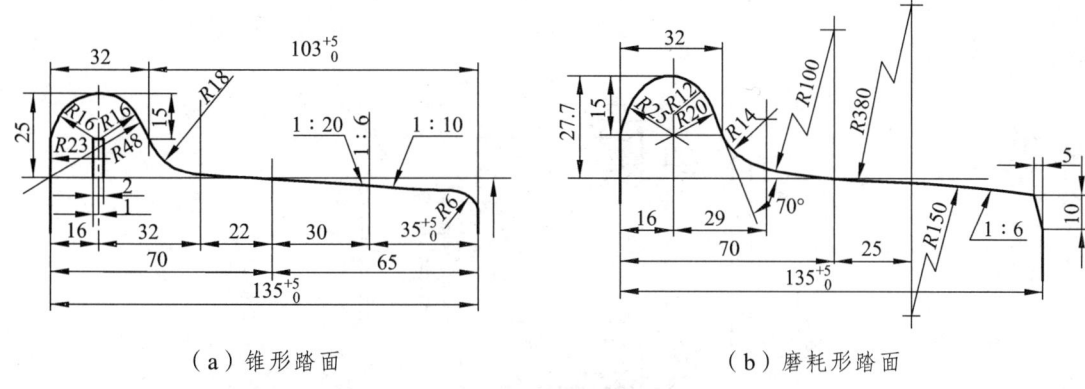

(a) 锥形踏面　　　　　　　　　　(b) 磨耗形踏面

图 7-10　车轮踏面

（3）能顺利通过道岔。线路上的道岔对车辆运行的平稳性和安全性影响极大，因此踏面的几何形状也应适应通过道岔的需要。

（4）使踏面磨耗比较均匀。由于车轮踏面具有一定斜度，当车轮在轨道上运行时，回转圆直径也在不停地变化，致使车轮在钢轨上的接触点也不停地变换位置，结果使踏面磨耗比较均匀。

（5）防止车轮脱轨。当车轮通过曲线时，常使轮缘紧靠外侧钢轨。

随着机车速度大幅提高，车轮产生很大的离心力，对轮箍产生的应力往往有可能破坏轮箍的结合强度；随着塑料闸瓦的推广使用，闸瓦传热散热不良将引起制动时轮箍温度过高，为了防止发生弛缓事故，城市轨道交通车辆上主要采用辗钢整体车轮。

车辆轮对在轨道上运行，当线路处于正常状态时，轮对内侧距离的大小，是影响行车安全的重要因素。为此规定城市轨道交通车辆轮对内侧距离为（1 353±2）mm。

二、滚动轴承轴箱装置

轴箱与轴承装置是联系构架和轮对的活动关节，轴承与轴箱及其附属配件，统称为滚动轴承轴箱装置。车辆用轴承主要有滚动轴承和滑动轴承两种，它们的结构也有所不同。它们将轮对和侧架或构架联系在一起，使轮对的滚动转化为车体沿着轨道平动，除了传递车辆重量外，还传递轮轨之间的各种作用力；承受车辆的重量，传递各方向的作用力；保证良好的润滑性能，减少磨耗，降低运行阻力；良好的密封性，防止尘土、雨水等物侵入及甩油，从而破坏油脂的润滑，甚至发生燃油等事故。

轴箱轴承采用符合UIC标准的圆锥滚子密封轴承，整体压装到车轴上。轴箱轴承组件形成整体密封系统，并预先添加了润滑脂，延长了使用寿命和维修间隔的时间。轴承内装有塑钢保持架，可降低内部摩擦并具有良好的自润滑性能，如图7-11所示。

轴箱端部可安装炭刷式轴端接地装置，将电流直接导向钢轨，防止电流经过轴承产生电蚀。每根轴上还装有防滑速度传感器，为车上的防滑控制系统提供车轮转动速度信息，防止车轮发生滑行。头车的轴端还装有ATP速度传感器。

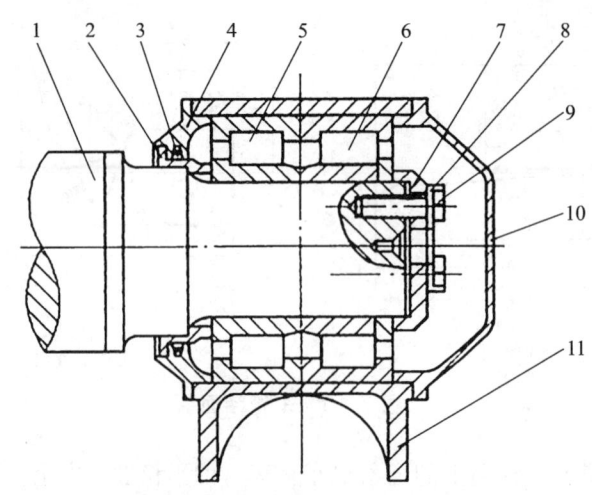

图 7-11 圆柱滚动轴承轴箱装置
1—车轴;2—防尘挡圈;3—毛毡;4—轴箱后盖;5—42726T 轴承;6—152726T 轴承;7—压板;8—防松片;9—螺栓;10—轴箱盖;11—轴箱体

第四节 弹簧减振装置

城轨列车在运行中,为了使载荷均衡传递给轮对,并使车辆在静载荷状况下,两端车钩距离轨面高度满足规定的要求;同时为了缓和及减少因线路的不平顺、轨缝、钢轨磨耗和不均匀下沉,以及因车轮擦伤等原因引起的振动和冲击,在车辆上安装了弹簧减振装置。

按照车辆的悬挂方式将弹簧装置分为一系悬挂和二系悬挂两种。其中,一系悬挂安装在转向架与轴箱之间,也称之为轴箱悬挂装置;二系安装在车体底架与转向架构架之间,也称为中央悬挂装置。

一、弹簧结构及特性

弹簧的主要特性:挠度、刚度和柔度。挠度是指弹簧在外力作用下产生的弹性变形的大小或弹性位移量;刚度是指弹簧产生单位挠度所需的力的大小,一般用 K 表示;柔度是指单位载荷作用下产生的挠度,一般用 i 表示。

随着货车载重增加,空、重车簧上质量相差悬殊,若还采用单个弹簧,有可能使空车弹簧静挠度过小,自振频率过高,其振动性能不良。为了改善弹簧的特性,适应安装位置及空间大小的需要,在车辆上采用了组合弹簧,即并联、串联或者串并联弹簧。一般城轨车辆采用的两系弹簧就是如此,在空重车差别很大车上应用,空车时第一级弹簧承载,弹簧刚度小,静挠度较大,改善了车辆运行品质,轮重减载率小,有利于防止脱轨发生;重车时第二级弹簧承载,弹簧刚度大,避免弹簧挠度过大影响车钩高度。

二、一系悬挂系统

机车在运行时，由于线路的不平顺、钢轨的接缝和道岔等因素的影响，轮对会受到来自线路的冲击，引起机车的振动。

如果构架和轴箱直接连接，轮对所受的冲击力就会直接通过轴箱经构架传给车体，使构件受力恶化，走行部分紧固件松动。

为了缓和轨道对机车的冲击和振动，在构架和轮对轴箱之间设置弹簧和减振器系统，称为轴箱悬挂装置，也称一系悬挂装置。

未经弹簧悬挂缓冲而直接传给钢轨的重量称为簧下重量，又称为死重量。通过一系悬挂装置把构架以上的垂直载荷均匀地分布到各个轮对上，使每一根轴重一致。

一系悬挂系统由三个主要零部件组成：两个圆锥形弹性橡胶弹簧单元及一个基座型轴箱。

一系悬挂有三个主要功能：

（1）保护转向架构架及车辆，以防从轨道上传递过多的振动载荷。
（2）保证车辆在指定的轨道状况下操作时不会出轨。
（3）达到良好的曲线通过性能，同时保证转向架在整个工作速度范围内的动态稳定性。

如图 7-12 所示，弹簧单元安装在轴箱上，一系悬挂的纵向及横向运动由弹簧单元高径向刚度控制。起吊止挡和缓冲挡相结合限制轮对垂向偏转。橡胶弹簧具有一定的减振性能，因此不需要安装一系垂向减振器。

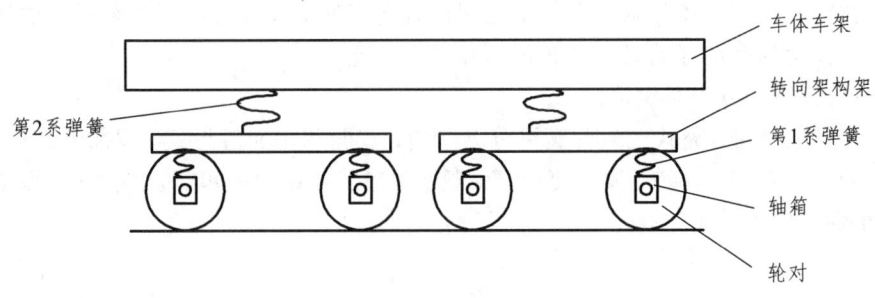

图 7-12 悬挂系统在转向架上的位置

三、二系悬挂系统

1. 二系悬挂系统的作用与结构

用来减少来自钢轨的冲击而使机车产生的振动，提高车体内设备的可靠性和机车运行的平稳性，从而提高乘客的乘坐舒适性，在转向架构架和车体之间设置了弹性连接装置，即二系悬挂装置。它的主要作用是转向架与车体连接，为车体提供了一个弹性支撑，能使车体相对转向架移动，同时提供一个横向回转功能。二系悬挂还能用来维持车体在各种乘客载荷下的车体高度。

二系悬挂由空气弹簧、高度阀、差压阀及减振器等零部件组成。每辆车由 4 个空气弹簧支承着车体的重量，并在车体和转向架之间提供垂向、横向和回转刚度。空气弹簧下部带有一个辅助橡胶弹簧，并在空气弹簧无气时提供紧急状态下的支撑刚度。车辆高度由每车上的

4个高度阀及车体与转向架间的机械链接控制，高度阀控制空气弹簧中的空气压力以补偿载荷的变化。两个空气弹簧之间连接了一个差压阀，当某个空气弹簧破裂或高度阀故障使空气弹簧过充时，差压阀确保两个空气弹簧一起受控地排气，防止车体过于倾斜并超出车辆的动态限界。

每个转向架设有一个横向液压减振器，装在中心销和转向架侧梁之间，吸收车体横向振动的能量。

2. 空气弹簧

（1）空气弹簧的优缺点：

① 空气弹簧的刚度可选择较低的值，从而降低车辆的自振频率。

② 空气弹簧具有非线性特性，可以根据车辆动力学性能的需要设计成具有比较理想的弹性特性曲线。在平衡位置振动幅度较小时（正常运行时的振幅），刚度较低；若位移过大，刚度显著增加，以限制车体的振幅。

③ 空气弹簧的刚度随载荷而改变，从而保持空、重车不同载荷时车体的自振频率几乎相等。使空、重车不同状态的运行平稳性几乎相同。

④ 空气弹簧用高度调整阀控制时，可使车体在不同静载荷下，保持车辆地板面距轨平面的高度不变。这一性能应用在地铁和轻轨上则可保持车辆的地板面与站台面的高差始终不变。

⑤ 同一空气弹簧可以同时承受三维方向的载荷。这可简化转向架结构及减轻自重。

⑥ 若在空气弹簧本体与附加空气室之间设有适宜的节流孔，则可代替垂向油压减振器。

⑦ 空气弹簧具有良好的吸收高频振动和隔音性能。

（2）空气弹簧的分类及组成。

① 囊式空气弹簧。囊式空气弹簧可分为单曲、双曲和多曲等形式。双曲囊式空气弹簧的结构如图7-13所示，这类空气弹簧使用寿命长，制造工艺比较简单。但刚度大，振动频率高，所以铁道车辆上已不采用。

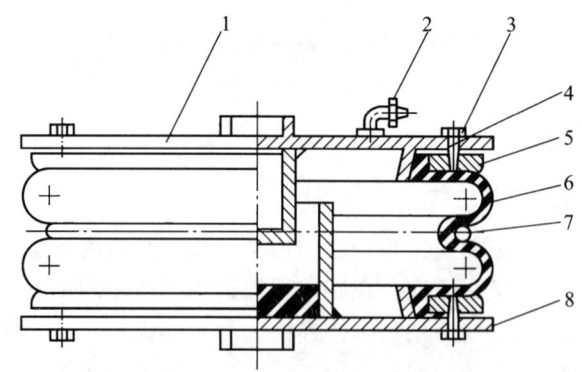

图7-13 双曲囊式空气弹簧的结构

1—上盖板；2—气嘴；3—紧定螺钉；4—钢丝圈；5—法兰盘；6—橡胶囊；7—中腰环钢丝圈；8—下盖板

② 膜式空气弹簧。目前应用较多的为膜式空气弹簧，它有两种结构形式，即约束膜式空气弹簧和自由膜式空气弹簧，如图7-14～7-16所示。

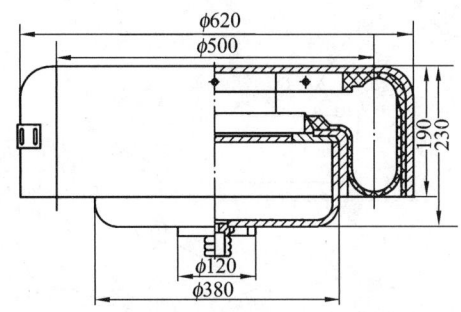

图 7-14　约束膜式空气弹簧

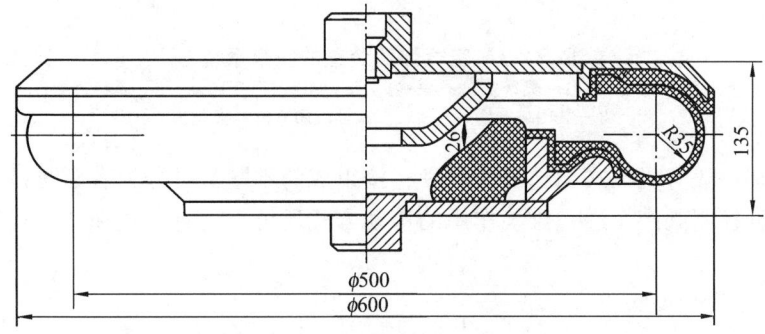

图 7-15　自由膜式空气弹簧

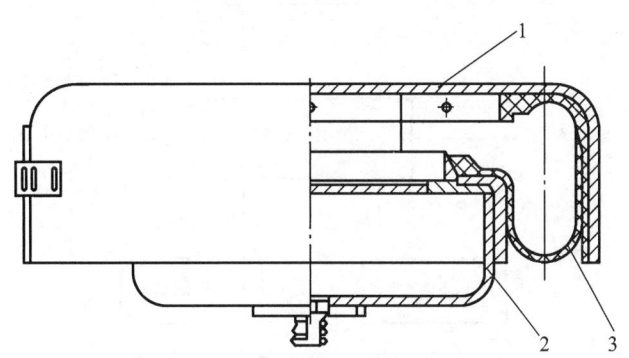

图 7-16　约束膜式空气弹簧的结构
1—外筒；2—内筒；3—橡胶囊

③ 空气弹簧装置系统的组成（见图 7-17）。

3. 高度阀

（1）高度调整阀的作用与组成。

空气弹簧的优点只有在采用良好的高度控制阀的情况下才能充分体现出来。高度调整阀的主要作用是维持车体在不同载荷下都与轨面保持一定的高度。由于车辆载荷的变化而引起车体高度的变化，高度阀能够自动地充入或排出空气弹簧中的空气量，使左右侧空气弹簧高度保持基本一致，从而减少车体的倾斜，以保证车辆的安全运行，同时也提高了乘客的舒适感。另外，空气弹簧有泄漏时，高度阀也可自动补风，以保证空气弹簧的正常高度。

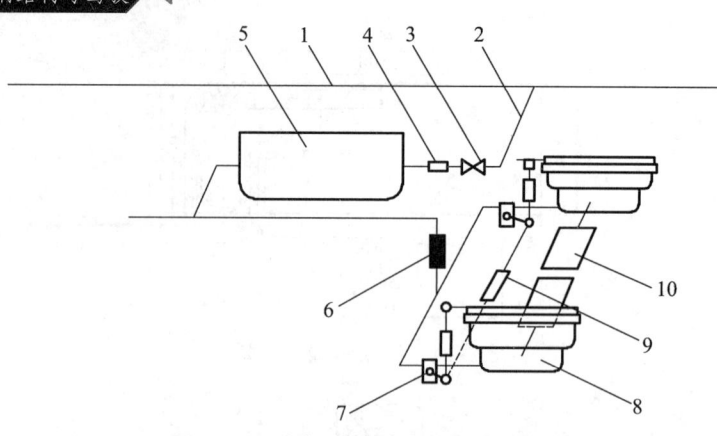

图 7-17 空气弹簧装置的整个系统
1—列车制动主风管；2—T形支管；3—截断塞门；4—滤尘止回阀；5—储风缸；6—连接软管；7—高度调整阀；
8—空气弹簧本体；9—差压阀；10—附加空气室

高度控制阀一般有机械式和电磁式两种；按组成的不同又可分为有延时机构和无延时机构；按引起高度控制阀产生进、排气作用的传动方式还可分为直顶式和杠杆式等。其组成如图 7-18 所示。

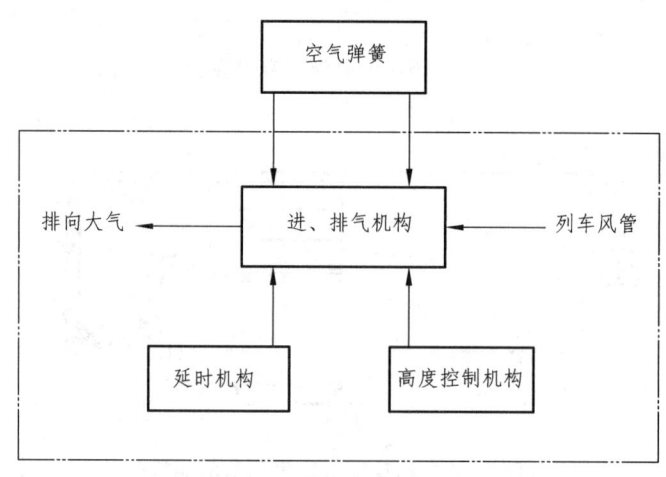

图 7-18 高度控制阀组成

高度阀一般是由高度控制机构、进排气机构和延时机构等部分组成。其主要部件有调整阀体、液压缓冲器、活塞、吸入阀、缸盖、主轴、缓冲弹簧、弹簧支架、减振器支架、过滤网、空气节流阀、进气阀体、进气阀、单向阀、排气阀体、排气阀、连杆、连杆套筒等。

高度阀的控制机构主要包括连杆套筒、连杆和主轴。它们主要是完成进排气的控制作用。

高度阀的进、排气机构主要由高度阀体、过滤网、空气节流阀、进气阀体、进气阀、单向阀、排气阀体、排气阀组成。进气阀低压侧和排气阀的高压侧（即空气弹簧侧）组成通道，并进行联系。通过控制机构的控制，打开或关闭进、排气阀来完成进、排气作用。

高度阀的延时机构主要包括液压缓冲器、活塞、吸入阀、缸盖、缓冲弹簧、弹簧支架和减振器支架。延时机构以硅油作为阻尼介质，使得车辆运行时，空气弹簧在正常的振动情况下,即空气弹簧高度虽有变化,但不发生进、排气作用,仅是该机构的缓冲弹簧扭转变形,而进、排气阀并不工作,这样一方面可减少高度阀的误动作,另一方面可起到节约压力空气的作用。

另外,高度阀的主轴、液压缓冲器活塞、吸入阀和缸盖等部件,全部浸泡在硅油中。在主轴上装有弹簧支架和减振器支架,可在主轴上自由回转,弹簧支架和减振器支架同时接触缓冲弹簧。在主轴旋转时,转动缓冲弹簧,由此产生的力,带动减振器支架,连动突起的活塞,使进气阀和排气阀动作。连杆在水平位置±45°范围内回转时,设在本体内的限位机构能够限制缓冲弹簧产生过度动作。

(2)高度调整阀的工作原理。

高度阀的作用原理如图 7-19 所示,空气弹簧在车体载荷增加(减少)时,空气弹簧的内压将不足(过剩),因而被压缩(伸长),高度降低(增加)。此时控制机构的连杆向上(向下)动作,带动主轴旋转,由于延时机构的作用,一定时间后打开进气阀(排气阀),空气弹簧高度随之升高(下降),并使连杆逐渐恢复到水平状态,此时,进气阀(排气阀)迅速关闭,空气弹簧恢复到原来设定的高度。

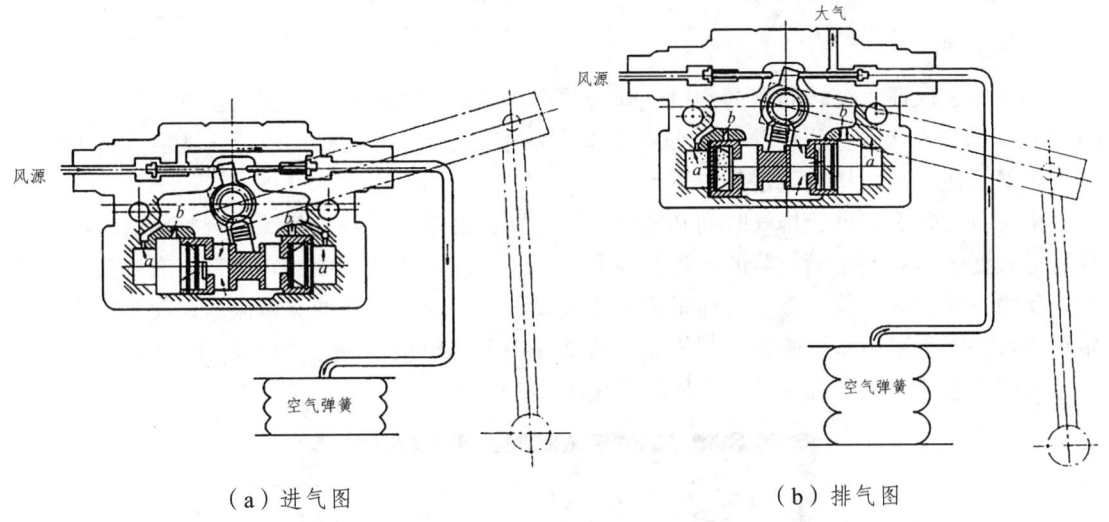

(a)进气图　　　　　　　(b)排气图

图 7-19 高度调整阀的进、排气图

(3)高度调整阀的主要特性及参数。

① 截止频率。为保证在直线运行时,车辆在正常振动过程中,空气弹簧不发生充、排气作用,要求高度调整阀工作的频率必须低于车辆的垂直低主振频率,此频率称为截止频率。

② 无感区。为避免车辆载荷发生微小变化而高度调整阀就发生充、排气作用,以及为安装高度调整阀必然存在的高度差确定所允许的适宜值,需要该阀有无感区。在无感区高度变化的范围内,高度调整阀不发生充、排气作用。

③ 延迟时间。高度调整阀设有延时机构,目的是使高度调整阀具有"截止频率"和"无感区"的性能。

④ 充、排气时间。设有该参数值是为保证转向架左右高度调整阀充气快慢尽可能一致,

以减小空气弹簧承载的不均衡性,并保证在规定的时间内,空气弹簧的充、排气量的多少符合所规定的要求。

⑤ 供风风压。要求列车供风的风压符合高度调整阀正常工作所需的数值,铁道车辆列车管风压一般为 0.6 MPa。

⑥ 检修期。为保证高度调整阀的正常工作,减少维修量,延长使用寿命,保证质量,要规定无检修期。

(4)高度调整阀的使用注意事项。

① 运输、搬运必须小心谨慎。

② 连杆在停止回转时,禁止施加过度外力。

③ 在阀体装配时,用两个 M10 的螺栓紧固,并检查螺栓是否妨碍连杆的动作。

④ 安装时,认真清扫管道部分,消除管道内部的尘屑。

⑤ 管道方向的正确安装。

⑥ 安装管道时,阀体上的进、排气阀体不能转动。

⑦ 连杆套筒应尽量垂直安装。

⑧ 螺母、盖之类及其他元件无特殊必要,不得随便变动改制。

4. 差压阀

差压阀是保证一个转向架两侧空气弹簧的内压之差不超过保证行车安全规定的某一定值(120 kPa 或 150 kPa)的装置。左右两空气弹簧内压之差超过定值时,差压阀自动沟通左右空气弹簧,使压差维持在该定值以下。

由于空气弹簧在进、排气时间和速度上的差别,线路不平顺,各高度调整阀的高度控制杆有效长度的不同及车辆载荷的不均衡等原因,使得静止或运行中的转向架左右两侧空气弹簧内压力有区别,以及一侧空气弹簧泄漏或破损,可能造成车体的异常倾斜,使车辆脱轨稳定性降低。当不采用差压阀时,其压差可达 0.1 ~ 0.15 MPa。因此,为了保证车辆安全运行,在空气弹簧悬挂系统中必须设有差压阀(见图 7-20)。

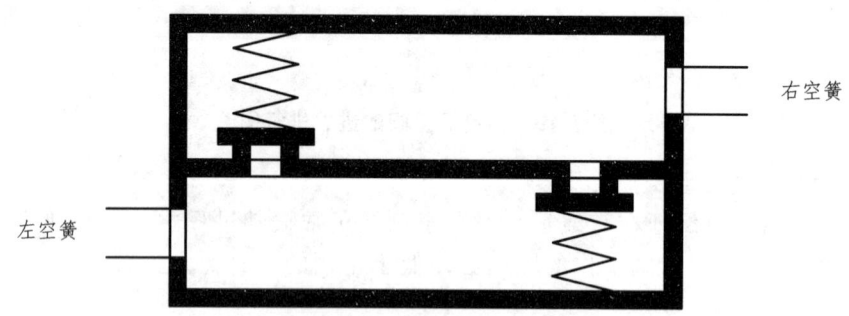

图 7-20 差压阀的结构示意图

差压阀的选取应注意:差压阀一般在两侧空簧压差小于 0.08 MPa 时,左右两个阀处于关闭状态,差压阀的选择不能影响正常运行时空气弹簧的内压变化值;差压值应高于车辆在曲线运行时,两侧空气弹簧压差值。在上述两条件下,尽量取较小的压差值;当一侧空气弹簧发生破裂时,另一侧空气弹簧内压不能过高,能使车辆以较低运行速度安全运行。

四、弹簧减振装置的作用及特点

弹簧减振装置主要由弹簧和减振器组成。弹簧主要起缓冲作用,缓和来自轨道的冲击和振动的激扰力。而减振器的作用是减小振动,它的作用力总是与运动方向相反,起阻止振动的作用。通常减振器有变机械能为热能的功能,减振阻力的方式和数值不同,直接影响到振动性能。城轨车辆一般装有一系、二系垂向油压减振器和二系横向油压减振器及纵向油压减压器(抗蛇行运动)。目前,城轨车辆上广泛使用 SACHS 系列减振器和 KONI 系列减振器,这两种减振器的内部结构有很大不同,但工作原理基本是一样的。

1. 油压减振器的结构

SACHS 型油压减振器的组成如图 7-21 所示。其组成包括:工作缸(1)中带复原及压缩阀的可移动活塞(2)、活塞杆(3)、防尘罩(4)、带焊接底座的外筒(5)、带有压缩阀和回油阀的底阀(6)和活塞杆导向器(7)、螺纹环(8)、活塞杆密封件(9)、工作缸密封件(10)和阀片(11),以及上端和底端安装接头。

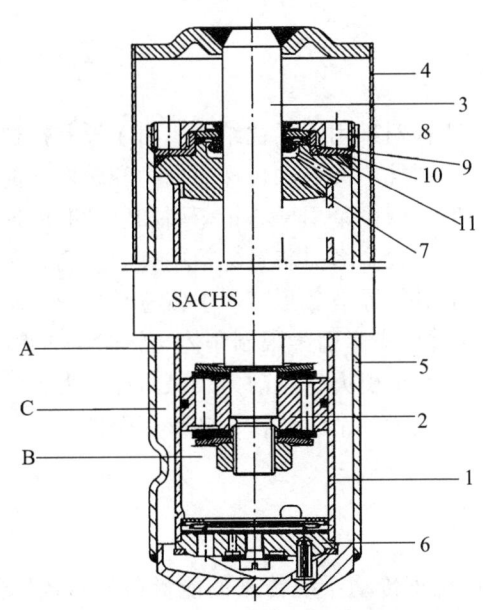

图 7-21 SACHS 油压减振器

1—工作缸;2—活塞;3—活塞杆;4—防尘罩;5—外筒;6—回油阀(底阀);7—导向器;8—螺纹环;9—活塞杆密封件;10—工作缸密封件;11—阀片;A—高压缸;B—低压缸;C—储油缸

2. 工作原理

工作缸由活塞分隔为一个高压缸(A)和一个低压缸(B),在复原阶段,活塞杆被拉出,在压缩阶段,活塞杆被压入,由于活塞上下的工作缸 A、B 的压力差而产生了阻尼力。工作缸内的压力随着活塞速度和工作油通过活塞(2)和底阀(6)时的流动阻力自动调整。

在活塞运动期间,迫使阻尼油(工作油)流入或流出环型储油腔,此腔上部是空气,下部是工作油。

减振器工作时,活塞杆(3)的移动产生了泵油过程,此过程由底阀控制。

在拉伸期间(复原阶段),活塞杆拉出,工作油通过底阀(6)上的补油阀从储油缸(C)

内吸入，工作油的体积与活塞杆拉出的体积相同。同样，在压缩过程活塞杆压入，排开的一部分工作油通过底阀上压力阀被压进储油缸。这样，在车辆任何状态下，底阀压力阀都能以这种方式调节保证比活塞压力阀更大的阻力。这种结构在任何时候都能确保上工作腔内（A）的压力始终大于储油缸压力，因此，就可避免从活塞杆与活塞杆导向器之间的间隙吸入空气。

3. 阻尼力

减振器阻尼力基于活塞速度，也就是说，活塞速度增加时，阻尼力的增加取决于各个阀设置所确定的阻尼特性。组装减振器时，对每一个减振器必须非常仔细地进行调整和测试。减振器阻尼力的准确调整的唯一方法是通过测试。减振器在专用示功机上测试期间，减振器活塞在预定的速度下循环运动，示功机记录减振器产生的阻尼力曲线。

第五节 牵引连接装置和驱动装置

一、牵引连接装置

城市轨道交通车辆转向架普遍采用无摇枕结构。由于没有摇枕，车体直接坐落于空气弹簧上，必须靠牵引装置来实现摇枕所具有的传递纵向力和转向功能。牵引装置为车体和转向架之间提供了合适的纵向刚度，减少牵引中心销牵引和制动时的冲击，使列车运行平稳。

每台转向架设有一套牵引装置。牵引装置包括中央牵引销、牵引销座、复合弹簧、中央牵引梁、牵引拉杆等部件。牵引装置呈Z形，牵引装置承担列车牵引力及制动力的同时还承担横向力（通过侧挡），并通过中央牵引梁限制车体与转向架的垂向位移。

无摇枕结构转向架纵向力（牵引力、制动力、纵向冲击力）的传递：车轮→车轴→轴箱→轴箱拉杆→构架侧梁→构架横梁→牵引拉杆→中央牵引拉杆座→车体→车钩。

二、驱动装置

驱动装置实际上是指将动车传动系统传来的能量最后有效地传给轮对（或车轮）的执行装置。驱动装置是一种减速装置，使高转速、小扭矩的牵引电动机驱动具有较大阻力矩的动轴。

现代地铁车辆和轻轨车辆转向架大多采用电机横向布置架悬式驱动装置（采用金属挠性板式联轴节），而旧型轻轨车辆转向架一般采用单电机架悬式驱动装置。

驱动装置用高转速、小扭矩的牵引电机驱动低转速、大阻力的动轴，即实现能量转换，产生轮对驱动力矩。一般驱动装置由牵引电机、传动齿轮箱和驱动机构三部分组成。

根据牵引电机在转向架上悬挂的方式不同，驱动装置通常有轴悬式、架悬式和体悬式。

驱动机构应保证能使牵引电动机功率得到发挥；电动机电枢轴应尽量与车轴布置在同一高度上，以减小线路的不平对齿轮的动作用力；电动机在安装上有减振的能力；驱动机构应不妨碍小直径动轮的使用；驱动机构本身应该简单可靠，具有最少量的磨耗件；当牵引电动机或驱动机构发生损坏时，易于拆卸。

驱动装置由牵引电机、齿轮箱、联轴节组成。

牵引电机安装在动车转向架上,一个动车转向架配有两个牵引电机。每个牵引电机控制一根轴。

齿轮箱由耐磨、不漏油的轻型铝合金制成。这种合金具有较高的扭转刚度和良好的振动性能,并能保证齿轮的平稳工作。箱体内的油槽可向滚柱轴承提供最佳的供油。通过一个观察孔可快速而可靠地检查齿轮箱中的油量。齿轮装置安装在轮轴上,并支承在转向架的构架上。齿轮减速比为 6.69∶1。齿轮箱的日常维修仅限于检查和更换润滑油。齿轮箱采用迷宫式密封件,以防止漏油及灰尘和水的进入。

仅在动车转向架上才安装有齿轮传动装置及弹性联轴节,每台动车转向架配有两套齿轮传动装置和两套弹性联轴节,每根车轴对应一套。大齿轮与车轴采用过盈装配,联轴节使齿轮箱与牵引电机相连。它包括两半个联轴节,分别位于牵引电机输出端和齿轮箱输入轴。

联轴节的作用为:能满足电机轴与齿轮轴的不同心度公差要求,使驱动装置安全平稳地运行;在最大转速或最大转矩情况下运行,并能承受列车起动、制动以及由于轨道条件产生的冲击;具有自复位(定位)对中功能;可吸收偏差、角位移以及转向架上牵引电机和车轴上齿轮箱之间的轴向运动。联轴节是一个具有自定位齿轮的扭转式刚性联轴结。它通过轴向互锁的毂上外齿轮和衬套上的内齿轮来传递转矩。两个齿轮都具有渐开线齿形。齿式联轴节采用润滑油来润滑。

三、转向架中心牵引装置

转向架中心牵引装置由中心销系统和牵引拉杆组成。它可以传递牵引力和制动力,完成转向架相对于车体的回转运动,架车时悬吊转向架。

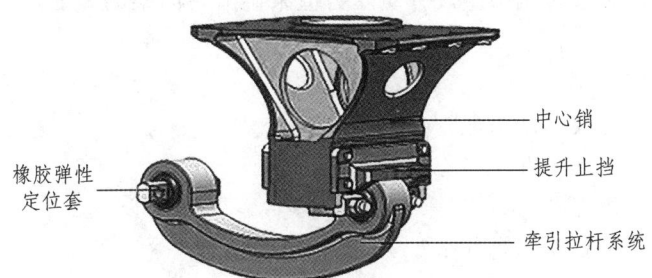

图 7-22　转向架中心牵引装置

中心销是车体与转向架的连接部分,其结构满足传递各种载荷和作用力,同时车体与转向架之间应能绕不变的旋转中心相对转动,以使车辆顺利通过曲线。转向架支承车体的方式为非心盘承载。

提升止挡安装在中心销上,将转向架固定在车体上,如果转向架与车体分开,在提升前必须移开这些止挡。

在中心牵引系统下部安装有异常上升止挡(提升止挡),一方面当空气弹簧因故过充时,可以限制车体不断上升,保证安全;另一方面在起吊车体时,可使转向架一起被吊起。

【复习与思考】

一、不定项选择题

1. 一般转向架的组成可以分为（　　）部分。
   A. 轮对、轴箱装置　　　　　　　B. 弹性悬挂装置
   C. 构架　　　　　　　　　　　　D.（基础）制动装置
2. 转向架的承载方式可以分为（　　）三种。
   A. 心盘集中承载　　　　　　　　B. 非心盘承载
   C. 心盘部分承载　　　　　　　　D. 中心部分承载
3. 锥形踏面的优点包括（　　）。
   A. 便于通过曲线　　　　B. 可自动调中
   C. 能顺利通过道岔　　　D. 使踏面磨耗比较均匀
4. 一系悬挂的主要功能包括（　　）。
   A. 保护转向架构架及车辆以防从轨道上传递过多的振动载荷
   B. 保证车辆在指定的轨道状况下操作时不会出轨
   C. 达到良好的曲线通过性能，同时保证转向架在整个工作速度范围内的动态稳定性
   D. 减少车体的振动

二、判断题

1. 构架是转向架的基础受力体，也是各种部件的安装基础。（　　）
2. 在转向架构架和车体之间设置了弹性连接装置，即一系悬挂装置。（　　）
3. 空气弹簧的优点只有在采用良好的高度控制阀的情况下才能充分体现出来。（　　）
4. 差压阀是保证一个转向架两侧空气弹簧的内压之差不超过保证行车安全规定的某一定值（120 kPa 或 150 kPa）的装置。
5. 高度阀的作用是通过调节空气弹簧压力值来调节转向架的高度。（　　）

三、简答题

1. 转向架有哪些作用？
2. 转向架由哪些主要部件组成？
3. 车轮上的主要的几个部位名称是什么？
4. 锥形踏面有何优点？
5. 高度控制阀的主要作用是什么？

第八章 车辆连接装置

【章节描述】

车辆连接装置主要包括车钩缓冲装置和贯通道装置,通过它们使列车中车辆相互连接,实现相邻车辆之间的纵向力传递和通道的连接。密接式车钩集牵引、缓冲和连挂于一体,通过车辆彼此相向缓慢走行相互碰撞,使钩头的连接器动作,实现两车辆的机械、电气线路和空气管路的自动连接。这一章就是要学习这些知识。

【教学目标】

1. 能力目标

掌握各种密接式车钩的结构和动作原理,掌握连接装置的附属装置的连接,能够准确描述车钩的连挂与结构的操作程序。

2. 知识目标

掌握各种密接式车钩的结构和动作原理,掌握不同的缓冲器的缓冲原理,能复述纵向力的传递路径,掌握连接装置的附属装置的连接。

3. 素质目标

培养城市轨道交通列车驾驶员必须掌握的车辆连接装置的结构知识,具有良好的职业道德认识、情感、意志、行为和修养,具有创新精神和实践能力,有效地把理论知识和实践应用结合起来。

第一节 车钩缓冲装置概述

车辆连接装置主要包括车钩缓冲装置和贯通道装置,通过它们使列车中车辆相互连接,实现相邻车辆之间的纵向力传递和通道的连接。

一、车钩缓冲装置的作用

车钩缓冲装置是车辆连接的基本部件,也是最重要的部件之一。它是用于使车辆与车辆之间相互连挂,使之保持一定的距离,并且传递牵引力、制动力并缓和纵向冲击力的车辆部件。

上述作用如果由同一装置完成，那么该装置叫作车钩缓冲装置。如果它们分别由不同的装置来承担，则分别称为牵引连挂装置和缓冲装置。牵引连挂装置用于使车辆与车辆之间相互连挂，并传递和缓和纵向力的作用。缓冲装置用来传递和缓和压缩力的作用，并且使车辆彼此之间保持一定的距离。

深圳地铁一期列车车钩采用 SCHARFENBERG 公司生产的密接式车钩，共有三种类型车钩：全自动车钩（2个/列）、半自动车钩（2个/列）、半永久牵引杆（8个/列）。

二、车钩连挂装置的分类

按照牵引连挂装置连接方式的不同，车钩可分为自动车钩和非自动车钩。自动车钩不需要人工参与就能实现连接，非自动车钩则需要人工完成车辆间的连接。

自动车钩又可分为两种基本类型：非刚性车钩和刚性车钩，如图 8-1 所示。非刚性车钩允许两个相连接的车钩在垂直方向上有相对位移，当两个车钩的纵轴线存在位移，在水平方向上，可产生少许转角，如果在车辆连接之前两车钩的纵向轴线高度存在偏差，那么在连接之后，两车钩的轴线处在同一直线上并呈现倾斜状态。两车钩的尾端采用销接，从而保障了两连挂车辆间的位移和偏角。

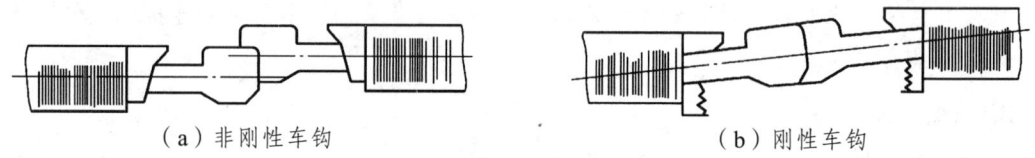

（a）非刚性车钩　　　　　　　　（b）刚性车钩

图 8-1　非刚性车钩与刚性车钩

刚性车钩减小了两个连接车钩之间的间隙，从而大大降低了列车运行中的纵向冲动，提高了列车运行的平稳性，同时降低了车钩零件的磨耗和噪声。另外，刚性车钩有可能同时实现车辆间的气路和电路的自动连接。非刚性车钩结构简单，强度高，质量轻，与车体的连接较为简单。

1. 刚性车钩的优点

（1）减小了两个车钩连接表面之间的间隙，从而也降低了列车中的纵向力，提高了列车运行的平稳性。

（2）车钩零件的位移减小了，并且在这些零件上作用的力也减小了，因此改善了自动车钩内部零件的工作条件。

（3）减小了车钩连接表面的磨耗。

（4）减小了由于两连挂车钩相互冲击而产生的噪声，这对于城市轨道车辆和客车尤为重要。

（5）避免在意外撞车事故时，发生一个车辆爬到另一个车辆上的危险。

2. 非刚性车钩的优点

（1）简化了两车钩纵向中心线高度偏差较大的车辆相互连挂的条件（例如，不同类型的车辆，车轮及其他部件磨耗程度不同的车辆，以及空车和重车）。

（2）车钩强度大。

（3）不需要复杂的钩尾销连接结构和复杂的对心装置。

（4）车钩钩体的结构和铸造工艺较为简单。

三、车钩特性

1. 全自动车钩的特性

其特性为：自动机械连接；自动气路连接；自动电路连接；可在司机室操作，自动气动解钩；气路故障时，可用解钩绳手动解钩；对中装置设有可复原能量吸收装置（缓冲器）；吸收能量设有可压溃筒体、过载保护装置。

全自动车钩能够使车辆机械、电路、气路自动连挂。无须人工辅助，把一辆车开向另一辆车就可以实现两辆车的自动连挂。水平方向和垂直方向有角位移的情况下也可以自动连挂。通过司机室的解钩按钮可以进行自动解钩，也可以在轨道旁手动解钩。车辆通过车钩连挂后可以顺利地在一定的坡道和曲线上运行。

2. 半自动车钩的特性

其特性为：自动机械连接；自动气路连接；人工电路连接；可在车站、车场手动解钩；对中装置；有可复原能量吸收装置（缓冲器）；有吸收能量的可压溃筒体。

半自动车钩能够使车辆自动地进行机械连挂。无须人工辅助，把一辆车开向另一辆车可以实现两辆车的机械连挂。水平方向和垂直方向有角位移的情况下也可以自动连挂。车钩允许连挂的列车通过垂直曲线和水平曲线，允许有旋转运动。除了机械自动连挂外气路也能实现自动连挂，当车钩机械连挂在一起的同时自动把风管连接起来。手动操作电子钩头，实现电子钩头的连挂和解钩。

可以通过解钩按钮对机械车钩进行自动解钩，也可以在轨道旁手动解钩。解钩和车辆分离后，车钩又处于待连挂状态。吸振装置（橡胶缓冲装置）能够保证缓冲和牵引装置的缓冲效果。安装在车钩杆的压溃管保护底架防止过载。

3. 半永久牵引杆的特性

其特性为：无自动机械解钩功能；人工气路连挂；人工电路连挂；解钩作业需在车辆段进行，采用非气动方法；有可复原能量吸收装置（缓冲器）。

半永久性牵引杆的设计用于车辆编组时永久性连接，除非在紧急情况下或车辆在车间维护时，否则不需要分离车辆，半永久牵引杆的分离只能手动进行。

牵引杆是由易拆卸的套管连接所连接的两部分组成，可确保车辆连接牢固、紧密、安全。半永久牵引杆允许连挂列车通过垂直和水平曲线轨道，并允许有转动。橡胶缓冲装置可确保对缓冲和牵引力都起缓冲作用。牵引杆上的吸能装置还可在载荷超出定义范围时（如遭受严重冲击或碰撞）确保能量分散。此装置由一个预加载可压溃管和一个冲头组成。冲头被压进可压溃管内并使之加宽，将缓冲能转变为变形能。

风管在牵引杆的两部分对上时会自动连接上。车辆的电子连接可通过由插头连接的电气箱和跨接电缆组成的电子连接器手动完成。

四、车钩布置

1. A 车

司机室端：全自动车钩（带有可压溃管）。

非司机室端：半永久牵引杆（带有可压溃管）。

2. B 车

一位端：半永久牵引杆（无可压溃管）。
二位端：半永久牵引杆（无可压溃管）。

3. C 车

与 B 车连接端：半永久牵引杆（带有可压溃管）。
另一端：半自动车钩（带有可压溃管）。

五、车钩缓冲装置与车辆其他部分接口

1. 车体底架

通过四个螺栓（M25、5 倍增力器 1 200 kN）将车钩缓冲装置的支撑座固定在车体底架上。

2. 贯通道

半自动车钩、半永久牵引杆上均有贯通道支撑板，用于车辆运行过程中和解钩后支撑贯通道。支撑件可以承受车辆正常运行时满负荷情况下贯通道所承受的载荷。

3. 气 路

所有车钩上的气路连接件均与车辆的主风缸管路相连接。从车辆到车钩之间的空气管路为软管，软管的一端连接在车钩上，另一端连接在底架上的截断塞门上。维修时，将塞门手动关闭，与空气管路隔离开。

4. 电 路

全自动车钩、半自动车钩的车辆电气连接通过与电气连接器后盖相连的柔性电缆实现。半永久牵引杆电缆连接的电气接口通过哈丁插头实现。电缆内设有至少 10% 的备用线，适用于 DC 110 V，所有车钩的电气均有适合的接地措施。

六、车钩技术参数

1. 全自动车钩

压力（屈服力）	1 250 kN
拉力（屈服力）	850 kN
车钩长度（从钩面到中心轴）	（1 325 ± 5）mm
车钩长度（从钩面到螺钉紧固面）	1540^{+5}_{-3} mm
钩重（包括电缆）	约 440 kg
接合范围（在平直轨道上）	
水平	± 170 mm
垂直	± 90 mm
吸能器	

预加载	600 kN+50 kN
释放载荷（静态，缓冲）	（1 000 ± 50）kN
行程（缓冲）	约 185 mm
吸能能力（动态，缓冲）	约 185 kJ

橡胶缓冲装置

行程，缓冲	约 55 mm
行程，牵引	约 40 mm
弹簧阻力，缓冲（静态）	680 ×（1 ± 10%）kN
弹簧阻力，牵引（静态）	390 ×（1 ± 10%）kN
吸能能力，缓冲（静态）	约 14.1 kJ
吸能能力，牵引（静态）	约 7.1 kJ
吸能率（静态）	约 65%

过载保护装置

释放载荷（静态，缓冲）	1 100 kN + 50 kN
行程，缓冲	约 30 mm
吸能能力（动态，缓冲）	约 33 kJ

车钩的最大摆度

水平	约 ± 45°
垂直	约 ± 6°

对中装置

重新对中角度	约 ± 15°

电子钩头

固定触头数量	20
可动触头数量	20

2. 半自动车钩

压力（屈服强度）	1 250 kN
拉力（屈服强度）	850 kN
车钩长度（从钩面到中心轴）	（1 155 ± 5）mm
车钩长度（从钩面到螺钉紧固面）	1370^{+5}_{-3} mm
车钩重量（包括电缆）	约 440 kg

接合范围（在平直轨道上）

水平	± 170 mm
垂直	± 90 mm

橡胶缓冲器

缓冲行程	约 55 mm
牵引行程	约 40 mm
弹簧阻力，缓冲（静态）	680 ×（1 ± 10%）kN
弹簧阻力，牵引（静态）	390 ×（1 ± 10%）kN

吸能能力，缓冲（静态）	约 14.1 kJ
吸能能力，牵引（静态）	约 7.1 kJ
吸能率（静态）	约 65%
车钩的最大摆度	
水平	约 ±45°
垂直	约 ±6°
对中装置	
重新对中角度	约 ±15°
电子钩头	
插头触点	4
插孔触点	4
可移动触点	104
固定触点	104
双插头触点	4
双插孔触点	4

3. 半永久牵引杆

压缩力（屈服强度）	1 250 kN
拉伸力（屈服强度）	850 kN
牵引杆长度（中心轴之间）	（2 310 ± 5）mm
牵引杆长度（螺钉紧固表面之间）	$2\,740^{+5}_{-3}$ mm
钩重	约 616 kg
吸振装置	
预加载	约 600 kN + 50 kN
断开力（静态，缓冲）	约（1 000 ± 50）kN
行程，缓冲	约 100 mm
吸能能力（动态，缓冲）	约 100 kJ
橡胶缓冲装置（单个缓冲装置数据）	
行程，缓冲	约 55 mm
行程，牵引	约 40 mm
弹簧阻力，缓冲（静态）	约 680 ×（1 ± 10%）kN
弹簧阻力，牵引（静态）	约 390 ×（1 ± 10%）kN
吸能能力，缓冲（静态）	约 14.1 kJ
吸能能力，牵引（静态）	约 7.1 kJ
吸能率（静态）	约 65%
牵引杆的最大摆度	
水平	约 ±45°
垂直	约 ±6°

第二节 车钩缓冲装置的工作原理

一、机械钩头的工作原理

机械钩头具有很大的平边，用来吸收缓冲载荷。牵引负载通过钩锁（挂钩的板、连接链、中心销和张力弹簧）来传递。钩锁有 4 个操作位：准备连挂、连挂位、解钩位、翻转位置。

1. 准备连挂（见图 8-2）

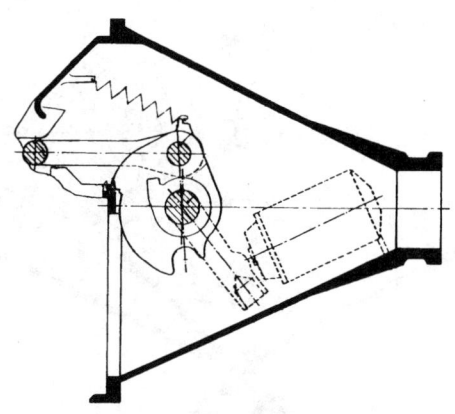

图 8-2 准备连挂（原理图）

连接链紧靠外锥体的边缘，用张力弹簧把钩板压在机械钩头箱体的止挡上。

2. 连挂（见图 8-3）

当车钩面紧密配合时，连接杆压靠在钩板上，向右旋转钩锁直到连接杆锁到钩板上。接着，在张力弹簧的作用下钩锁向左旋转直到锁上为止。钩锁在准备连挂状态和连挂状态时所处的位置是一样的。因此这种钩锁也叫一位锁。当连挂时，钩锁形成一个平行四边形，从而保证了力的均衡，不可能出现意外解锁现象。钩锁承受均匀分布在两个连接链上的张力载荷。正常的磨损不会影响钩锁的安全使用。

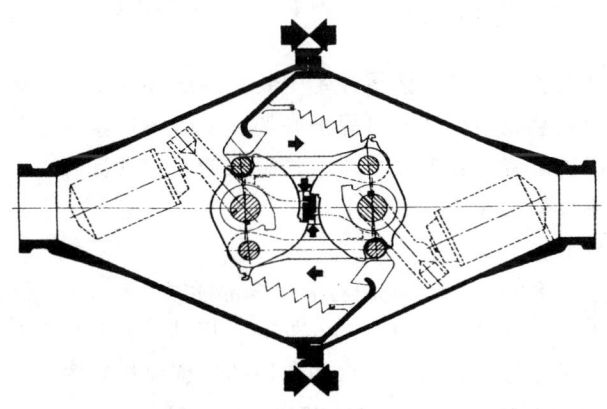

图 8-3 连挂（原理图）

3. 解钩（见图 8-4）

解钩时，钩锁向右旋转，连接杆与钩板脱离。

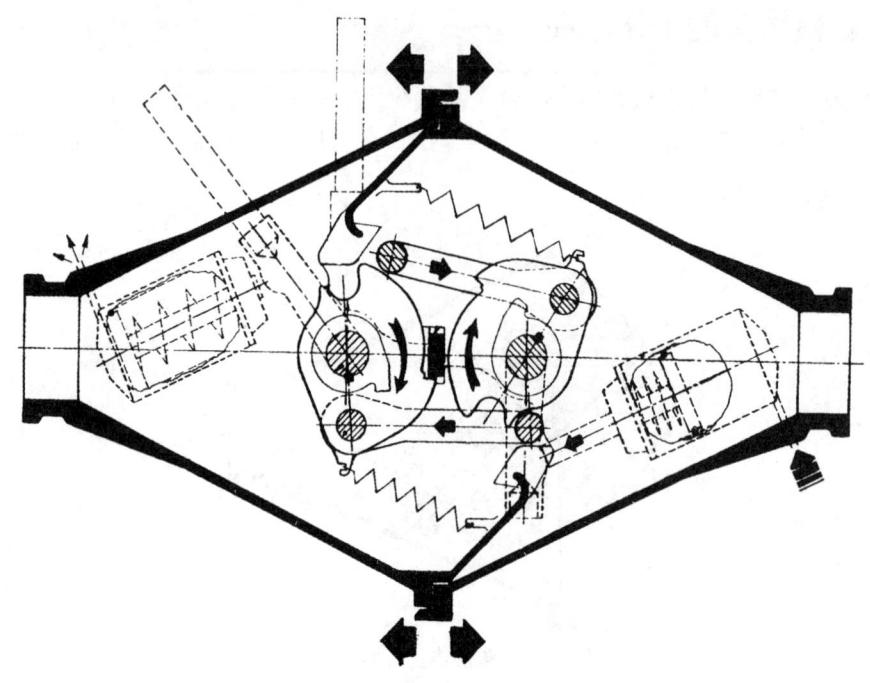

图 8-4　解钩（原理图）

4. 翻转位置（见图 8-5）

解钩后，为了使解钩的车辆能够调车（推动车辆），防止车锁转回到连挂状态（等于准备连挂状态），车锁必须处于翻转位置。此时钩板必须要转到大于 55°角的位置，连接链在钩板止挡凹槽的后面一直是松开的。当车辆分离时，已经锁上的连接杆被释放出来，在张力弹簧的作用下钩锁向左旋转，把连接杆向前推去，钩锁又处于连挂状态。

二、缓冲装置的工作原理

缓冲器（橡胶缓冲装置）能够保证缓冲牵引装置的缓冲效果。车钩装有吸能装置，当吸能装置受到强烈冲击时就会压溃，从而可保护底架免受破坏。车钩还装有过载保护装置，当超过了橡胶缓冲器和吸能装置的吸能能力时，过载保护装置就释放了，一旦释放，车钩就与车辆分开，过载力就不会施加在车辆底架上。

车钩能量吸收过程分为三级：

第一级：当速度小于 8 km/h 时，缓冲器吸收全部能量，产生可恢复变形。

第二级：当速度大于 8 km/h 而小于 15 km/h 时，压溃管吸收能量产生不可恢复变形。

第三级：当速度大于 15 km/h 时，全自动车钩的过载保护装置产生不可恢复变形，拉断连接螺栓，车辆前端的车钩被剪切掉（1 100 kN），使车辆前端产生可控制变形。

第三节　车钩缓冲装置的结构及功能

一、全自动车钩的组成及功能

全自动车钩由下列子部件组成（见图8-5）。

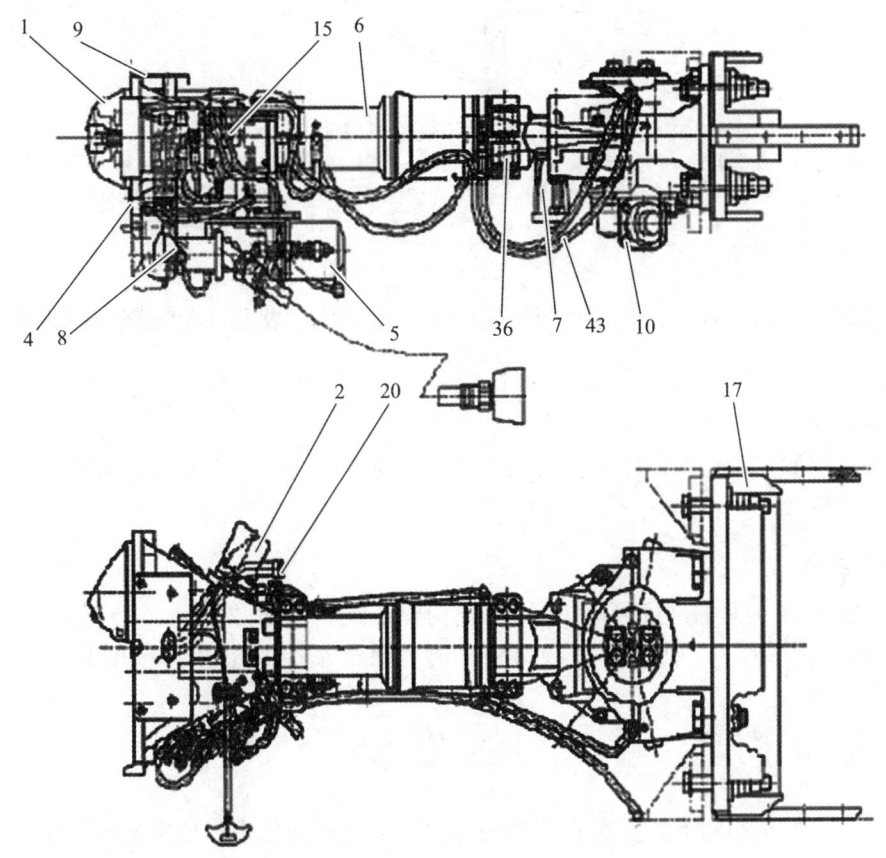

图 8-5　全自动车钩组成

1—机械钩头；2—解钩缸；4—风管连接；5—电子钩头操作装置；6—车钩杆；7—橡胶缓冲器；8—A车1位端的全自动车钩的电子钩头；9—盖；10—对中装置；15—车钩控制；17—过载保护装置；20—附件；36—套管连接；43—接地

（一）机械钩头

机械钩头和钩锁（见图 8-6）能够保证两个车钩连接。钩头面有一对相匹配的能够使车钩自动排列、对中，在水平和垂直方向提供了较大的汇集范围的锥头、锥孔。

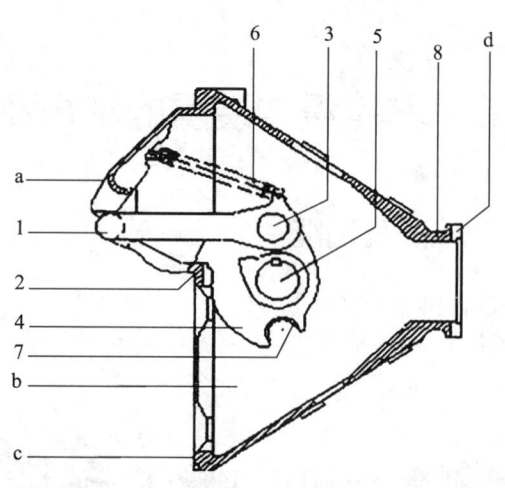

图 8-6 钩头（仅为原理图）

a—外锥体；b—内锥体；c—车钩面；d—套管连接箍；1—连接杆；2—止挡；3—连接杆销；4—钩板；5—中心销；6—张力弹簧；7—钩板凹槽；8—钩头箱体

（二）解钩装置

解钩装置能使钩锁解开，可以从司机室的遥控器解钩，也可以在轨道旁手动解钩（紧急情况下）。

1. 遥控解钩

触按司机室的按钮开关，压缩空气供给气缸，使活塞杆向前移动，使钩锁、钩板向右转动，连接杆被释放。

2. 手动解钩

拉动连接在解钩杠杆上的一个车钩的解钩绳手柄，就可以从轨道旁手动解钩。杠杆连接在钩锁的中心轴上。把杠杆向旁边转动时，两个车钩的钩锁就解开了（有明显的咔哒声）。

（三）风管连接

空气管连接在车钩面上，安装在普通箱体内。连接的端部密封比车钩面高出 8 mm，连挂时，它与相匹配的车钩端部密封紧密压在一起，使空气管连接保持很好的气密性，如图 8-7 所示。

1. 总风缸管的空气管连接

总风缸管连接装有压力阀，匹配的车钩的压力可以打开压力阀。解钩后车辆分开，弹簧承载的压力阀自动关闭，堵塞风管。

2. 解钩管的空气管连接

只有在解钩过程中压缩空气才通过解钩空气管，因此不需要压力阀。

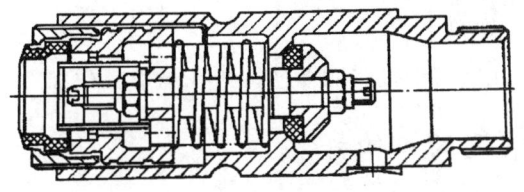

图 8-7 风管连接

（四）电子钩头操作装置

电子钩头操作装置安装在钩头的下面，用来向前和向后移动电子钩头，如图 8-8 所示。

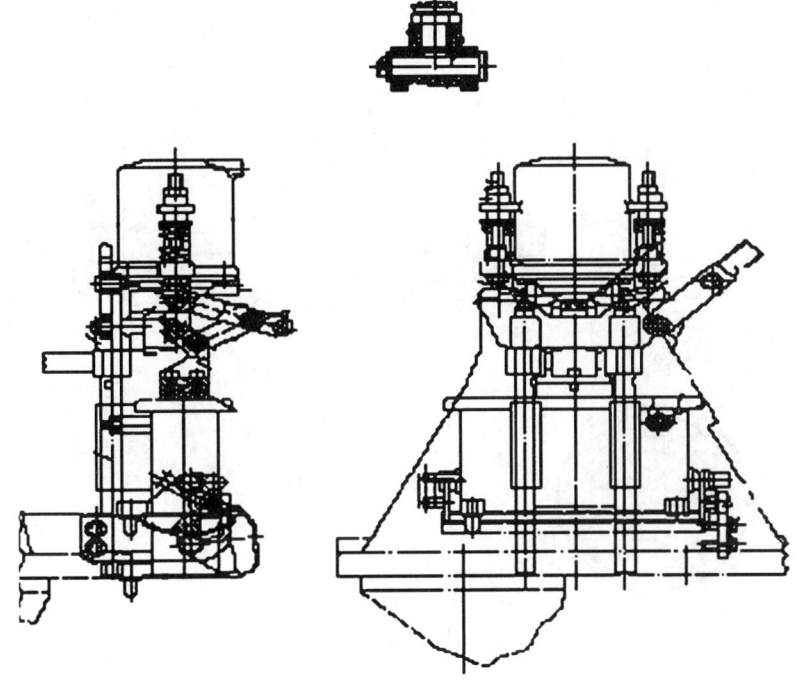

图 8-8 电子钩头操作装置

1. 自动连接

为了保证均匀的接触压力和列车电气线路的安全连接，操作装置是弹簧承载的。电子钩头连接之后，杠杆保持完全处于中心位置。操作装置由主总风管供风的气缸的活塞驱动。用一个方向阀控制供风量，这样，防止破坏电子触头，机械钩头连挂后电子钩头也就连接起来，反之亦然。

2. 电子钩头的手动隔离

没有释放机械和气路连接的情况下才可能进行电子钩头的手动隔离。安装在钩头上的球阀必须要关闭，这样才可以用手移动电子钩头。

3. 保护盖

弹簧承载的旋转保护盖用来保护触头不接触其他部件。当电子钩头连接和隔离时，保护盖自动关闭和打开。

4. 对中装置

电子钩头中配有对中元件，连接时能够使钩头在一条直线上。

（五）带有吸能装置的车钩杆

车钩杆通过一个可拆卸的套管连接把机械钩头连接到橡胶缓冲器上，如图 8-9 所示。车钩杆上有一个吸能装置。装置由一个预装载的压溃管和一个冲头组成。如果超出了规定的释放载荷（如严重撞击和碰撞），冲头压在压溃管上加宽了压溃管，把缓冲能变成了变形能，吸能装置就能够吸收能量。当吸能装置崩溃时，有螺母的杆前部分就被推到钩头箱体里。

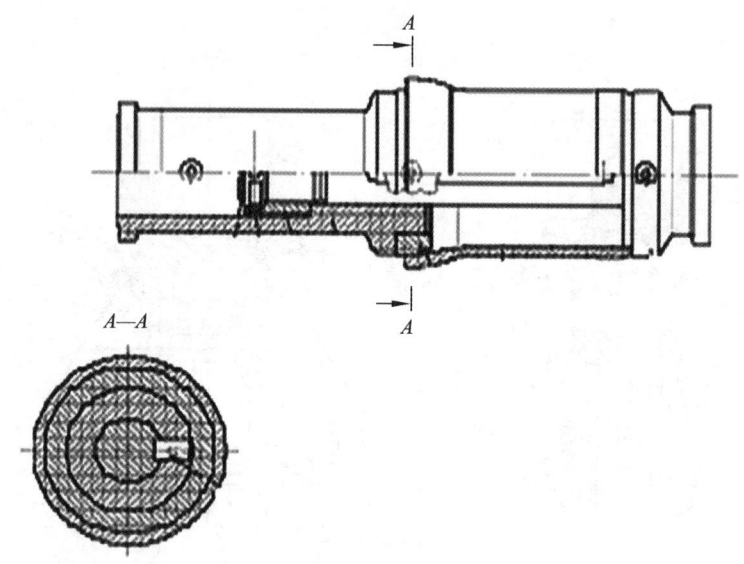

图 8-9　车钩杆

（六）橡胶缓冲装置

橡胶缓冲装置吸收规定的缓冲和牵引载荷，并把超出吸收范围的部分传递给车辆底架，如图 8-10 所示。缓冲单元和支承座组合在一起，允许车钩在水平方向和垂直方向摆动以及扭转运动。缓冲装置上装有对中装置，紧固在支承座的下方。

1. 安　装

用 4 个螺钉把支承座安装在车辆底架的固定板上。

2. 缓冲单元

缓冲单元装在支承座上，带有轴箱和免维修的套管保证在水平方向上可以旋转。缓冲单元的自由端形状像法兰，套管连接安装在法兰上，把缓冲单元连接到车钩杆上。牵引和缓冲载荷由装在缓冲单元的 3 个分开橡胶吸收了。缓冲装置吸能 14.5 kJ，牵引装置吸能 7.075 kJ。缓冲率为 65%。

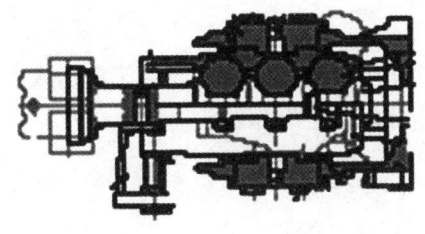
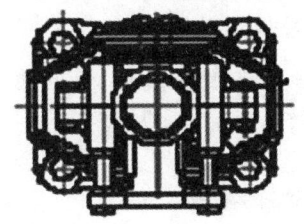
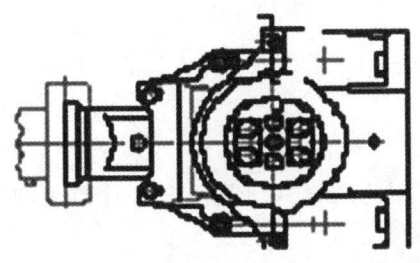

图 8-10　橡胶缓冲装置（三视图）

3. 垂直支撑

车钩的质量和作用在它上面的垂直载荷都由橡胶和支撑弹簧所吸收，用两个六角螺栓把支撑弹簧固定在缓冲器下面。车钩距轨面的高度可以通过支撑弹簧上的两个六角螺栓来调节。

（七）电子钩头

电子钩头通过各种类型的触头将列车线连接起来，位于机械钩头的下方。

1. 电缆和端子柱

电缆与电气箱的连接必须能够防水并且不承受任何应力。电缆线通过端子柱被连接到活动/固定和插孔/插头的触头上。在前面的触头可以更换。

2. 排气和排水

箱体带有排放冷凝水的排水堵，通过排水堵也可向箱体内排气。

3. 触头的保护

电子钩头有保护盖，用来保护触头，当向前和向后推动电子钩头时触头被自动打开和关闭，保证具有 30 N 的接触压力。触头表面周围装有橡胶密封，当车钩连挂时，就会形成一个具有防水能力的密封，以保护触头不受其他元件破坏。

4. 驱　动

当车钩机械连挂后，也就是说当车钩已经连挂和解钩时，电子钩头就会自动伸出和缩回。延迟是由一个二位五通换向阀控制的。电子钩头装有对中元件，保证连接时钩头在一条直线上。

5. 手动隔离

如果电气元件或气动元件出现故障，在机械连接和气路连接没有断开时，可以用手将电子钩头缩回。

6. 拖拉故障列车

如果拖拉故障列车时将全自动车钩连接到适配车钩上，那么需要关闭球形塞门以便切除电子钩头操作装置，手动将电子钩头缩回，这样可以防止损坏触头。

（八）保护盖

保护盖使操作装置与外界大气隔离，免受污染。

1. 安　装

保护盖用 4 个凹头螺钉固定在钩头上边的一块金属板。

2. 操作位置指示器

通过保护盖上的一个孔可以看到钩锁中心轴的上端部。中心轴上有一个红色的标记凹槽，用作钩锁操作位置指示器。

（九）对中装置

在解钩的情况下，对中装置能够确保车钩在回转中心线上，防止车钩横向摆动，如图 8-11 所示。

图 8-11　对中装置

1. 安　装

用 4 个螺钉把对中装置固定在缓冲装置的支承座下方。

2. 工作方式

旋转凸轮板安装在箱体内，箱体与缓冲器中心轴牢固地连接在一起，当车钩水平方向摆动时中心轴就转动。凸轮板周边有两个凹槽，用 Belleville 弹簧垫圈把带有滚子的导杆压进凹槽内，以确保车钩处于列车的中心线上。在曲线轨道上解钩时，车钩能够在中心轴角度约 15°范围内自动对中，超出了此范围车钩位置不变。当角度超过 15°时，在相切曲线轨道上，可以手动向外摆动车钩进行列车的连挂，约需力为 450 N。

3. 水平调节

通过两个螺钉来调节车钩相对列车中心线的水平度。

（十）过载保护装置

过载保护装置可以吸收其他多余冲击能，当车辆受到剧烈冲击或碰撞时，过载保护装置能防止底架遭受破坏，如图 8-12 所示。

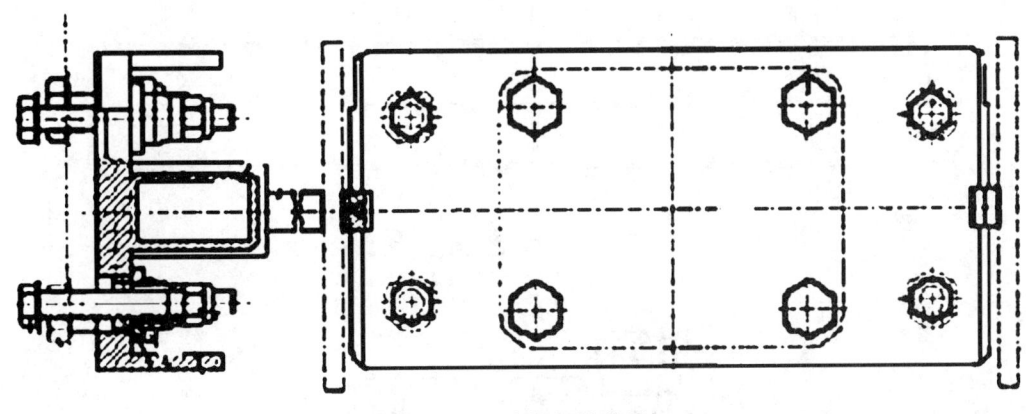

图 8-12 过载保护装置

1. 安 装

用 4 个螺栓、自锁螺母和薄垫片把板固定到车辆底架上。板也是支承架的固定装置。

2. 工作方式

过载保护装置由具有元件和冲头的板组成。当受到冲击时，冲头被压进撕裂元件里，撕裂元件加宽把冲击能转换成变形能。然后把车钩向后推到底架下面或剪断。

（十一）车钩控制

车钩控制能够驱动电子钩头操作装置、解钩装置，控制车钩的连挂和解钩。

1. 连挂位置（见图 8-13）

（1）准备连挂。

① 用压力阀关闭总风缸管。

② 清除解钩管里的空气。

③ 驱动电子钩头的双作用缸必须供给压缩空气使电子车钩处于缩回位置。

（2）正在连挂。

当正在连挂时，总风管被连接上。驱动电子钩头操作装置的方向阀是由总风缸管阀控制的，当气缸的一部分没有空气时，其他部分仍可供给压缩空气。

（3）已经连挂。

总风管连接被打开。解钩管内没有压缩空气。电子钩头驱动缸的后部供有压缩空气，使活塞向前移动，把电子钩头推到连挂的位置。通过弹簧来保证电子钩头具有均匀的恒定不变的接触压力。电子钩头操作装置一直保持在中心位置，从而防止电子钩头意外地移动到缩回位置，保护盖自动打开。

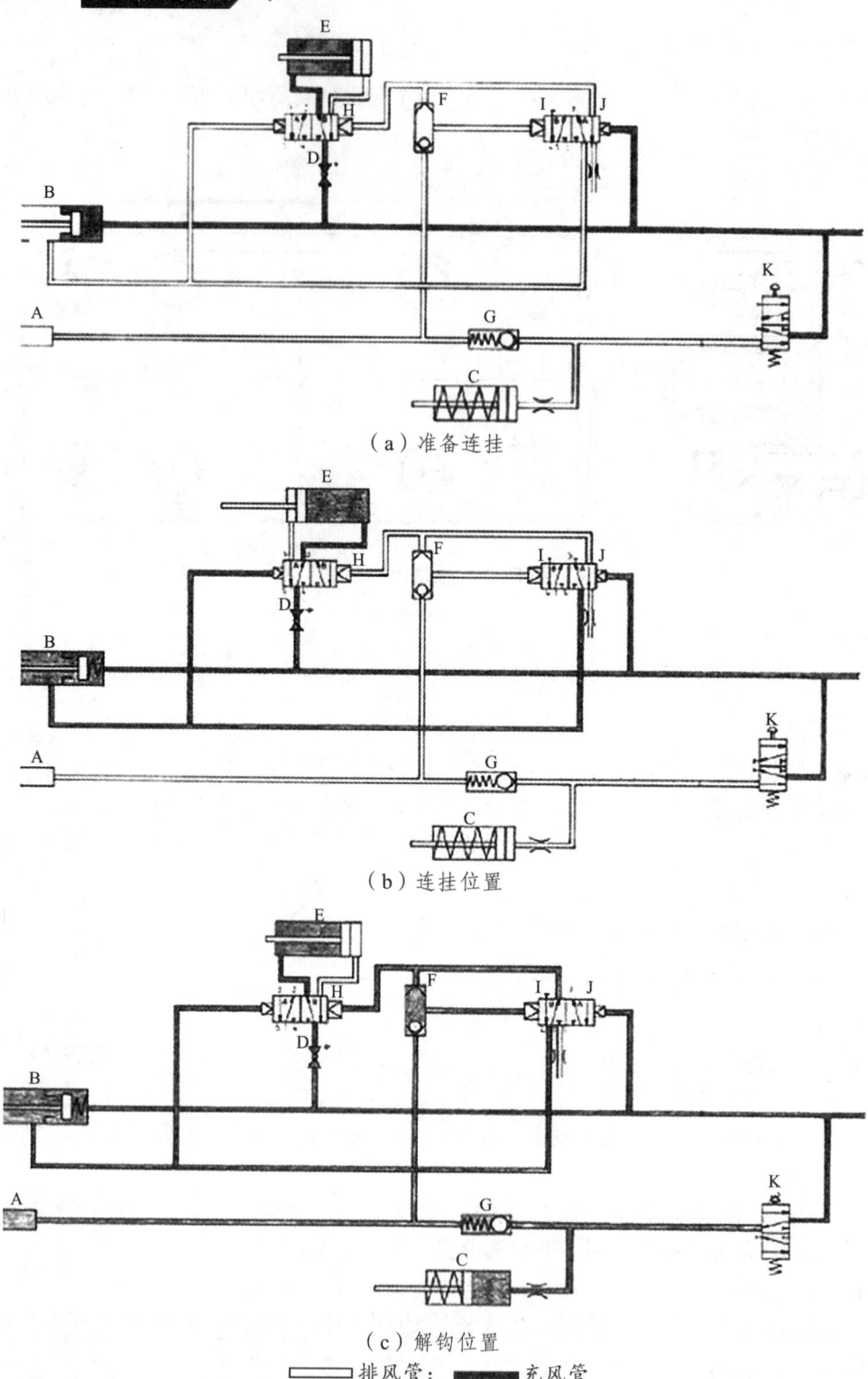

(a) 准备连挂

(b) 连挂位置

(c) 解钩位置

▭ 排风管；▬ 充风管

图 8-13　车钩气路图

A—解钩风管连接；B—主风管连接；C—解钩风缸；D—球形塞门；E—电子钩头用风缸；F—双向阀；G—止回阀；H—驱动电子钩头操作装置用方向阀；J—控制解钩操作的方向阀；K—司机室内的解钩按钮

2. 解钩位置（见图 8-13）

（1）遥控器解钩。

按下司机室的解钩按钮，解钩管充有压缩空气，驱动解钩缸。活塞杆推动钩锁使钩锁转到解钩的位置。压缩空气经由风管连接传到相配车钩的解钩管，使电子钩头隔离。解钩管上的止回阀阻止压缩空气进入相配的解钩缸内，钩锁保持在翻转位置。解钩管的一个分管驱动电子钩头操作装置的方向阀，这样气缸的一部分充气而其他部分没有气体。电子钩头向后移动到缩回位置，保护盖自动关闭（除非解钩的列车没有分离，否则双向阀确保电子钩头保持在缩回位置）。

（2）电子钩头的手动隔离。

只有在机械没有连接的情况下才可以进行电子钩头的手动隔离。切断电子钩头操作装置电源，关闭球阀，气缸内没有气体，电子钩头位置不变。把方形管钳子在操作装置的中心轴上转动，就能够把电子钩头向后移动到缩回位置。

二、半自动车钩的组成及功能

半自动车钩由下列子部件组成（见图 8-14）。

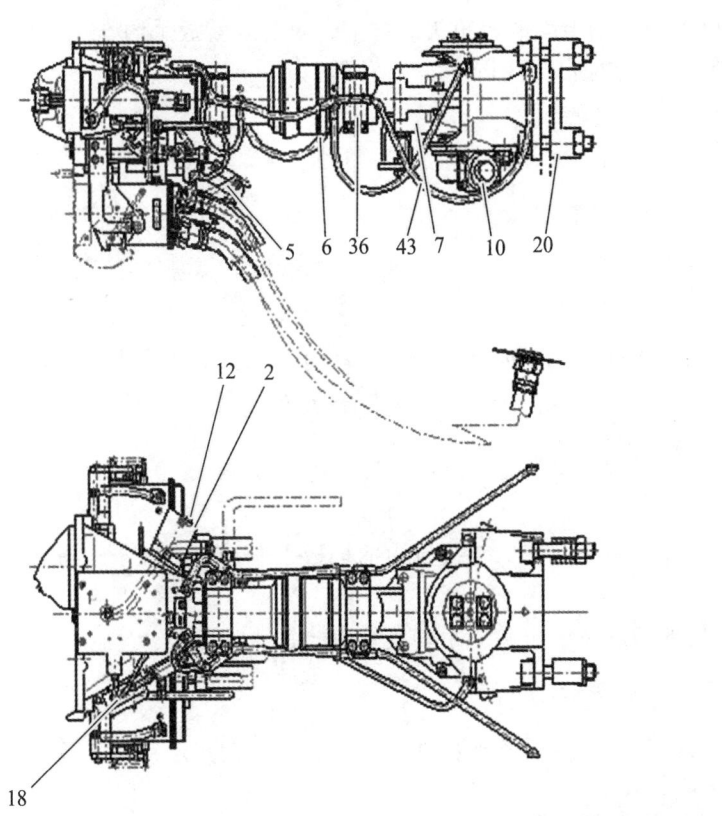
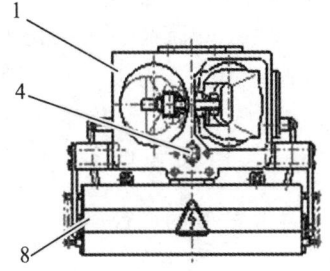

图 8-14　半自动车钩组成

1—机械钩头；2—解钩气缸；4—风管连接；5—电子钩头操作装置；6—车钩杆；7—橡胶缓冲装置；
8—电子钩头 R16，半自动车辆/C 车/2 位端；10—对中装置；12—连接 UP；
18—车钩头，电气元件；20—附件；36—套管连接；43—接地

（一）机械钩头

机械钩头：同全自动车钩。

（二）解钩装置

解钩装置能使钩锁解锁。机械解钩有两种办法，可以通过按下解钩按钮自动解钩，也可以手动解钩（如紧急情况下），而电子钩头必须要手动解钩。

1. 遥控解钩

触按解钩按钮，使气缸内充满压缩空气，活塞杆向前移动，推动钩锁、钩板向右转动。连接杆被解锁，车钩将处于解锁状态，最后车辆分开。

2. 手动解钩

（1）把电子钩头手动分开。

① 抬起并把电子钩头锁在前端位置的曲柄杆。

② 把曲柄扳手 AFD24 放在操作装置上的六角头中心销上，向后旋转电子钩头直到到达电子钩头操作装置的后部互锁位置，保护盖自动关闭。

（2）把套筒扳手 AFD16 放到中心销上面的六角头螺钉上，向右旋转扳手约 55°，直到钩锁咔哒一声打开为止。把车辆分开，钩锁又转回到待连挂位置。

（三）风管连接

主风缸管的风管连接：同全自动车钩。

（四）电子钩头操作装置

电子钩头操作装置安装在钩头下面，用来向前和向后移动电子钩头。为了保证均匀的接触压力和列车电气线路的安全连接，操作装置是弹簧支撑的。另外，电子钩头连接后，杠杆处于死点位置不动。

1. 操作电子钩头

通过电子钩头操作装置手动操作电子钩头。该装置由曲柄扳手驱动。当电子钩头转回来时，电源线就自动切断。

在没有释放机械和气路连接的情况下，可独立手动进行电子钩头的分离。

2. 保护盖

弹簧支撑的转动保护盖能够保护触头免受其他部件破坏。当电子钩头连接和隔离时，保护盖自动关闭和打开。

3. 对中装置

电子钩头带有对中装置，连接时能够校正钩头。

（五）带有能量吸收装置的车钩杆

车钩杆通过可分离的套筒连接将机械钩头连接到橡胶缓冲装置上。它有一个可压溃装置，包括预载荷可压溃管和一个冲头。如果超过规定的断开力，可压溃管就能够吸收能量（如严重的撞击），冲头压入到压溃管中并且使之增大，将缓冲能转换为变形能。当冲击吸收装置压溃时，带有槽形螺母的钩柄前端压入车钩头箱中。

（六）橡胶缓冲装置

橡胶缓冲装置：同全自动车钩。

（七）电子钩头

电子钩头通过各种类型的触点来连接列车线。

1. 电缆和端子螺栓

连接电气箱的电缆连接是防水的并且是应力释放的。电缆接头是活动/固定的凸头/凹头触点。在前端的触点可以更换。

2. 通风和排水口

箱子为冷凝水提供一个排水插头。此插头也用于箱子内部的通风。

3. 触点保护

电子钩头提供一个保护盖，用于在电子连接时，打开和关闭触点。橡胶框用于连接触点块的四周。如果两个电子触头与它们的橡胶框连接，形成一个防水的密封，这样可以保护触点防止灰尘和水的进入。

4. 触　　发

电子钩头可以通过一个连接装置进行人工拉出和缩回。电子钩头配有一个对中装置，在连接时，使用钩头对齐。在连接和解钩之后，连接装置在向前和向后的方向上锁定电子钩头。在连接位置时，要确保连接压力大约为 30 N。

（八）对中装置

对中装置：同全自动车钩。

（九）连　接

车钩与车体的连接件。

（十）电气元件

电气元件包括 4 个行程开关（S1、S2、S3、S4），探测钩锁位置的位置开关，探测电子钩头位置的位置开关，安装两个开关用的接线盒，如图 8-15 所示。在操作期间或者电子钩头没有处于连挂位置时，电气元件会切断电气线路，确保安全使用电子钩头。

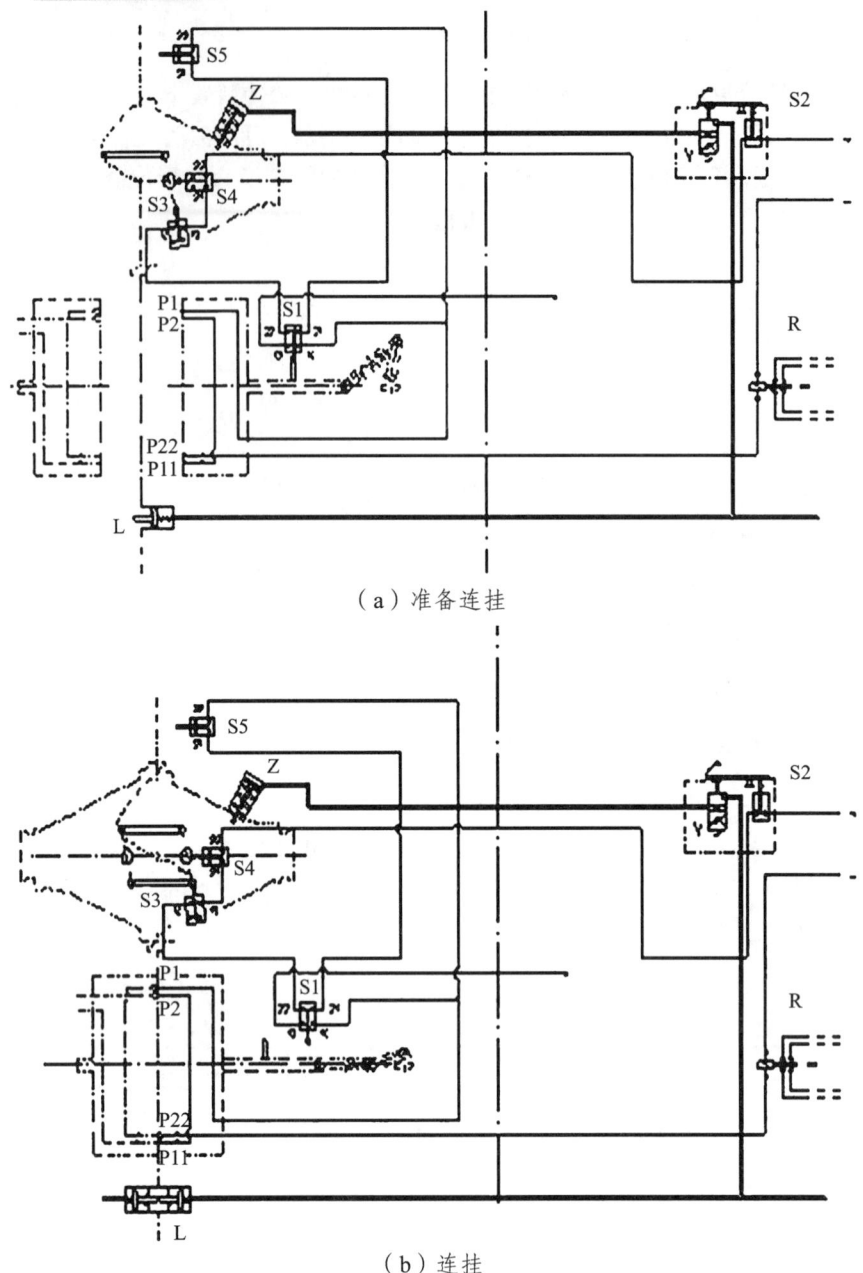

(a）准备连挂

(b）连挂

图 8-15　半自动车钩电气元件

三、半永久牵引杆的组成及功能

半永久牵引杆由下列子部件组成（见图 8-16）。

1. 主风缸管的风管连接

风管连接正对着牵引杆安装。风管连接的接口伸到牵引杆面的上方并被压住，在连挂时对着将要连接的另一半，并为风管连接提供了紧密的密封。

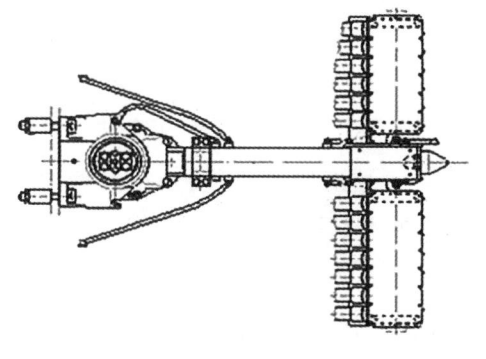
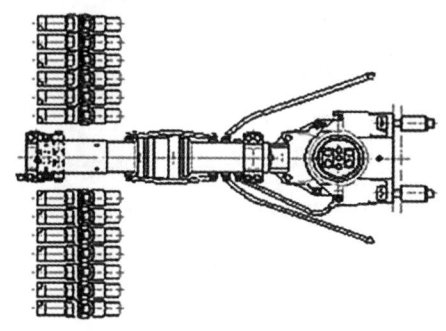

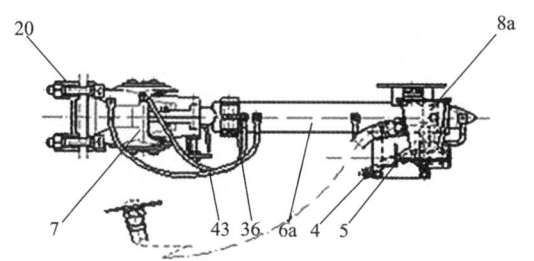
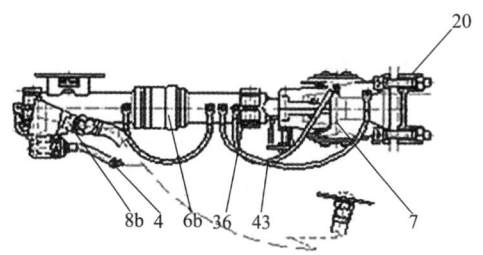

图 8-16　半永久牵引杆的设计和组件（牵引杆两部分的原理图）
4—风管连接；5—支架；6a—杆；6b—带可压溃管的杆；7—橡胶缓冲装置；8a—电气箱；8b—跨接电缆；
20—附件（螺丝）；36—套管连接；43—接地

2. 电子箱（E-连接器）

E-连接器是半永久牵引杆 33148/33150 和 33149/33151 的一个部件。它通过一组插入安装在牵引杆上电子箱中的跨接电缆连接两辆车。

3. 电气箱支架

电气箱支架用于支撑安装在牵引杆一半的两边表面上的电气箱。因牵引杆的另一半上没有电气箱，所以没有支架。它与电气箱是通过带插头的跨接电缆连接的。

4. 杆

杆用于连接橡胶缓冲装置。它被分为两部分，其中的一半包括一个吸能装置（可压溃管）。

5. 套管连接

易拆卸的套管连接通常将橡胶缓冲装置连接到杆上，并将杆的两部分连接在一起。套管连接由两个壳体组成。其中，下壳体带有排水孔。壳体是由 4 个连接螺栓和螺母安装的，螺母下面装有锁紧垫圈。

杆的每一半的端部都带有一个与通过易拆卸的套管连接的橡胶缓冲装置的轮箍。牵引杆每一半的另一端都带有一个锥体（凹锥体在一半上，凸锥体在另一半上）和一个用于连挂和解钩牵引杆的轮箍。连挂同样可以通过套管连接进行，锥体可使牵引杆的两部分在连挂时易处于中心位置。

6. 橡胶缓冲装置

橡胶缓冲装置：同全自动车钩。

7. 附 件

螺钉等辅助件。

8. 接 地

接地线与牵引杆连接是为了导流和旁路绝缘部件。接地线由直径 $\phi 50$ m 和截面面积 $95\ mm^2$ 的电缆组成。它们位于杆和缓冲装置之间、电气箱和杆之间、牵引杆的两部分之间。

9. 带可压溃管的杆

吸能装置位于牵引杆上,当超出了规定的释放载荷(如严重撞击和碰撞)时,吸能装置就能够吸收能量。装置由一个预加载的可压溃管和一个冲头组成。冲头压进可压溃管,加宽了可压溃管,把缓冲能变成了变形能。任何超出范围的冲击能都可由吸能装置吸收传送到车辆底架上。

【复习与思考】

一、不定项选择题

1. 全自动车钩能够使车辆(　　)自动连挂。
   A. 机械　　　B. 电路　　　C. 气路　　　D. 控制系统
2. 半自动车钩能够使车辆自动地进行(　　)连挂。
   A. 机械　　　B. 电路　　　C. 气路　　　D. 控制系统
3. 刚性车钩的优点包括(　　)。
   A. 减小了两个车钩连接表面之间的间隙,从而也降低了列车中的纵向力,提高了列车运行的平稳性
   B. 车钩零件的位移减小了,并且在这些零件上作用的力也减小了,因此改善了自动车钩内部零件的工作条件
   C. 减小了车钩连接表面的磨耗
   D. 减小了由于两连挂车钩相互冲击而产生的噪声

二、判断题

1. 自动车钩位于头车的司机室端,能实现机械、电气、气路系统的自动连接。(　　)
2. 半自动车钩间连挂时,其电气连挂只能用手工连接。(　　)
3. 地铁使用的车钩缓冲装置按连接时的自动化程度一般有三种,即自动车钩、半自动车钩和手动车钩。(　　)

三、简答题

1. 从在列车编组中的位置以及连挂、解钩作用两方面分析全自动车钩、半自动车钩与半永久牵引杆的区别。
2. 简述全自动车钩的连挂、结构和工作过程。
3. 简述半自动车钩的连挂、结构和工作过程。
4. 对比刚性车钩与非刚性车钩。

第九章　城市轨道交通车辆制动系统

【项目描述】

城市轨道交通车辆的制动系统是城轨车辆的核心技术之一。在列车运行过程中，制动系统是车辆安全运行的保证。尤其在紧急情况下能迅速停车，对减少事故和人员伤亡有着重要的意义。那么制动系统有哪些种类，制动系统的结构和工作原理又是怎样，现在最先进的制动系统是什么样子。通过这一章的学习，我们就能解决这些问题。

【教学目标】

1. 能力目标

理解城市轨道交通车辆制动系统的重要性，了解并掌握城市轨道交通车辆制动系统的基本结构及工作原理，了解铁路运输中制动系统的基本操作和检修方法。

2. 知识目标

（1）掌握制动系统在城市轨道交通车辆运行中的重要意义、制动方式和制动模式。
（2）熟悉空气制动系统的组成和分类。
（3）掌握风源系统的种类和主要部件的工作原理。
（4）熟悉基础制动装置的组成和工作原理。
（5）掌握 KBWB 模拟式电气指令制动系统的组成和工作原理。

3. 素质目标

树立"安全第一，预防为主"的安全运营管理理念，具有良好的职业道德认识、情感、意志、行为和修养，具有创新精神和实践能力，有效地把理论知识和实践应用结合起来。

第一节　制动概述

一、概　述

列车制动就是人为地制止列车的运动，包括使它减速、不加速或停止运行。对已制动的列车或机车解除或减弱其制动作用，则称为"缓解"。为施行制动和缓解而安装在机车、车辆、列车上的一整套设备，总称为"制动装置"。"列车制动装置"包括机车制动装置和车辆制动装置。不同的是，机车除了具有像车辆一样使它自己制动和缓解的设备外，还具有操纵全列车制动作用的设备。过去由于列车上安装的制动装置比较简单、直观，而且用压缩空气传递制动信号，因此称其为一套制动装置。但是随着高速动车组和轨道交通车辆技术的发展，制动装置中越来越多地采用了电气信号和电气驱动设备。微机和电子设备的出现使制动装置变得无触点化和集成化，并且使制动控制功能融入了其他电路不能独立划分。因此，只能按现代方法将具有制动功能的电子线路、电气线路和气动控制部分归结为一个系统，统称为列车制动系统。

当以压力空气作为制动信号传递和制动力控制的介质时，该制动装置称为空气制动控制系统，又称空气制动机。以电气信号来传递制动信号的制动控制系统，称为电气指令式制动控制系统，其制动力的提供可以是压力空气、电磁力、液压等方式。

现代轨道交通车辆的制动系统由动力制动系统、空气制动系统以及指令和通信网络系统三部分组成。

（1）动力制动系统。它一般与牵引系统连在一起形成主电路，包括再生反馈电路和制动电阻器，将动力制动产生的电能反馈给供电接触网或消耗在制动电阻器上。

（2）空气制动系统。它由供气部分、控制部分和执行部分等组成。供气部分有空气压缩机组、空气干燥器和风缸等；控制部分有电-空转换阀（EP）、紧急阀、称重阀和中继阀等；执行部分有闸瓦制动装置和盘形制动装置等。

（3）指令和通信网络系统。它既是传送司机指令的通道，也是制动系统内部数据交换及制动系统与列车控制系统进行数据通信的总线。

二、城轨车辆制动装置的特点和要求

（1）操纵灵活，制动减速快，作用灵敏可靠，车组前后车辆制动、缓解作用一致。

（2）具有足够的制动力，保证车组在规定的制动距离内停车。

（3）对于新型的城市轨道交通车辆，一般要求具有动力制动能力，并且在正常制动过程中，应尽量充分发挥动力制动能力，以减少对城市环境的污染和降低运行成本。

（4）制动系统应保证车组在较长、较陡下坡道上运行时，其制动力不会衰减。

（5）电动车组各工况下的制动能力应尽可能一致。

（6）具有紧急制动性能。

（7）电动车组在运行中发生诸如列车分离、制动系统故障等危急行车安全的事故时，应能自动启动紧急制动作用。

第二节　制动方式及制动模式

一、制动方式

按照制动时列车动能的转移方式不同可将制动分为摩擦制动和电制动两种制动方式。

1. 摩擦制动

（1）闸瓦制动。闸瓦制动又称踏面制动，是传统的机车车辆采用的制动方式。用铸铁或其他材料制成的瓦状制动块，在制动时抱紧车轮踏面，通过摩擦使车轮停止转动，如图 9-1 所示。在这一过程中，制动装置要将巨大的动能转变为热能消散于大气之中。而这种制动效果的好坏，主要取决于摩擦热能的消散能力。使用这种制动方式时，闸瓦摩擦面积小，大部分热负荷由车轮来承担。列车速度越高，制动时车轮的热负荷也越大。如用铸铁闸瓦，温度可使闸瓦熔化；即使采用较先进的合成闸瓦，温度也会高达 400~450 ℃。当车轮踏面温度增高到一定程度时，就会使踏面磨耗、裂纹或剥离，既影响使用寿命也影响行车安全。

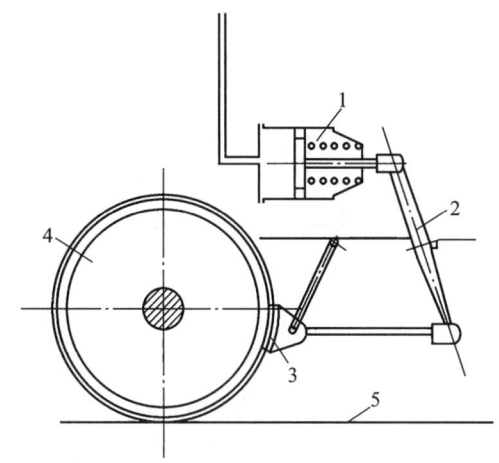

图 9-1　闸瓦制动示意图
1—制动缸；2—基础制动装置；3—闸瓦；4—车轮；5—钢轨

（2）盘形制动。它是在车轴上或在车轮辐板侧面安装制动盘，用制动夹钳使以合成材料或者粉末冶金制成的两个闸片紧压制动盘侧面，通过摩擦产生制动力，使列车停止前进。由于作用力不在车轮踏面上，盘形制动可以大大减轻车轮踏面的热负荷和机械磨耗。另外，盘形制动平稳，噪声小。盘形制动的摩擦面积大，而且可以根据需要安装若干套，制动效果明显高于踏面制动，尤其适用于车速 120 km/h 以上的列车，这正是各国普遍采用盘形制动的原因所在。但不足的是，车轮踏面没有闸瓦的磨刮，将使轮轨黏着恶化；制动盘使簧下重量及冲击振动增大，运行中消耗牵引功率。踏面制动和盘形制动都要通过轮轨之间的黏着来实现，因此都属于黏着制动。盘形制动可分为轴盘式和轮盘式，如图 9-2 所示。图 9-3 为盘形制动的结构。

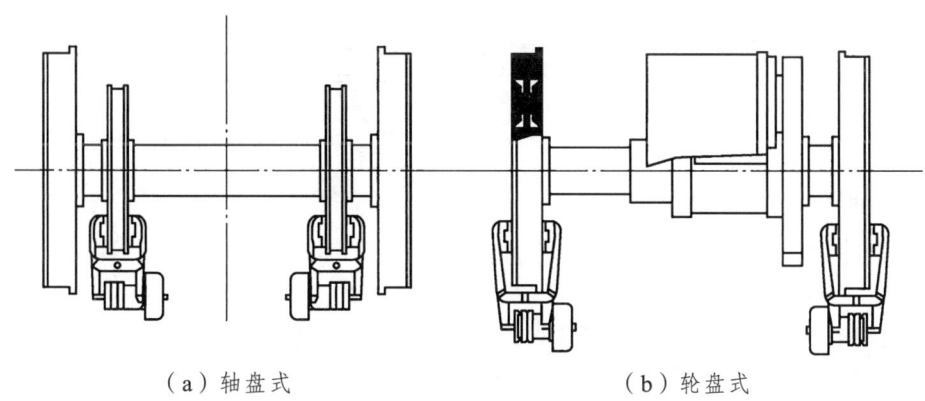

（a）轴盘式　　　　　　　　（b）轮盘式

图 9-2　盘形制动

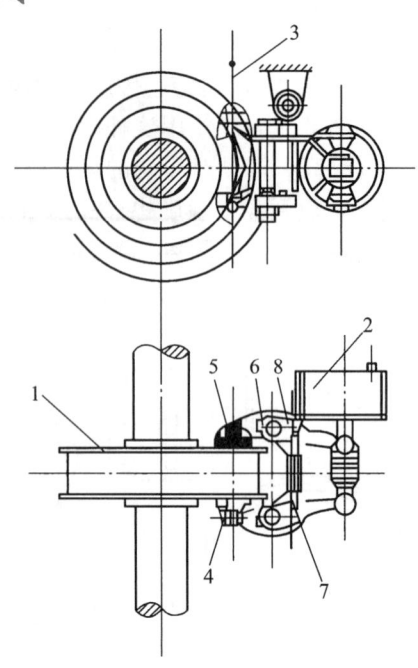

图 9-3 盘形制动结构

1—轮对；2—单元制动缸；3—吊杆；4—制动夹钳；5—闸瓦托；6，7—杠杆；8—支点拉板

（3）轨道电磁制动（又称为磁轨制动）。如图 9-4 所示，在转向架构架侧梁下通过升降风缸安装有电磁铁，电磁铁下设有磨耗板。制动时将电磁铁放下，使磨耗板与钢轨吸住，电动车组的动能通过磨耗板与钢轨摩擦转化为热能，然后经钢轨和磨耗板最终散于大气中。

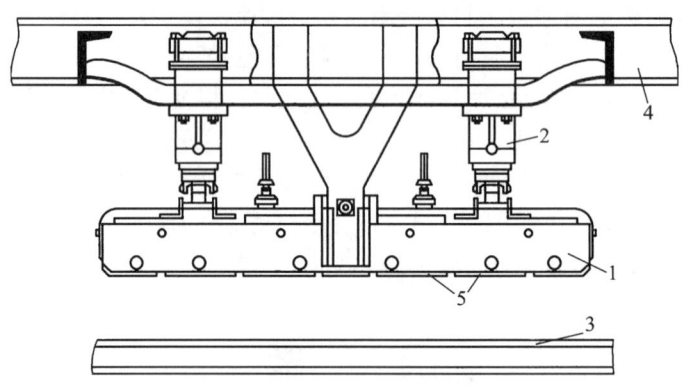

图 9-4 轨道电磁制动

1—电磁铁；2—升降风缸；3—钢轨；4—转向架构架侧梁；5—磨耗板

2. 电制动

电制动包括动力制动和电磁涡流制动。

电制动是车辆在常用制动下的优先选择，仅带驱动系统的动车具有电制动。动力制动分为再生制动和电阻制动。电制动具有独立的滑行保护和载荷校正功能。为此，每节动车装备有：一个三相调频调压逆变器（VVVF）、一个牵引控制单元（DCU）、一个制动电阻、四个自冷式三相交流电机 M_1、M_2、M_3、M_4（每轴一个，互为并联）。

（1）再生制动。当发生常用制动时，电动机 M 变成发电机状态运行，将车辆的动能变成电能，经 VVVF 逆变器整流形成直流电反馈于接触网，供列车所在接触网供电区段上的其他车辆及本车的其他系统使用，此过程称为再生制动。再生制动结构图如图 9-5 所示，再生制动取决于第三轨（或接触网）的接受能力，亦即取决于网压高低和负载的利用能力。

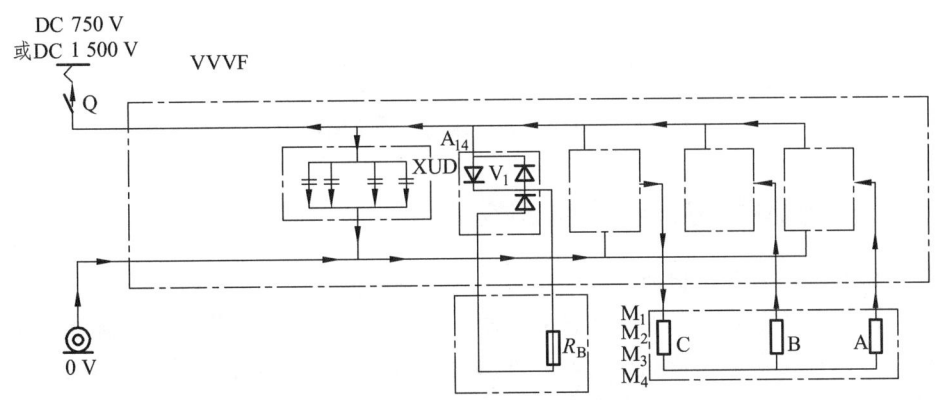

图 9-5　再生制动的结构示意图

（2）电阻制动。如果制动列车所在的接触网供电区段内无其他列车吸收该能量，VVVF 则将能量反馈在线路电容上，使电容电压 XUD 迅速上升，当 XUD 达到最大设定值 1 800 V 时，DCU 启动能耗斩波器模块 A_{14} 上的门极可关断晶闸管 GTO：V_1，GTO 打开制动电阻 R_B，制动电阻 R_B 与电容并联，将电机上的制动能量转变成电阻的热能消耗掉，此过程称为电阻制动（又称能耗制动），电阻制动能单独满足常用制动的要求。电阻制动结构图如图 9-6 所示。

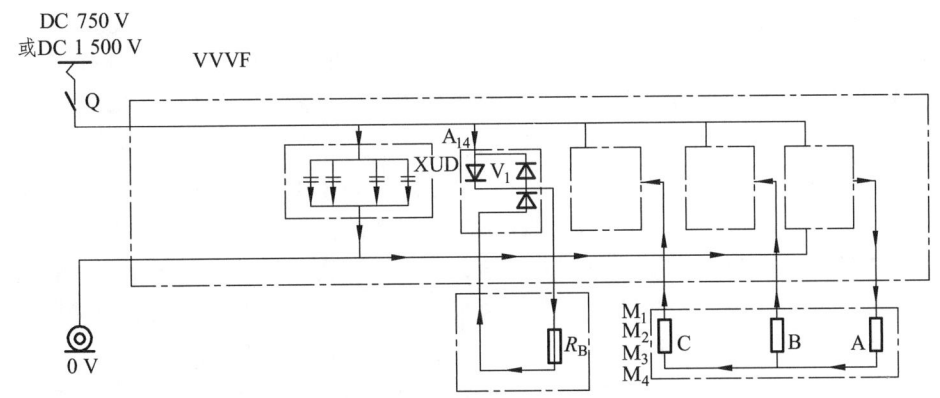

图 9-6　电阻制动结构示意图

3. 电空制动制动力需求关系

电空制动制动力需求关系如图 9-7 所示。

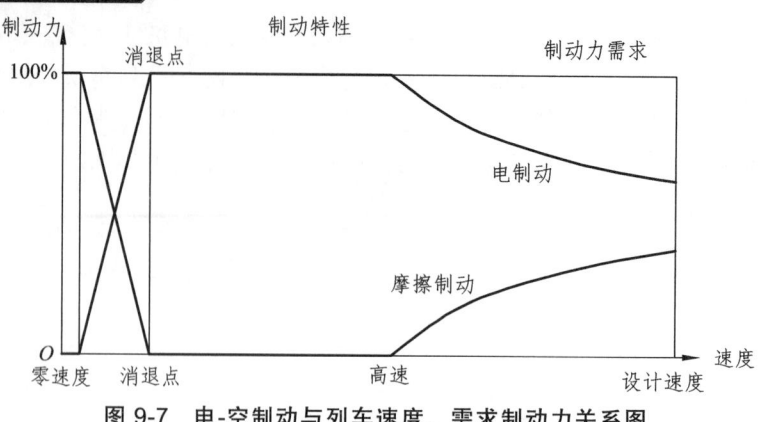

图 9-7 电-空制动与列车速度、需求制动力关系图

二、城轨车辆制动系统的制动模式

根据车辆的运行要求,制动系统采用以下几种制动模式。

(1)常用制动。正常运行下为调解或控制列车速度,包括进站停车所实施的制动。其特点是作用比较缓和,制动力可以连续调节,制动过程中能够根据车辆载荷自动调整制动力(当常用制动力最大时即为常用全制动)。

(2)紧急制动。在紧急情况下为使列车尽快停止而施行的制动。其特点是作用比较迅速,而且将列车制动能力全部使用,通过故障导致安全的设计原则为"失电制动,得电缓解"的紧急空气制动系统。紧急制动是在列车遇到紧急情况或发生其他意外情况时,为使列车尽快停车而实施的制动,其制动力与快速制动相同。紧急制动时考虑了脱弓、断钩、断电等故障情况,故只采用空气制动,而且停车前不可缓解,在尽可能减小冲动的情况下不对冲动进行具体限制。

(3)快速制动。快速制动是为了使列车尽快停车而实施的制动,其制动力高于常用全制动(上海、广州地铁快速制动力高于常用全制动 22%)。这种制动方式是在紧急情况下,制动系统各部分作用均正常时所采取的制动方式,其特点是与常用制动相同,制动过程可以施行缓解。受冲击率极限的限制,主控制器手柄回"0"位,可缓解,具有防滑保护和载荷修正功能。

(4)弹簧停放制动。为防止车辆在线路停放过程中发生溜滑,城轨车辆设置了停放制动装置。停放制动通常是将弹簧停放制动器的弹簧压力通过闸瓦作用于车轮踏面来形成制动力。以前停放制动也称停车制动或弹簧停车制动,但在地铁列车中,停车制动是另外一个概念,所以为区别开来,称停放制动较好。库内停车时可以解决因制动缸压力通过管路泄漏,无压力空气补充而逐步下降到零,使车辆失去制动力的停放问题。在正常情况下,弹簧力的大小不随时间而变化,由此获得的制动力能满足列车较长时间断电停放的要求。弹簧停放制动的缓解风缸充气时,停放制动缓解;弹簧停放制动的缓解风缸排气时,停放制动施加;另外还附加有手动缓解的功能。停放制动是列车停车后,为使列车维持静止状态所采取的一种制动方式。

(5)停车制动。对于地铁列车来说,通常把停车前的这一段空气制动过程称为停车制动或保持制动。当停车制动位列车减速到极低速度以后,为减小冲动,制动力会有所降低。上海地铁和广州地铁是在减速至 4 km/h 左右,制动力降至 70%。停车制动具有常用制动的特点。

第三节 空气制动系统

一、空气制动系统的组成

空气制动系统是以压力空气作为制动原动力,以改变压力空气的压强来操纵控制。这种制动机制动力大,操纵控制灵敏、便利。习惯上把压力空气简称为"风",把空气制动机简称为"风闸"。空气制动机又分直通式、自动式和直通自动式三大类。

二、空气制动系统的控制方式

1. 直通式空气制动机

直通式空气制动机把空气压缩机产生的压缩空气储存在总风缸中,司机操纵制动阀,将总风缸中的压缩空气通过制动管送入机车和车辆上的制动缸实现制动,或将制动缸中的压缩空气排出,实现缓解,如图 9-8 所示。这种制动机是美国发明家 G.威斯汀豪斯在 1869 年发明的。由于压缩空气由前向后逐车输送,列车前后车辆制动机动作时间差较大,因此这种制动机对较长的列车不适用。当列车分离时,制动能力全部丧失,列车运行安全不能保证,因此这种制动机应用不广。

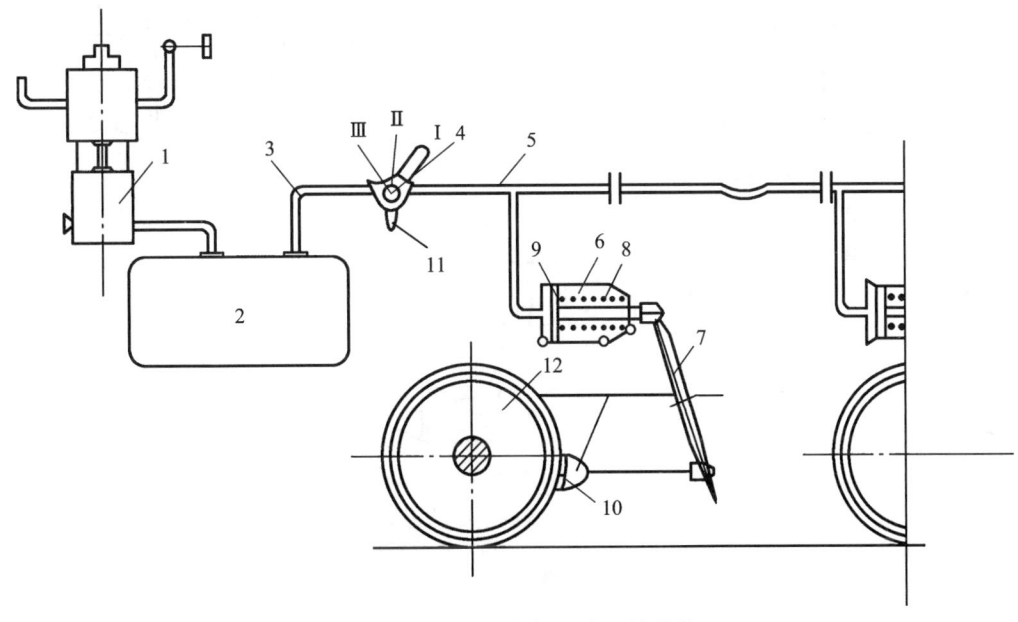

图 9-8 直通式空气制动机的结构

Ⅰ—缓解位;Ⅱ—保压位;Ⅲ—制动位;1—空气压缩机;2—总风缸;3—总风缸管;4—制动阀;5—制动管;
6—制动缸;7—基础制动装置;8—制动缸缓解弹簧;9—制动缸活塞;10—闸瓦;
11—制动阀 Ex 口;12—车轮

(1)制动位。驾驶员要实施制动时,首先把操纵手柄放在制动位,总风缸的压缩空气经制动阀进入制动管。

（2）缓解位。要缓解时，驾驶员将操纵手柄置于缓解位，各车辆制动缸内的压缩空气经制动管从制动阀 Ex 口排入大气。

（3）保压位。制动阀操纵手柄放在保压位时，可保持制动缸内压力不变。

直通式空气制动机的特点：

① 制动管增压制动、减压缓解，列车分离时不能自动停车。

② 能实现阶段缓解和阶段制动。

③ 制动力大小靠驾驶员操纵手柄在制动位放置时间的长短决定，因此控制不太精确。

④ 制动时，全列车制动缸的压缩空气都由总风缸供给；缓解时，各制动缸的压缩空气都需经制动阀排气口排入大气。

2. 自动式空气制动机

自动式空气制动机的特点是列车管排风（减压）时制动缸充风，列车制动，如图 9-9 所示。其优点是，当列车发生分离事故，制动软管被拉断时，列车管风压急剧下降，三通阀活塞自动而迅速地移动到制动位，故列车能自动迅速制动直至停车。这不仅提高了列车运行的安全性，而且列车前后部开始制动作用的时间差小，即制动和缓解的一致性较好，适用于编组较长的列车，因此在世界各国铁路上得到广泛的应用。

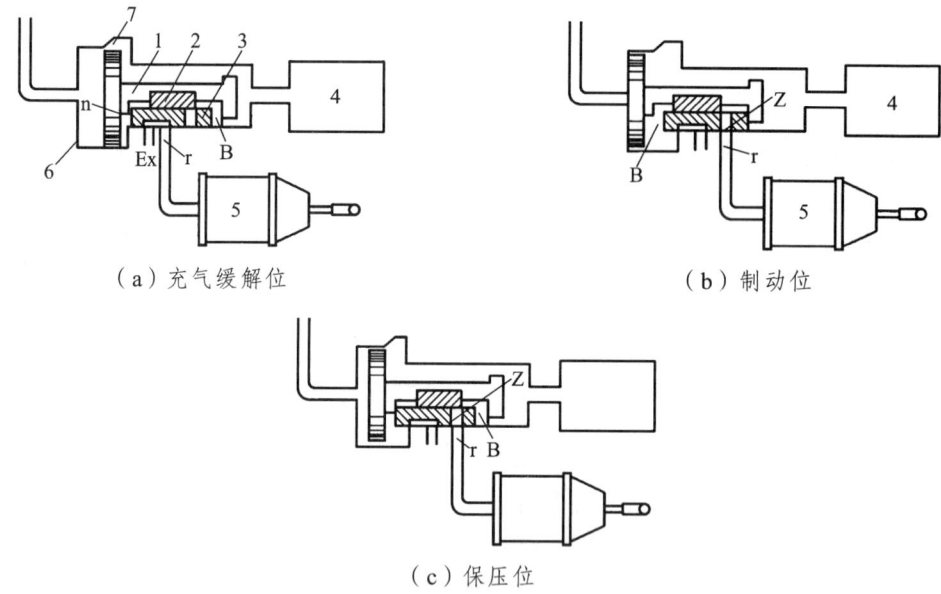

图 9-9　三通阀的工作原理

1—三通阀活塞及活塞杆；2—节制阀；3—滑阀；4—副风缸；5—制动缸；6—三通阀；7—充气沟；B—间隙；r—滑阀座制动缸孔；Z—制动缸管

（1）充气缓解位。制动管压力增加时，在三通阀活塞两侧形成压差，三通阀活塞及活塞杆带动节制阀及滑阀一起移至右侧端位，这时充气沟露出。

① 制动管→充气沟→滑阀室→副风缸；

② 制动缸→滑阀座 r 孔→滑阀底面 n 槽→三通阀 Ex 口→大气。

（2）制动位。制动时，驾驶员将制动阀操纵手柄放至制动位，制动管内的压力空气经制动阀排气减压。

（3）保压位。在制动管减压到一定值后，驾驶员将制动阀操纵手柄移至保压位，制动管停止减压。

3. 直通自动式空气制动机（见图9-10）

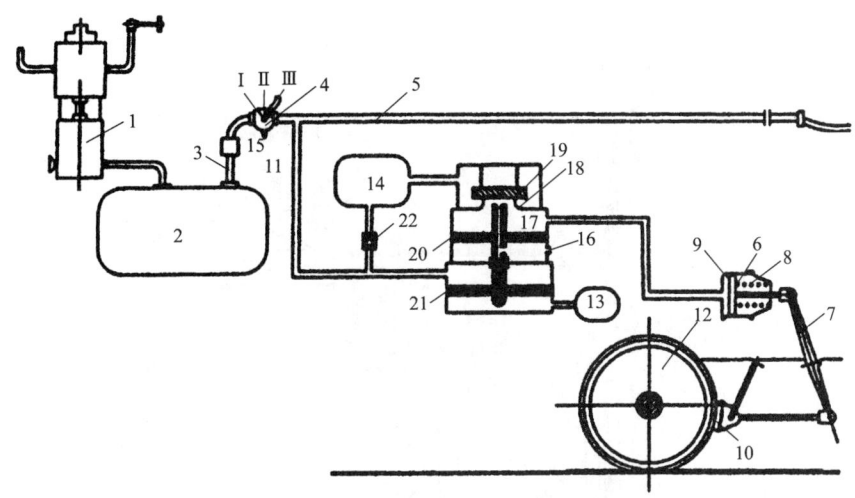

图9-10 直通自动式空气制动机的结构

1—空气压缩机；2—总风缸；3—总风缸管；4—制动阀；5—制动管；6—制动缸；7—基础制动装置；8—制动缸缓解弹簧；9—制动缸活塞；10—闸瓦；11—制动阀Ex口；12—车轮；13—定压风缸；14—副风缸；15—给气阀；16—三通阀排气口；17—排气阀口；18—进气阀口；19—进排气阀；20—制动缸压力活塞；21—主活塞；22—单向阀

（1）充气缓解位。驾驶员将制动阀置于缓解位Ⅰ，总风缸的压缩空气经给气阀和制动阀充向制动管，再经制动管通向各车辆的三通阀主活塞上侧。

① 制动管压缩空气主活塞上侧→充气沟→主活塞下侧定压风缸；

② 制动缸的压缩空气→制动缸压力活塞上侧→排气阀口→活塞杆中心孔→制动缸压力活塞下侧→三通阀排气口。

（2）制动位。制动阀操纵手柄置于制动位Ⅲ，制动管以一定的速度减压，定压风缸的压缩空气来不及通过充气沟逆流，主活塞上、下两侧形成压差，主活塞上移。

（3）制动中立位。制动阀操纵手柄置于保压位Ⅱ，制动管停止减压。

（4）缓解中立位。列车制动后充气缓解，当制动管压力尚未充至定压时，驾驶员将制动阀操纵手柄置于中立位，制动管停止增压。

直通自动式空气制动机的特点：

① 能阶段制动和阶段缓解。

② 具有制动力不衰减性性能。

第四节 风源系统

一般情况下，城轨车辆采用电动车组模式，以单元进行编组，所以其风源系统也是以单元来供气，如图9-11所示。

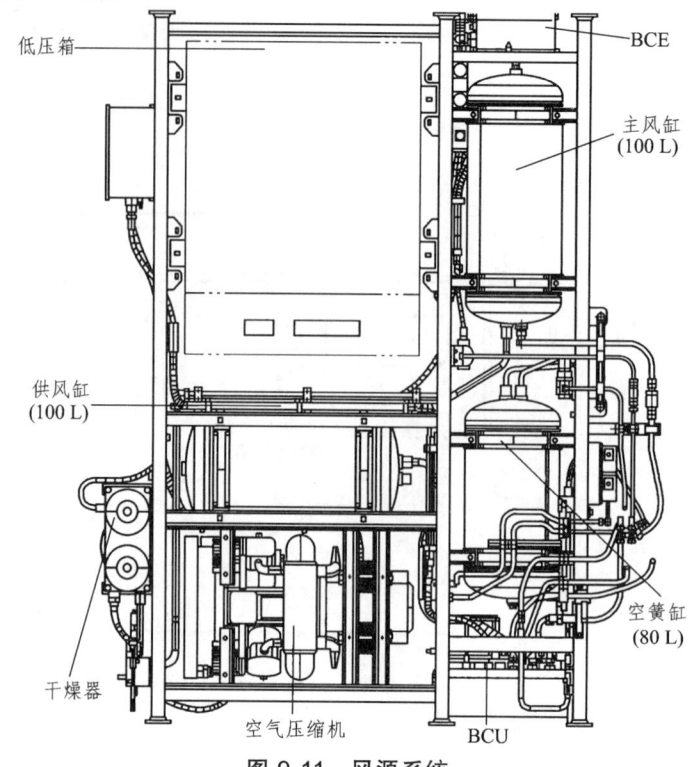

图 9-11 风源系统

一、空气压缩机

空气压缩机是用来产生压缩空气的装置。城轨用的空气压缩机要求具有噪声低、振动小、结构紧凑、维护方便、环境实用性强的特点。其直流驱动电机已逐渐被交流电机驱动取代。目前，城轨车辆中采用的主要有活塞式空气压缩机和螺杆式空气压缩机两种。

1. 活塞式空气压缩机

（1）VV230/180-2 型活塞式空气压缩机。该空气压缩机排气量为 1 500 L/min，输出压力为 1 100 kPa，转速为 1 520 r/min，用 1 500 V 直流电动机 M 通过弹性联轴节直接驱动。

（2）VV120/150-1 型活塞式空气压缩机。此压缩机为三个缸，其中两个缸为低压缸，一个为高压缸，两级压缩带有两个空气冷却器，如图 9-12 所示。

活塞式空压机的工作原理：电动机通过联轴节驱动空压机曲轴转动，曲轴连杆机构带动高低压活塞同时在气缸内做上下往复运动。由于曲轴中部的三个轴径在平面内互成 120°，两个低压活塞和一个高压活塞分别相隔 120° 转角。当低压活塞下行时，活塞顶面与缸盖之间形成真空，经空气滤清器的大气推开进气阀片进入低压缸，此时排气阀在弹簧和中冷器内空气压力的作用下关闭。低压活塞上行时，气缸内的空气被压缩，其压力大于排气阀片上方压力与排气阀弹簧的弹力之和时，压缩排气阀弹簧而推开排气阀片，具有一定压力的压力空气排出缸外，而进气阀片在气缸内压力及弹簧的作用下关闭。两个低压缸送出的低压空气，都经气缸盖的同一通道进入中冷器，经中冷器冷却后，再进入高压缸，进行二次压缩，压缩后的空气经排气阀口、主风管路送入主风缸中储存。高压活塞缸的进排气作用与低压活塞缸相同。

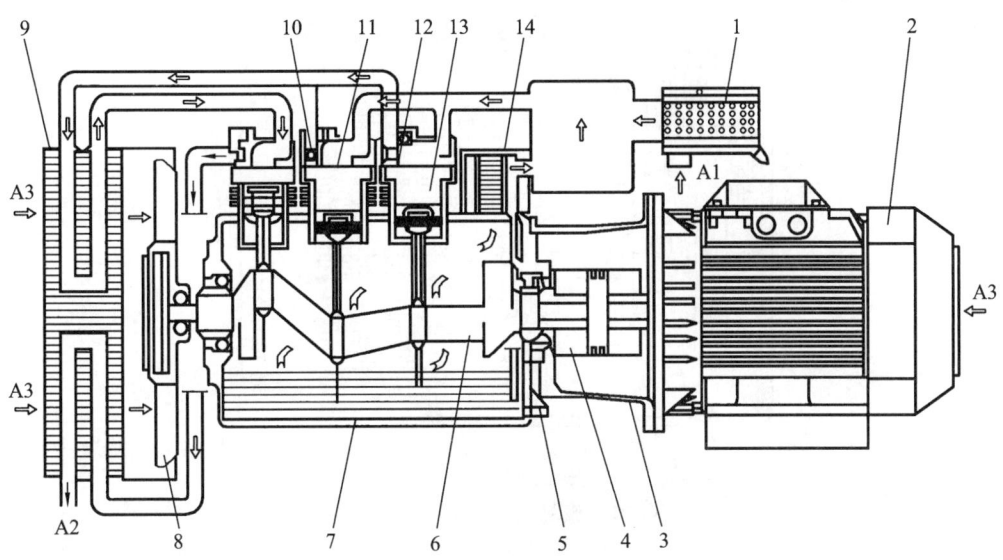

图 9-12　VV120/150-1 型活塞式空气压缩机的结构

1—进风口过滤器；2—电动机；3—过渡法兰；4—波纹管联轴节；5—油位指示器管；6—曲轴；7—曲轴箱；
8—风扇叶轮+柔性连接；9—冷却器；10—出风阀；11—吸入阀；12—安全阀；13—气缸；
14—集油器；A1—进风口；A2—出风口；A3—冷却空气

2. 螺杆式空气压缩机

（1）螺杆式空气压缩机的特点。

① 噪声低，振动小。

② 可靠性高，寿命长。

③ 维护简单。

（2）螺杆式空气压缩机的结构。

螺杆式空气压缩机的主机是双回转轴容积式压缩机，转子为一对互相啮合的螺杆，螺杆具有非对称啮合型面，如图 9-13 所示。

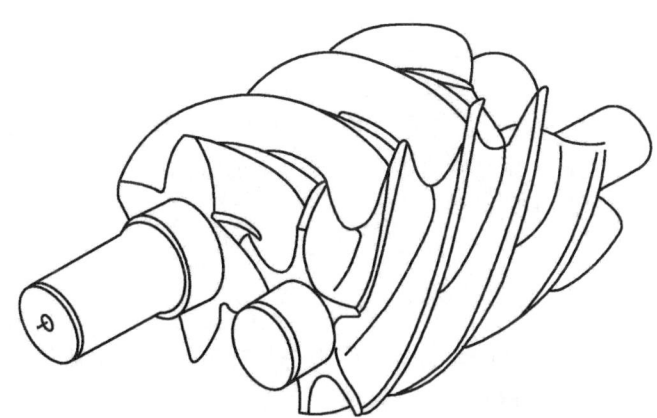

图 9-13　螺杆式空气压缩机的螺杆副

（3）螺杆式空气压缩机的工作原理。

该压缩机的工作过程分为吸气、压缩和排气 3 个阶段，其结构如图 9-14 所示。

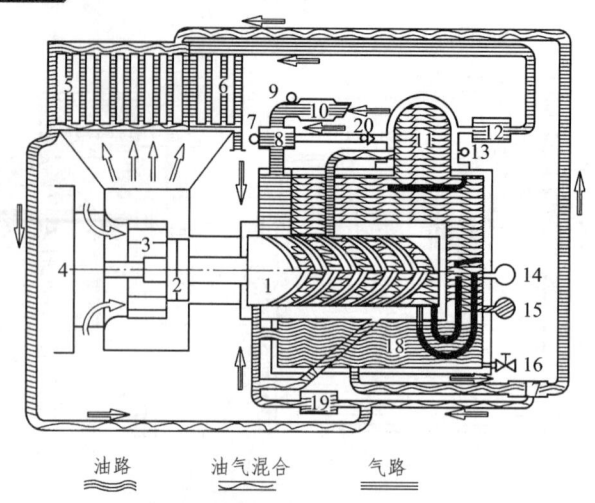

图 9-14 螺杆式空气压缩机的结构

1—螺杆式空气压缩机；2—联轴器；3—冷却风机；4—电动机；5—空、油冷却器（机油冷却单元）；6—冷却器（压缩空气后冷却单元）；7—压力开关；8—进气阀；9—真空指示器；10—空气滤清器；11—油细分离器；12—最小压力维持阀；13—安全阀；14—温度开关；15—视油镜；16—泄油阀；17—温度控制阀；18—油气筒；19—机油过滤器；20—逆止阀

① 吸气过程。螺杆安装在壳体内，在自然状态下就有一部分螺杆的沟槽与壳体上的进气口相通。也就是说，在任何时候，无论螺杆式空压机的螺杆旋转到什么位置，总有空气通过进气口充满与进气口相通的沟槽。这是压缩机的吸气过程。主副转子在吸气结束时，以及充盈空气的螺杆沟槽的齿顶与机壳墙壁贴合，此时，在齿沟内的空气被隔离，不再与外界相通并失去相对流动的自由，即被封闭。

② 压缩过程。随着压缩机两转子的继续转动，封闭有压缩空气的螺杆沟槽与相对螺杆齿的啮合，从吸气端不断地向排气端发展，啮合的齿占据了原来已充气沟槽的空间，将沟槽里的空气挤压，压力不断变大。空气被带着一边转动，一边被继续压缩，从吸气结束开始，一直延续到排气口打开之前。当前一个螺杆齿端面转过被它遮挡的机壳端面上的排气口时，在齿沟内的空气即与排气腔的空气相连通，受挤压的空气开始进入排气腔，压缩过程结束。在压缩过程中，压缩机不断地向压缩室和轴承喷射润滑油。

③ 排气过程。压缩过程结束，封闭有压缩空气的螺杆沟槽的端部边缘与螺杆壳体端壁上的排气口边缘相通时，受到挤压的压缩空气被迅速从排气口推出，进入螺杆压缩机的排气腔。

随着螺杆副的继续旋转，螺杆啮合继续向排气端的方向移动，逐渐将沟槽里的压缩空气全部挤出，这又是压缩机的压缩过程。

二、干燥器

空气压缩机输出的压缩空气中含有较高的水分、油分和机械杂质等，必须经过空气干燥器将其中的水分、油分和机械杂质除去，才能达到车辆上用风设备对压缩空气的要求。液态的水、油微粒及机械杂质在滤清器中基本被除去，压缩空气的相对湿度降低，避免用风过程中出现冷凝水危害。

空气干燥器的基本原理是：吸附过程是一个平衡反应。在吸附剂和与其接触的压缩空气之间湿度趋向于平衡，而相对湿度大的压缩空气与吸附剂的表面接触时，由于吸附剂具有大量微孔,与空气的接触面积大,吸附剂可以大量、快速地吸附压缩空气的水蒸气分子,达到干燥压缩空气的目的。再生过程也是一个平衡反应,用于吸附剂再生的吹扫气体是由较高压力的压缩空气膨胀而来的。膨胀时,空气体积增大而压力降低,获得的吹扫气体的相对湿度较低,因而易于"夺"走吸附器上已吸附的水蒸气分子,使吸附剂恢复干燥状态,达到再生目的。其特点是"压力吸附与无热再生"。

常用的吸附剂有:活性炭、氧化铝、硅凝胶及分子筛等。

空气干燥器有单塔式和双塔式两种。

1. 单塔式空气干燥器

单塔式空气干燥器是一种无热再生作用的干燥器,如图9-15所示。它的特点是吸附剂的吸附作用与再生作用在同一个干燥筒内进行。单塔式空气干燥器由油水分离器、干燥筒、排水阀、电控阀、再生风缸和消声器等组成。在油水分离器中有许多网格圈(这是一种用铝片或铜片做成的有缝的小圆筒),干燥器则是一个网形的大圆筒,其中盛满颗粒状的吸附剂。

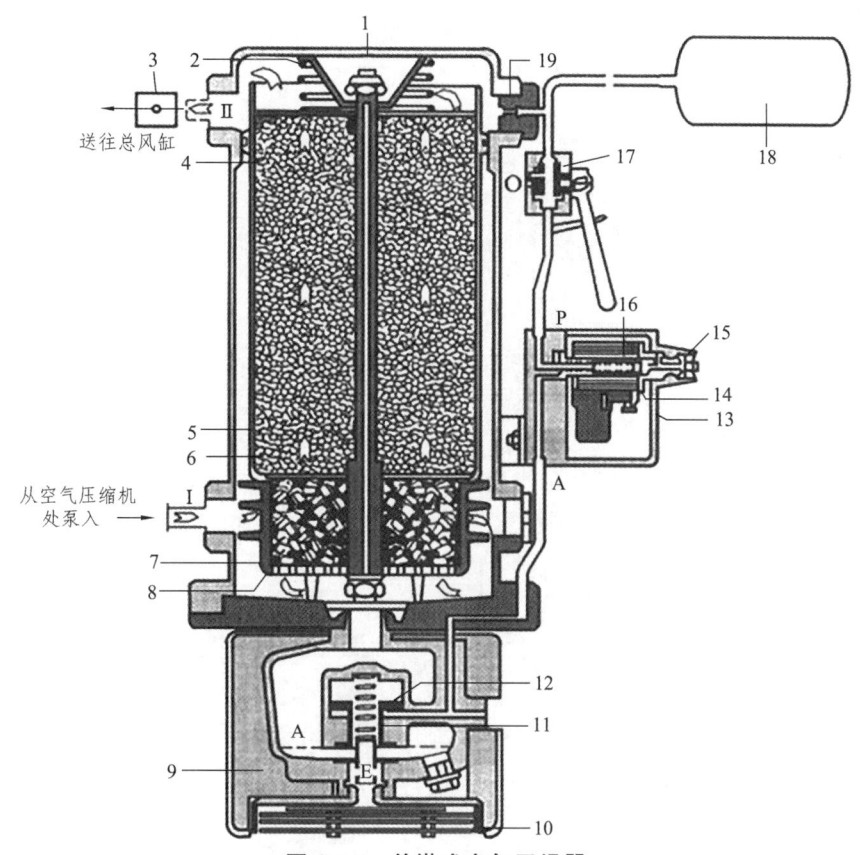

图9-15 单塔式空气干燥器

1—干燥筒;2—弹簧;3—单向阀;4—带孔挡板;5—干燥筒筒体;6—吸附剂;7—油水分离器;8—网格圈;
9—排泄阀;10—消音器;11—弹簧;12—活塞;13—电空阀;14—线圈;15—排气阀;
16—衔铁;17—带排气的截断塞门;18—再生风缸;19—节流孔

单塔式空气干燥的原理:空气压缩机工作时,电空阀13失电,活塞下方通过排气阀15排向大气,活塞12在弹簧力作用下关闭排泄阀9,而空压机输出的压力空气从干燥塔中部的进口管Ⅰ进入干燥塔,首先到达油水分离器,当含有油分和机械杂质的压缩空气经过网格圈时,油滴吸附在网格圈的缝隙中，机械杂质则不能通过网格圈的缝隙，这样就将压缩空气中的油分和机械杂质滤去，然后再进入干燥筒内与吸附剂相遇，吸附剂大量地吸收水分，使从干燥筒上方输出的压缩空气的相对湿度降低，达到车辆用风系统的要求。如图 9-15 所示的干燥筒下方 1/4 高度处为装有网格圈 8 的油水分离器，而上方 3/4 高度处为装有吸附剂 6 的空气干燥筒 1。

干燥剂再生原理：经过干燥的压力空气，一路经接口Ⅱ及单向阀 3 送往主风缸，单向阀的作用是防止压力空气从主风缸逆流；另一路经节流孔 19 充入再生风缸 18。当空气压缩机停止工作时电空阀 13 得电，再生风缸 18 内的压力空气经过打开的电空阀向活塞 12 下部充气，活塞上移，打开排泄阀 9，干燥塔内的压力空气迅速排出，这时再生风缸内的压力空气经节流孔回冲至干燥塔内，从而沿干燥筒、油水分离器一直冲至干燥塔下部的积水积油腔内。在下冲过程中，干燥空气吸收了干燥剂中的水分同时还冲下了网格圈上的油滴和机械杂质，这样干燥剂再生的同时网格圈也得以清洗。但是采用空气压缩机的排气量相对较小时，它的停止工作间隙不能满足单塔式干燥器再生所需的时间间隙，这时使用双塔式干燥器就能解决问题。

2. 双塔式干燥器

双塔式空气干燥剂的构造如图 9-16 所示。

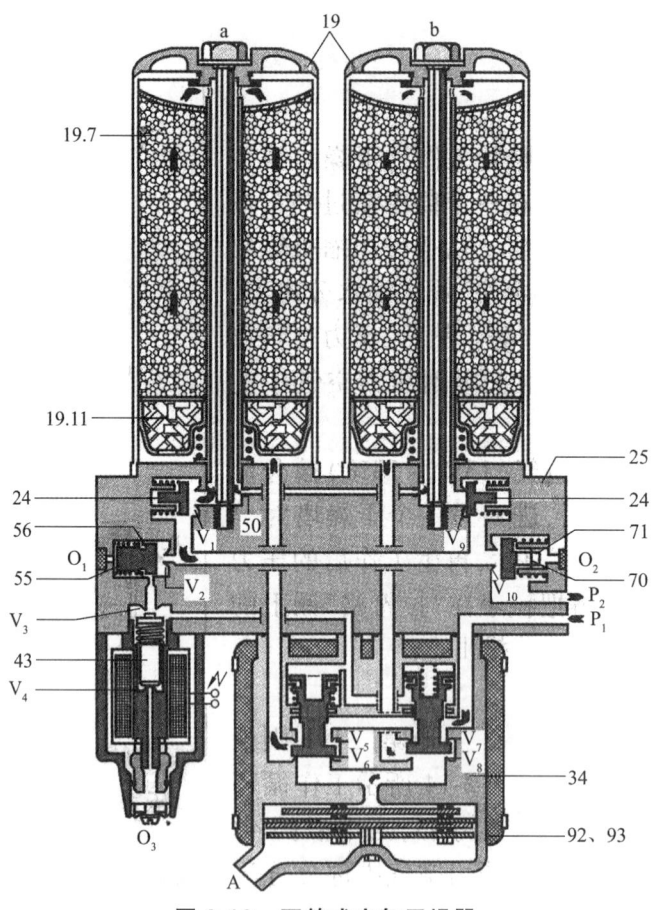

图 9-16　双筒式空气干燥器

19—干燥筒；19.7—吸附剂；19.11—油水分离器；24—止回阀；25—干燥器座；34—双活塞阀；56，70—克诺尔 K 形环；43—电磁阀；50—再生节流孔；55—预控制阀；71—旁通阀；92，93—隔热材；A—排泄口；O1~O3—排气口；P1—进气口；P2—出气口；V1~V10—阀座双塔式空气干燥器的工作原理：双筒干燥器工作时干燥与再生两个工况同时进行，压力空气在一个筒中流过并干燥时，另外一个筒中的吸附剂即再生。从空气压缩机输出的压力空气首先经过装有网格圈的油水分离器，除去空气中的液态油、水、尘埃等。然后，压力空气再流过干燥筒中的吸附剂，吸附剂吸附压力空气中的水分。一部分干燥过的压力空气（13%~18%）被分流出来，经过再生节流膨胀后，进入另一个干燥塔对已吸水饱和的吸附剂进行脱水再生，再生工作后的压力空气经过油水分离器时，再把积聚在网格圈上的油、水及机械杂质等去除。

双塔式干燥器没有再生风缸，但是设有一个定时脉冲发生器，以使两个干燥塔的电磁阀定时地轮换开、关，以使两个塔的功能定时进行轮换。

三、风缸及其他空气管路部件

风缸用于储存压缩空气，用钢板制成，具有很高的耐压性，是一种高压容器。车载风缸有各种用途，以上海地铁1号线直流列车为例，每节车上有4个风缸：一个250 L总风缸，一个100 L空气悬挂系统风缸，一个50 L制动风缸，以及一个50 L气动车门风缸。此外，带有空气干燥塔的C车增加一个再生储风缸。而上海地铁交流制列车每节车上有5个风缸：一个100 L主风缸，一个100 L副风缸，一个60 L气动车门风缸，以及两个空气悬挂系统风缸。风缸结构如图9-17所示。

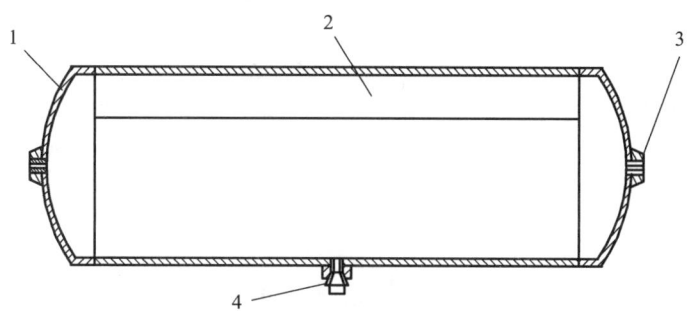

图9-17 风缸结构
1—端盖；2—缸体；3—管接头；4—排水堵

（1）截断塞门：安装在制动支管上，当列车中的车辆因特殊情况或列车检修作业需要停止车辆空气制动系统的作用时，关闭该车的截断塞门，切断车辆制动机与制动主管的压缩空气通路，同时排出副风缸和制动缸的压缩空气，使制动机缓解，以便于检修人员的安全操作。截断塞门有两种不同的结构形式：一种是锥芯独立式（见图9-18）；另一种是球芯式（见图9-19）。

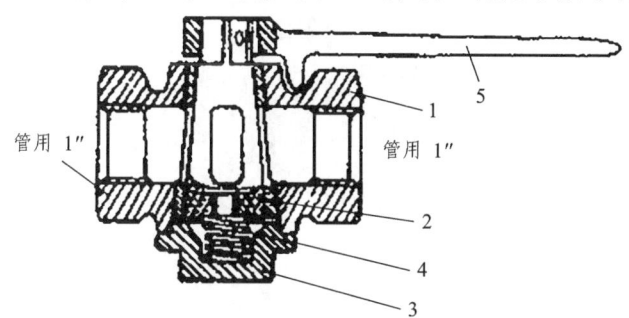

图9-18 锥芯独立式截断塞门
1—阀体；2—塞门芯；3—盖；4—弹簧；5—手把

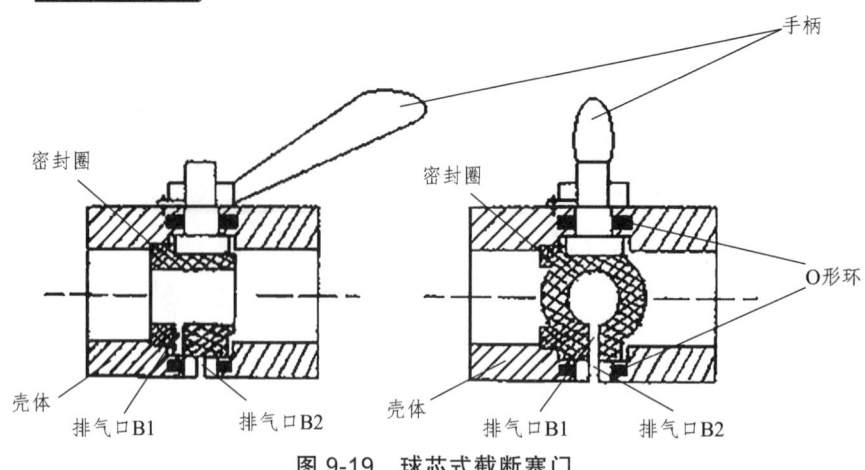

图 9-19 球芯式截断塞门

（2）脉冲电磁阀：先导控制的二位三通阀，由一个气动往复阀芯和用于预控的电磁阀组成。它还配有附加的手动控制。

脉冲电磁阀用于气电控制回路中，如果电脉冲触发，则控制腔充气或排气，或按顺序交替进行。

（3）止回阀：安装于只允许空气从一个方向流入且反向截止的空气管路，以避免降压。

（4）减压阀：其作用是调节压缩空气系统中的空气压力。

（5）空气过滤器：用于压缩空气制动系统、气动车门机构等，可以保护这些敏感的设备不受损坏。空气过滤器对在多尘环境下运行的列车的制动系统的可靠性具有极其重要的作用。

（6）安全阀：空气制动系统中保证空气压力不至于过高的部件，如图 9-20 所示。设定压力通过调节螺母来调节。

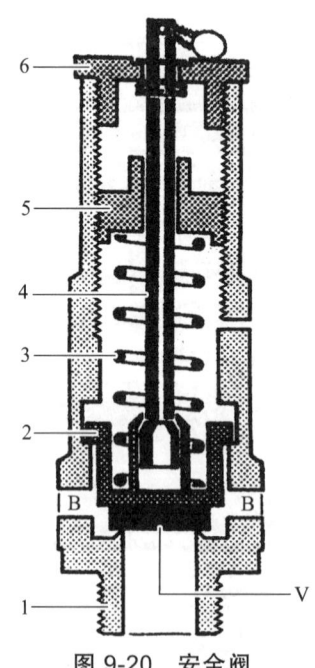

图 9-20 安全阀

1—阀体；2—活塞；3—弹簧；4—顶杆；5—调节螺母；6—上盖；B—排气口；V—阀口

第五节　基础制动装置

一、单元制动器

单元制动器是由制动缸、闸瓦间隙调整器等组合而成的紧凑部件。城轨车辆的车体底架下方与转向架之间没有足够的空间来安装基础制动装置，因此，我国大多数城轨车辆采用单元制动缸。

单元制动缸和基础制动装置各有不同特点。基础制动装置由于采用杠杆联动机械，所以其同步性良好，制动力均匀。而单元制动缸是单个供气动作，轻便灵活，体积小，灵敏度高，使用了电气控制后，也可具有良好的同步性。

单元制动缸的类型有两种：PC7Y 型单元制动缸（见图 9-21）和具有弹簧制动器（也称停放制动器）的 PC7YF 型单元制动缸（见图 9-22）。

1. 单元制动器的特点

（1）有弹簧停车制动及手动辅助缓解装置（PC7YF 型）。
（2）有闸瓦间隙调整器。
（3）制动传动效率高，均在 95%左右。
（4）占用空间小，安装简单。
（5）性能稳定，作用可靠，维修方便。

2. 单元制动器的主要技术参数（见表 9-1）

表 9-1　PC7Y 型、PC7YF 型单元制动器的主要技术参数

项目		参数
制动倍率	常用制动器	2.85
	弹簧制动器	1.15
制动缸工作压力/kPa		300~600
最大闸瓦压力/kN		45
弹簧制动缓解压力/kPa		5 300~80 000
闸瓦磨耗后一次最大调整量/mm		15
最大间隙调整能力/mm		110
PC7Y 型单元制动器质量（包括闸瓦）/kg		63
PC7YF 型单元制动器质量（包括闸瓦）/kg		85

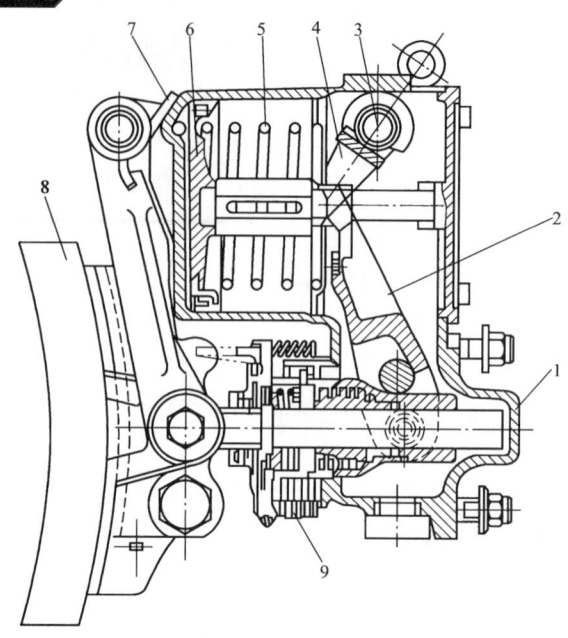

图 9-21 PC7Y 型单元制动器（不带停车制动器）

1—制动缸缸体；2—传动杠杆；3—安装在制动缸缸体上的枢轴；4—手制动杠杆；5—缓解弹簧；
6—活塞；7—扭簧；8—闸瓦；9—闸瓦间隙自动调整器

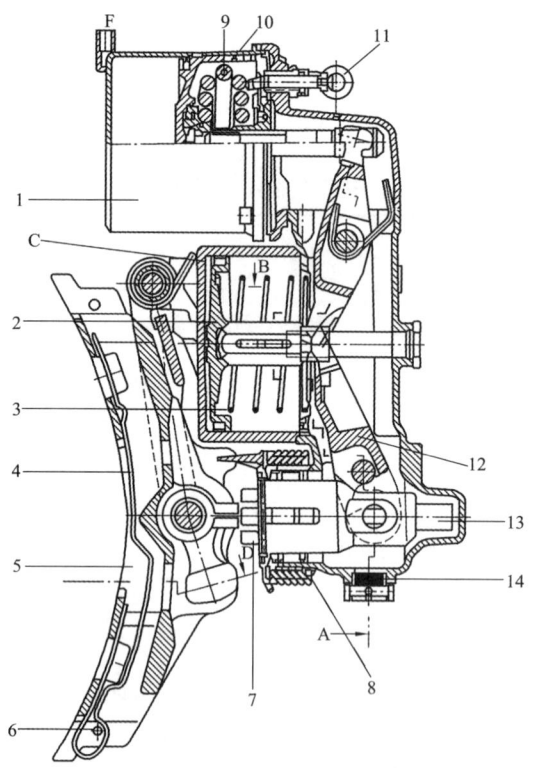

图 9-22 PC7YF 型单元制动器（带弹簧制动器）

1—弹簧制动器；2—制动缸活塞；3—缓解弹簧；4—锁紧簧片；5—闸瓦；6—开口销；7—调整螺母；8—皮腔；
9—弹簧制动器的弹簧；10—弹簧制动器的活塞；11—紧急缓解拉环；12—杠杆；13—闸瓦间隙自动调整器的推杆；
14—滤清器；F—压力空气向弹簧制动器充气时的接口；C—压力空气向制动缸充气时的接口

二、闸　瓦

闸瓦根据其材料和功能可分为铸铁闸瓦、合成闸瓦及粉末冶金闸瓦。

1. 合成闸瓦的优点

（1）摩擦性能可按需要进行调整。
（2）耐磨性能好，使用寿命长。
（3）对车轮踏面的磨耗小，可延长车轮的使用寿命。
（4）质量轻。
（5）可避免磨耗铁粉的污损及因制动喷射火星而引起的火灾事故。
（6）摩擦因数比较平稳，并能保证有足够的制动力。

2. 合成闸瓦的结构

合成闸瓦由于其材料本身强度小，所以必须在其背部衬压一块钢板（钢背）来增加它的抗压强度，如图 9-23 所示。

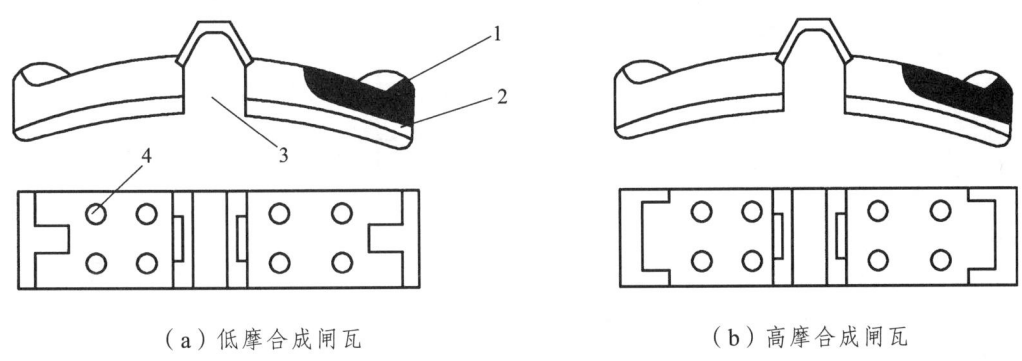

（a）低摩合成闸瓦　　　　　　　（b）高摩合成闸瓦

图 9-23　合成闸瓦
1—钢背；2—摩擦体；3—散热槽；4—冲孔

3. 合成闸瓦的缺点

（1）热龟裂。
（2）车轮的沟状磨耗。
（3）车轮的凹形磨耗。

第六节　KBGM 模拟式电气指令制动系统

上海地铁 DC01 型列车采用德国克诺尔（KNORR）制动机公司生产的 KBGM 模拟式电气指令制动系统。该系统用一条列车线贯通整列车，形成连续回路，其电气指令采用脉冲宽度调制（PWM），能进行无级控制。它的制动方式有三种，即再生制动、电阻制动和空气（摩擦）制动，分别为第一、第二和第三优先制动。

当列车开始制动时，首先是动力制动，即再生制动和电阻制动。电阻制动是承担不能再生的那部分制动电流。如果再生制动失败，则由电阻制动承担全部动力制动。再生制动电流加上电阻制动电流等于制动控制要求的总电流。当列车速度降低到 10 km/h 以下时，动力制动将被全部切除，所有给定的制动力全由空气制动提供。

列车早期编组为 6 节，即 A—B—C—B—C—A，其中 A 为无动力的拖车，B 为动车，C 为带制动空气压缩机组的动车；后期编组为 8 节，即 A—B—C—B—C—B—C—A。

图 9-24 是上海地铁 DC01 型列车使用的 KBGM 模拟式电气指令制动系统，它由供气单元、制动控制单元（BCU）、微机制动控制系统（MBCU）、防滑系统和单元制动机 5 个部分组成。

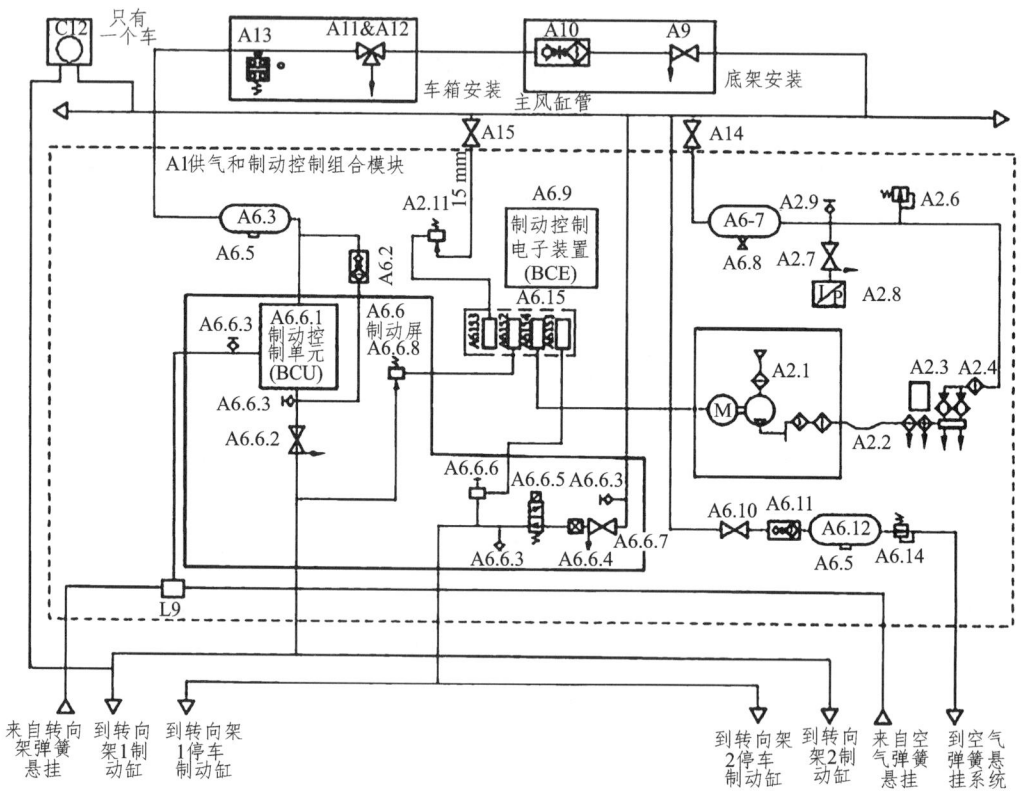

图 9-24　模拟空气制动及供气系统

一、供气单元

供气单元主要由 VV230/180-2 型活塞式空气压缩机组 A1、单塔空气干燥器 A7 和多个风缸组成。空气压缩机组和空气干燥器只在 C 车上安装，即一个 6 节编组列车有两套供气机组，而一个 8 节编组列车则有 3 套供气机组。其他每节车，无论拖车还是动车，都装有 4 个风缸，即 250 L 总风缸、100 L 的空气悬挂系统（空气弹簧）风缸、50 L 制动储风缸和 50 L 客室风动门风缸。在每个 C 车上另外还有一个 50 L 的用于空气干燥器的再生风缸。

由图 9-24 可见，空气压缩机组 A1 要为每个车组（A—B—C 或 B—C）提供足够的所需的干燥压力空气，在供气过程中由安全阀 A6 和压力继电器（气-电开关）A13 对空气压力进行监控。安全阀的锁定值为 1 000 kPa；压力继电器是空气压缩机组电动机的控制元件，它的开启压力为 700 kPa，切断压力为 850 kPa。整个供气系统除了为空气制动供气外，还为受电弓升降、客室气动门、空气悬挂系统和刮雨器等提供压缩空气。

单塔空气干燥器 A7 输出的压力空气通过单向阀 A14 和总风管到达每辆车的总风缸 A9、制动储风缸 B4、空气弹簧风缸和客室车门风缸。司机室驾驶台上的双针压力表 B29 用白色和红色指针分别显示总风管压力和制动缸压力。

在空气制动系统中，由制动储风缸进入制动控制单元 B6 的压力空气，在微处理机和制动控制单元的控制下，进入各个单元制动机，中间要经过数个截断塞门 B9 和排气（防滑）阀 G1 等。排气阀仅受微处理机的防滑系统控制，在制动和缓解过程中，排气阀仅作为进出制动缸的压力空气的通道而已，不产生任何动作。

此外，总风管还通过截断塞门 B2、减压阀 B12、电磁阀 B19 及双向阀 B20 通向具有弹簧（停车）制动器的单元制动机 C3。这条通路是由司机在驾驶室内操纵电磁阀 B19 来控制停放制动的施行或缓解的，而双向阀 B20 的另一端与一般的单元制动机 C1 相连，这主要是为了防止常用制动与停放制动同时施加而造成制动力过大的安全回路。

二、制动控制单元

制动控制单元（BCU）是电控制动的核心，主要由模拟转换阀（EP 阀）、紧急阀、称重阀和中继阀等组成，如图 9-25 所示。这些部件都安装在一块铝合金的气路板上，如同电子分立元件安装在一块印刷线路板上。同时，气路板上装置了一些测试接口，如果要测量各个控制压力和制动缸压力，只需在气路板上测试，操作简便。此气路板被安装在车底的箱体里，打开箱盖便可以进行整机或部件的测试、检修。

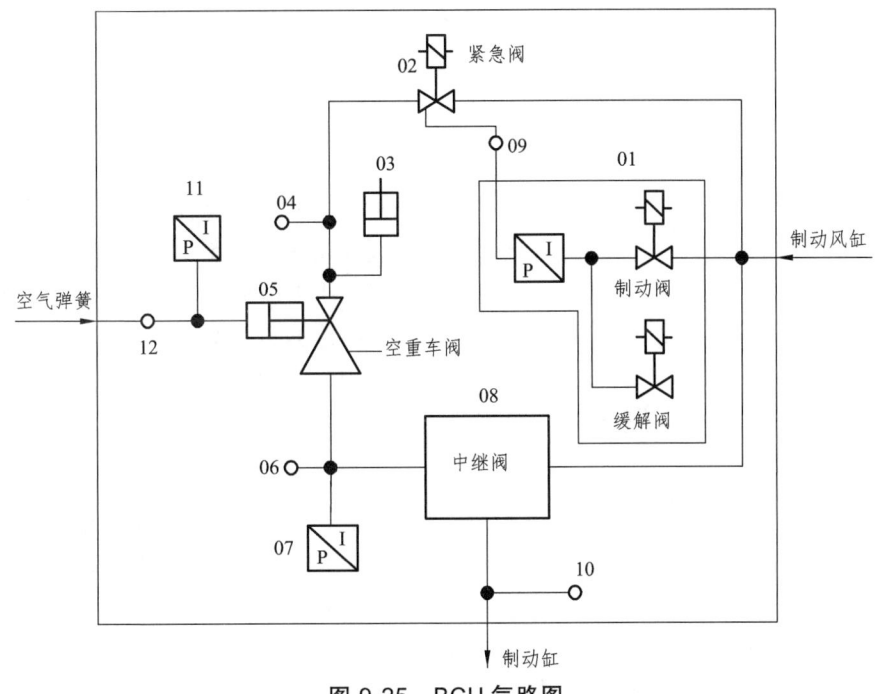

图 9-25　BCU 气路图

1. 模拟转换阀

模拟转换阀又称为电-气转换阀或 EP 阀，是由一个电磁进气阀（类似控导阀）、一个电磁排气阀和一个气-电转换器组成，如图 9-26 所示。当电磁进气阀的励磁线圈接收到微处理机要求提供摩擦制动的电指令时，吸开阀芯，使 R 口引入的制动储风缸的压力空气通过该进气阀转变成与电指令要求相符的压力，即预控压力 C_{v1}，并送往紧急阀（通过它的旁路）。与此同时，具有 C_{v1} 的压力空气也送往气电转换器和电磁排气阀。气-电转换器将压力信号转换成相对应的电信号，马上反馈送回微处理器，让微处理器将此信号与制动指令比较。如果信号大于制动指令，则关小进气阀并开启排气阀；如果信号小于制动指令，则继续开大进气阀，直到预控压力 C_{v1} 与制动电指令的要求相符为止。从模拟转换阀出来的 C_{v1} 压力空气通过气路板内的气路进入紧急阀的 A2 口。

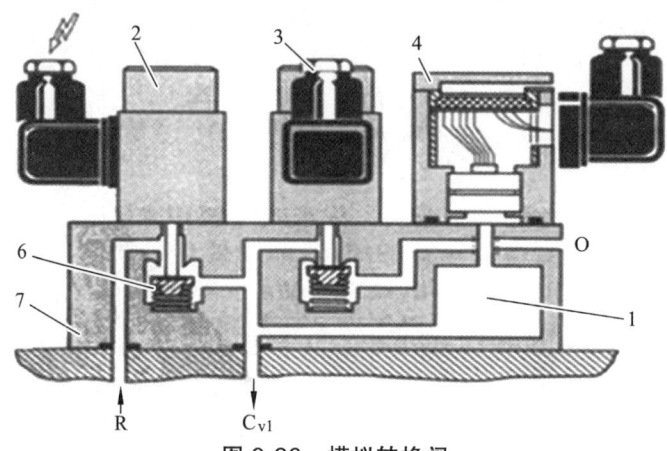

图 9-26 模拟转换阀

1—气电转换器；2—电磁排气阀；3—电磁进气阀（图示线圈处于励磁状态）；4—阀座；6—弹簧；7—阀体；R—由制动储风缸引入压力空气；C_{v1}—预控制压力空气引出；D—排气口

2. 紧急阀

紧急阀实际上是一个二位三通电磁阀，它有三个通路：A1 与制动储风缸相连接，A2 与模拟转换阀输出口相连接，A3 与称重阀的进口相连接。在紧急制动时，紧急阀不励磁，如图 9-27（a）所示，滑动阀受弹簧压力滑向右侧，使制动储风缸与称重阀直接相通，而切断模拟转换阀与称重阀的通路，使压力空气直接通过称重阀作用在单元制动机上。在常用制动时，如图 9-27（b）所示，紧急阀励磁，滑动阀受控制空气压力滑向左侧，使模拟转换阀与称重阀相通，而切断与制动储风缸的通路，这时预控压力 C_{v1} 越过模拟转换阀而直接进入称重阀。当预控压力 C_{v1} 经过紧急阀时，由于阀的通道阻力使预控压力略有下降，这个从紧急阀输出的预控压力称为 C_{v1}'。同样，C_{v1}' 压力空气通过气路进入称重阀。

3. 称重阀

称重阀即空重车调整阀，为杠杆膜板式。称重阀主要用来限制过大的制动力。由于模拟转换阀输出的预控压力 C_{v1} 受微处理器的控制，而微处理器的制动指令本身又是根据车辆的负载、车速和制动要求而给出的。因此，在常用制动中称重阀几乎不起作用，仅起预防作用，预防模拟转换阀控制失灵。而称重阀主要作用是在紧急制动时，压力空气是从制动储风缸直接经紧急阀到达称重阀，中间未受模拟转换阀的控制，而紧急阀也仅仅作为通路的选择，不起压力大小的控制作用。因此，在紧急制动时，预控压力只受称重阀的限制，即为最大的预控压力，如图 9-28 所示。

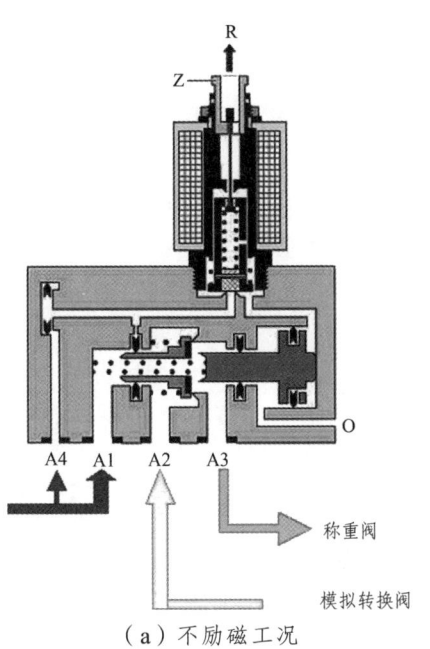
（a）不励磁工况

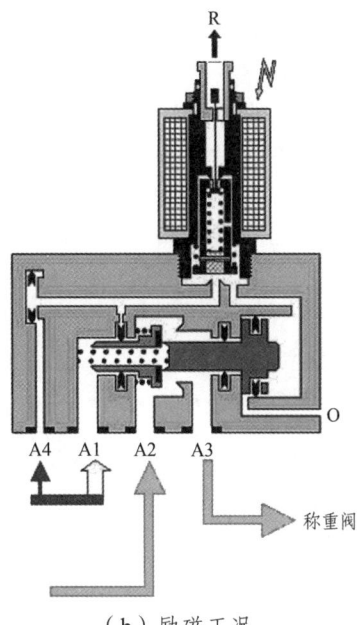
（b）励磁工况

图 9-27 紧急阀两种工况

A1—通制动储风缸；A2—通模拟转换阀；A3—通称重阀；A4—控制空气的通路；O—排气口

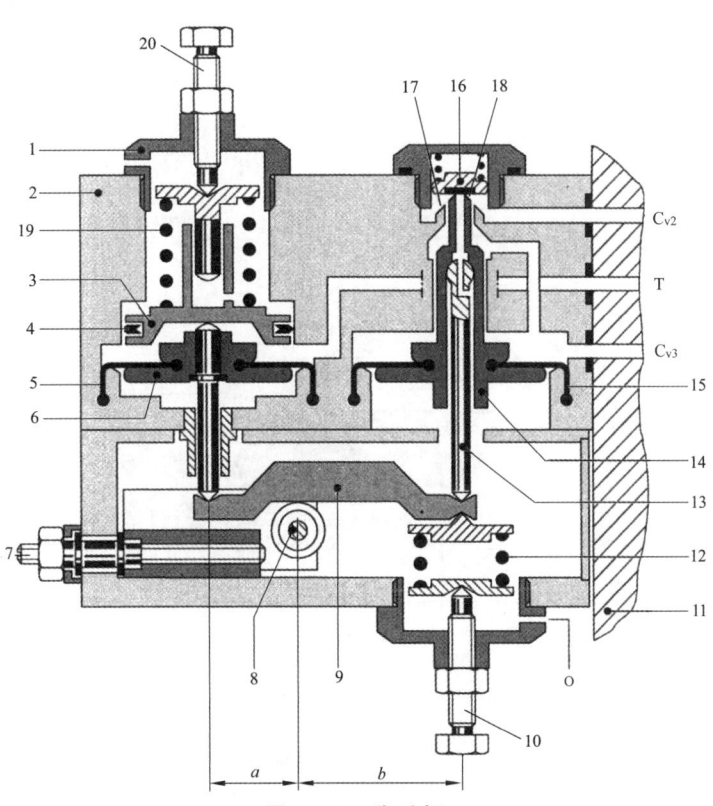

图 9-28 称重阀

1—螺盖；2—阀体；3—从动活塞；4—K 形密封圈；5—膜板；6，14—活塞；7—调整螺钉；8—支点滚轮；9—杠杆；10，20—调整螺钉；11—管座；12，19—弹簧；13—空心杆；15—膜板；16—橡胶夹心阀；17—充气阀座；18—排气阀座

称重阀由左侧的负载指令部、右侧的压力调整部和下方的杠杆部组成。

与车辆负载（车重）成正比的由空气弹簧所输出的具有一定压力的压力空气，经称重阀管座的接口 T、阀内通路冲入活塞和膜板的上腔，在活塞和膜板上形成向下的力，该力通过与活塞连接的作用杆作用在杠杆的左端。

杠杆的支点滚轮的位置可通过调整螺钉进行调整，从而改变力臂 a、b 的大小。由于杠杆左端受力，通过杠杆右端及空心杆的上移，使橡胶夹心阀离开其充气阀座而被顶开，于是，具有预控压力 C_{v2} 的压力空气经开启的夹心阀阀口充入活塞和膜板的上腔，当作用在活塞和膜板上的向下作用力达到某一值，从而使杠杆处于平衡状态时，夹心阀阀口关闭，活塞和膜板上的空气压力为预控制压力 C_{v3}，并经管座的接口及气路板内的通路引向中继阀，C_{v3} 作为中继阀动作的控制压力。

4. 中继阀

中继阀结构如图 9-29 所示。从称重阀经节流孔进入中继阀的 C_v 压力空气，推动具有膜板的活塞上移，首先关闭了通向制动缸的排气阀口（下方的橡胶阀面与排气阀座紧密贴合），然后进一步打开吸气阀（上方的橡胶阀面离开进气阀座），使制动储风缸经接口 R 进入中继阀的压力空气通过该开启的吸气阀口，经接口 C 充入各单元制动缸，产生制动作用。从上述介绍中可以看出，中继阀能迅速进行大流量的充、排气。大流量压力空气的压力变化是随预控制压力 C_v 的变化而变化的，并且互相间的压力传递比为 1∶1，即制动缸压力与 C_v 相等。因此，我们可以把中继阀看作是一个气流放大器，相当于电子电路中的一个电流放大器。当经过节流孔反馈到膜板活塞上腔 C 的制动缸压力与膜板活塞下腔的 C_v 压力相等时，吸气阀口关闭。

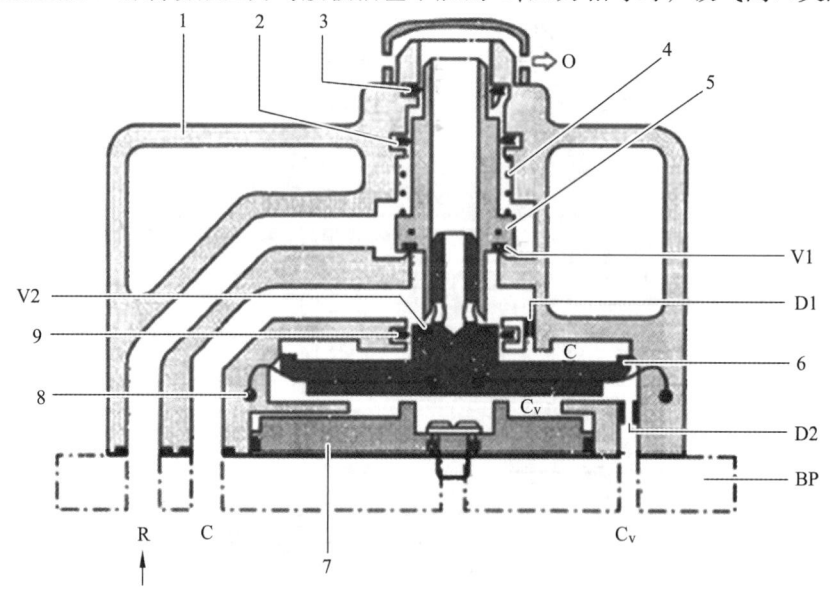

图 9-29 中继阀功能示意图

1—阀体；2，3，9—K 形密封圈；4—弹簧；5—空心导向杆；6—活塞；7—阀底座；8—膜板；BP—安装座；C—接口，通向各个单元制动缸；C_v—来自称重阀的预控压力（空气）；D1，D2—节流孔；O—排气口；R—接口，通向制动储风缸；V1，V2—橡胶阀

如果 C_v 压力空气消失，中继阀活塞在其上方的制动缸压力空气作用下向下移动，于是空心导向杆的下橡胶阀面离开排气阀座，排气阀口开启，使各单元制动缸中的压力空气经开启

的排气阀口、空心导向杆中空通路及排气口 O 排入大气，列车得到缓解。

制动控制单元 BCU 各部件在气路板上的安装位置如图 9-30 所示。

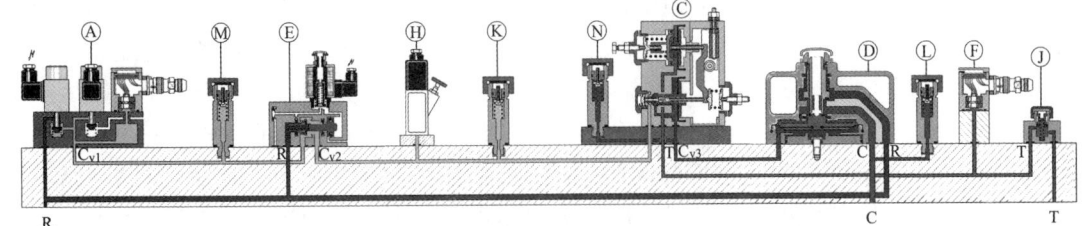

图 9-30　BCU 各部件在气路板上的安装位置图

5. 停放脉冲阀

停放脉冲阀是先导控制的二位五通阀（R、A、P、B、S），用于气电控制回路中。如果电脉冲被触发，则控制腔充气或排气，或按照顺序交替进行。例如，用于单作用风缸或双作用风缸（操作弹簧停放制动、控制门风缸等）。其作用原理是：当电磁铁 1 和电磁铁 2 失电时，城轨车辆处在缓解位，即电磁铁断电，活塞总是处于一个端部位置，如图 9-31 所示，活塞处于左端。进气口 P 和排气口 A 形成通路。

当电磁铁 1 得电时，控制空气经阀座 5 到活塞，使活塞移到右端位。当电脉冲终止时，衔铁同其底座被弹簧压在阀座 5 上，流进活塞的控制空气被切断，活塞仍留在原处（右端位）。操作气流 A 经排气口 R 排入大气。当电磁铁 2 得电时，压力空气驱动活塞运动到左端位。当断电情况下，可以手动操作脉冲电磁阀，按下按钮到停止位，使活塞移到左右两端中的一端，松开手后，按钮复原，活塞停留在原处。

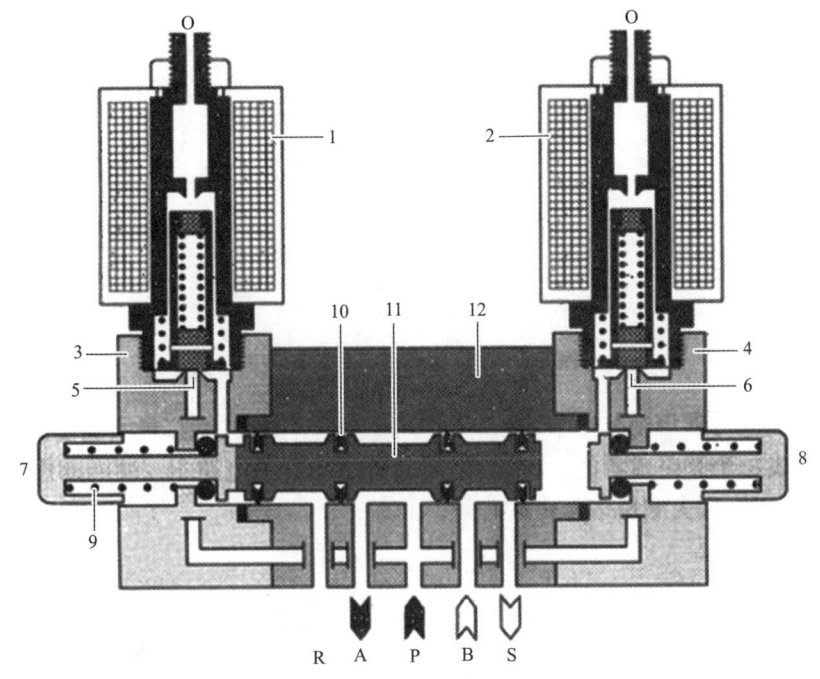

图 9-31　脉冲电磁阀

1，2—阀用电磁铁；3，4—阀盖；5，6—阀座；7，8—手动操作按钮；9—弹簧；10—K 形密封环；11—活塞；12—底阀；A，B—用气设备接口；O，R，S—排气口；P—压缩空气接口

三、微机制动控制系统

制动控制系统有一个用于控制电空制动和防止车轮滑行控制的微处理机,常称为制动微机控制单元(ECU)。它是空气制动管路控制的核心。制动实施时,它接收各种与制动有关的信号(如制动指令值 PWM 信号、电制动实际值信号、载荷信号等),计算出一个当时所需空气制动力的制动指令,并将其输出给 BCU。同时,ECU 还实时监控每根轴的转速,一旦任一轮对发生滑行,能迅速向该轮轴的防阀阀(G01)发出指令,沟通制动缸与大气的通路,使制动缸迅速排气,从而解除该轮对的滑行现象,实现 ECU 对各轮对滑行的单独保护控制。此外,制动微处理机控制系统还具有本车的控制系统故障自诊断功能和故障储存功能。制动微处理机控制系统对每一辆车都是独立的。

ECU 的基本功能:实现了与列车制动相关的各项功能,包括制动力的计算和分配、保压制动的触发、快速制动指令、制动指令值 PWM 信号、载荷压力信号、跃升元件触发器、冲击极限、防滑控制等。

1. 电空制动控制信号

整个制动装置的控制采用二级控制,简述为"电控制空气,空气再控制空气",即"电子控制单元"控制"气路控制单元",控制空气再控制执行空气。电空制动控制系统原理图如图 9-32 所示,图中输入信号的功能如下:

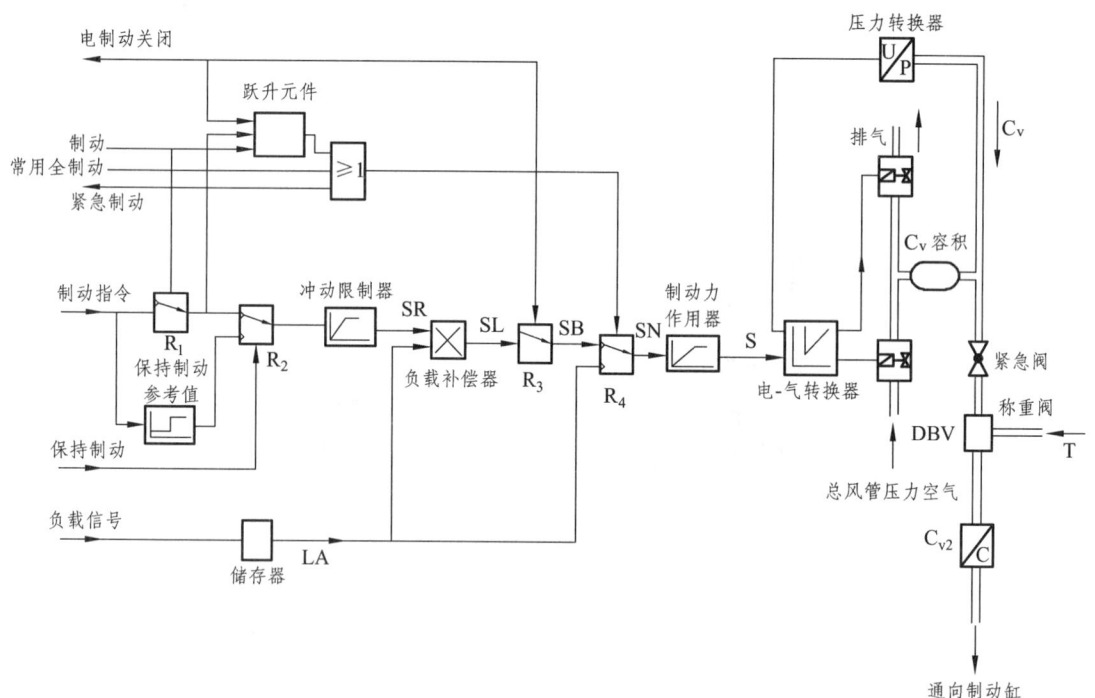

图 9-32 电空制动控制系统原理图

(1)制动指令:此指令是微机根据变速制动要求,即司机施行制动的百分比(全常用制动为 100%)所下达的指令。

(2)制动信号:这是制动指令的一个辅助信号,表示运行的列车即将要制动。

（3）负载信号：这个信号来自于空气弹簧。

（4）电制动关闭信号：此信号为信息信号，它的出现就意味着空气制动要立即替补即将消失的电制动。

（5）紧急制动信号：这是一个安全保护信号，它可以跳过电子制动控制系统，直接驱动制动控制单元（BCU）中的紧急阀动作，从而实施紧急制动。

（6）保持制动（停车制动）：这个信号能防止车辆在停车前的冲动，能使车辆平稳地停止。

第一阶段：当列车车速低于 10 km/h 时，保持制动开始接受摩擦制动力，而电制动逐步消失。在保持制动出现后，电制动的减小延迟 0.3 s。动车和拖车的摩擦制动力只可达到制动指令的 70%。

第二阶段：当车速低于 4 km/h 时，一个小于制动指令的保持制动级开始实施，即瞬时地将制动缸压力降低。这个保持制动的级取决于制动指令，这个制动级与时间有关，由停车检测根据最初的状态来决定。

第三阶段：由停车检测和保持制动信号共同产生一个固定的停车制动级，这个固定的制动级经过负载的修正且与制动指令无关。停车制动的制动级只能随保持制动信号的消除而消除。

2. 电空制动控制原理

电空制动控制原理：当微处理机根据制动要求而发出制动指令时，伴随着也出现制动信号，此信号使开关线路 R_1 导通，这样，制动指令就能通过 R_1 和 R_2 到达冲动限制器，以让其检测减速度的变化率是否过大。通过冲动限制器后的制动指令立即又到达负载补偿器，此补偿器实际就是一个负载检测器。它根据负载信号储存器中所储存的负载大小，检测制动指令的大小，然后将检测调整好的指令送至开关线路 R_3。为了防止制动力过大，R_3 只有当电制动关闭信号触发下才导通，否则是断开的。通过 R_3 的指令又被送至制动力作用器（这里的制动力还是电信号），中途还经过 R_4。制动力作用器将指令信号转化为制动力。为了缩短空走时间。作用器的初始阶段有一段陡峭的线段，然后再转向较平坦斜线平稳地上升，直至达到指令要求。从作用器出来的电信号被送至电-气转换器。这个转换器是将电信号转换成控制电流，再由这个控制电流去控制制动单元（BCU）中的模拟转换阀，并且接收模拟转换阀反馈回来的电信号，从而进一步调整控制电流，这就完成了微处理机对 BCU 的控制。在这过程中，电-气转换器并没有真正将电信号（弱电）转换成控制空气压力，而是控制 BCU 中的模拟转换阀。当然在列车速度低于 4 km/h 时，制动指令将被保持制动的级（与制动指令相对应）所替代。

当列车需要施行常用全制动（即 100%制动指令）和紧急制动时，最大常用制动信号或紧急制动信号可触发一个旁路或门电路，使它输出一个高电频来驱动开关电路 R_4，使制动作用器直接接收负载储存器的信号，从而大大缩短信号的传输时间，并使电-气转换器工作。

需要补充说明的是：制动作用器初始阶段有一段陡峭线段，这是由于跃升元件所导致的。跃升元件是一个非稳态触发器，它可由电制动关闭信号、制动信号及制动指令信号中的任意一个信号将其触发，使它输出一个高电频。同样，这个高电频也可使旁路或门电路触发输出一个高电频，从而使 R_4 动作，导致负载作用器直接接收负载信号，产生了一段陡峭的线段。

四、空气制动系统作用原理

空气制动系统的主要作用是将来自微处理制动控制系统 MBCU（B5/G2）的电子模拟信

号通过 B6 制动控制单元中的模拟转换阀转换成一个与其相对应的预控制（空气）压力，这个预控制压力是呈线性变化的，以后还受到称重阀和防冲动检测装置的检测和限制，最后使制动缸 C1 和 C3 获得符合制动指令的空气制动压力。

制动控制单元的工作原理如图 9-33 所示。

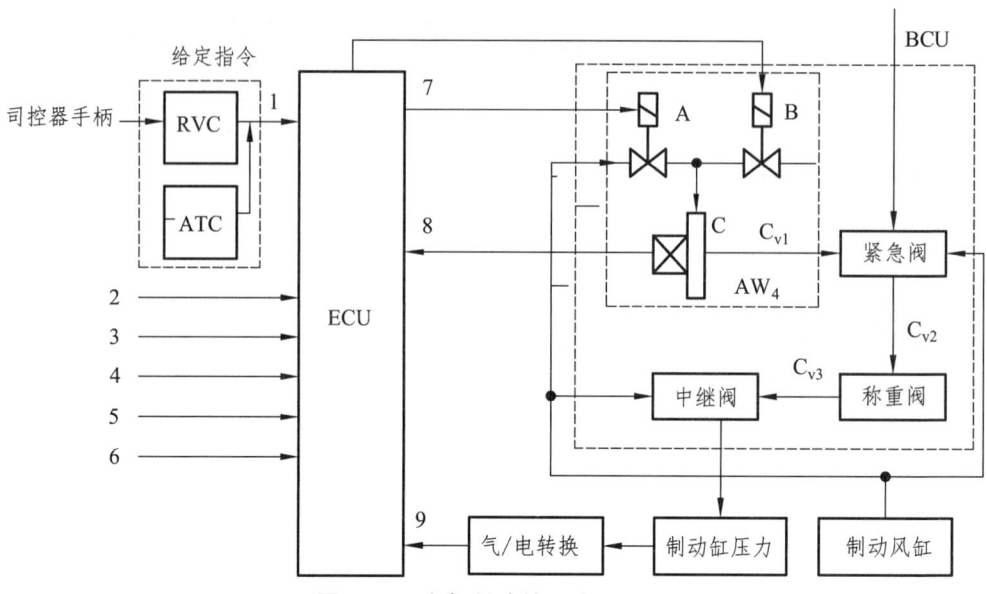

图 9-33 空气制动的工作原理图

1. 常用制动

当模拟转换阀的电磁进气阀的励磁线圈接收到摩擦制动的电指令时，吸开阀芯，使压力空气从制动储风缸接口 R 进入模拟转换阀，并通过该进气阀转变成与电指令要求相符的压力，即预控压力 C_{v1}。由于是常用制动，这时紧急阀处于励磁工况，滑动阀在左侧，接口 A_2 和 A_3 导通，C_{v1} 经紧急阀成为 C_{v2} 由接口 A_3 进入称重阀。称重阀根据车辆负载对 C_{v2} 再次进行调整，输出预控压力 C_{v3}。C_{v3} 进入中继阀后推动具有膜板的活塞上移，打开进气阀，使制动储风缸经接口 R 进入中继阀的压力空气通过该开启的进气阀口，经输出口 C 充入各单元制动机的制动缸，产生制动作用。

同样，制动缓解指令也由微处理机发出，模拟转换阀接到缓解指令后，将其电磁排气阀打开，使预控压力 C_{v1} 通过此阀向大气排出。C_{v2}、C_{v3} 压力空气也都在紧急阀和称重阀输出口消失，中继阀活塞向下移动，排气阀口开启，使各单元制动缸中的压力空气经开启的排气阀口和空心导向杆中空通路及排气口 O 排入大气，列车得到缓解。

2. 紧急制动

紧急制动时，紧急阀处于不励磁工况，滑动阀在右侧，接口 A1 和 A3 导通，从制动储风缸接口 R 传来的压力空气绕过模拟转换阀直接进入称重阀。称重阀根据车辆负载输出最大预控压力，进入中继阀后使制动储风缸的压力空气通过该开启的进气阀口和输出口 C 充入各单元制动机的制动缸，产生紧急制动作用。

五、防滑控制系统

防滑系统是制动控制系统的一部分,牵引微机控制单元 DCU(用于电制动)和制动微机控制单元 ECU(用于空气制动)均有独立的防滑控制系统,在常用制动、快速制动和紧急制动状态下,防滑控制系统均处于激活状态。下面介绍制动微机控制单元 ECU 的组成和工作原理,防滑系统由防滑电磁阀(G01)、控制中央处理器(G02)、速度传感器(G03.1、G03.2)和测速齿轮(G04)等部件组成。

如图 9-34 所示,在每根车轴上都设有一个对应的防滑电磁阀 G01(也称排放阀),它们由 ECU 防滑系统所控制。当某一轮对上的车轮的制动力过大而使车轮滑行时,防滑系统所控制的与该轮对对应的防滑电磁阀 G01 迅速沟通制动缸与大气的通路,使制动缸迅速排气,从而解除了该车轮的滑行现象。该系统通过 G03.1、G04、G05 始终监视着同一辆车上 4 个轮对的转速,并对应 4 个防滑电磁阀 G01。防滑系统有一安全回路,当防滑阀被激活超过一定时间(如 5 s)时,安全回路起作用,取消防滑控制,并产生一故障信号。

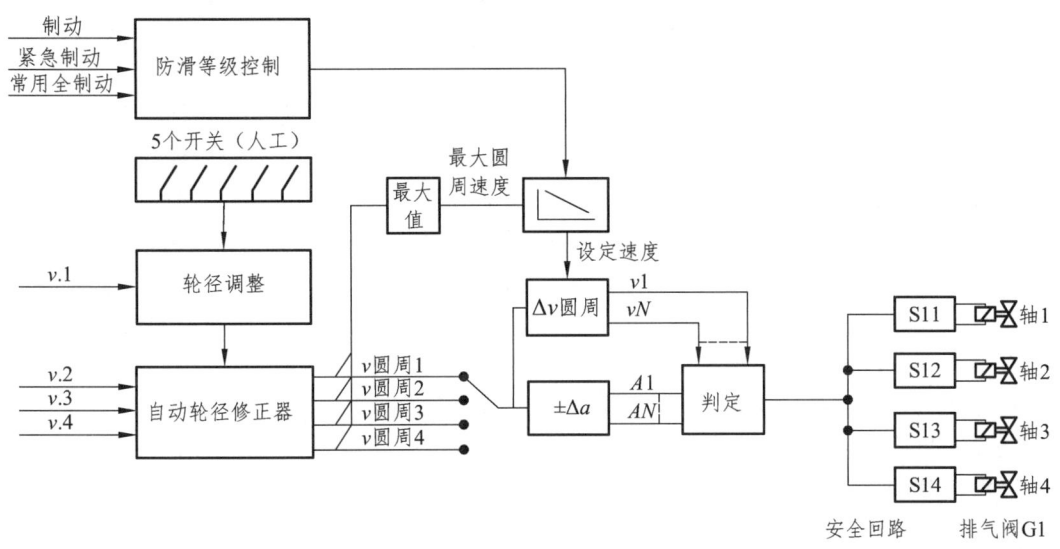

图 9-34 防滑控制原理图

防滑系统用于车轮与钢轨黏着不良时,对制动力进行控制。作用如下:
(1)防止车轮抱死。
(2)避免滑动。
(3)最佳地利用黏着,以获得最短的制动距离。

防滑系统控制车轮的线速度。当黏着不良时,列车的速度和车轮的速度之间将产生一个速度差。防滑系统就是应用这个量对防滑电磁阀 G01 进行控制,从而达到控制车辆的滑行和减速度。具体的控制原理如下:

如图 9-35 所示,列车启动后,防滑系统就对每个轮对的速度不断进行检测,然后形成一个参考速度以取代列车真实速度,并用防滑电磁阀 G01 来控制车辆的滑行和减速度。利用速度传感器测得的轮对的速度和减速度与设定的标准相比较,并与防滑电磁阀的实际指令形成一个筛选矩阵。

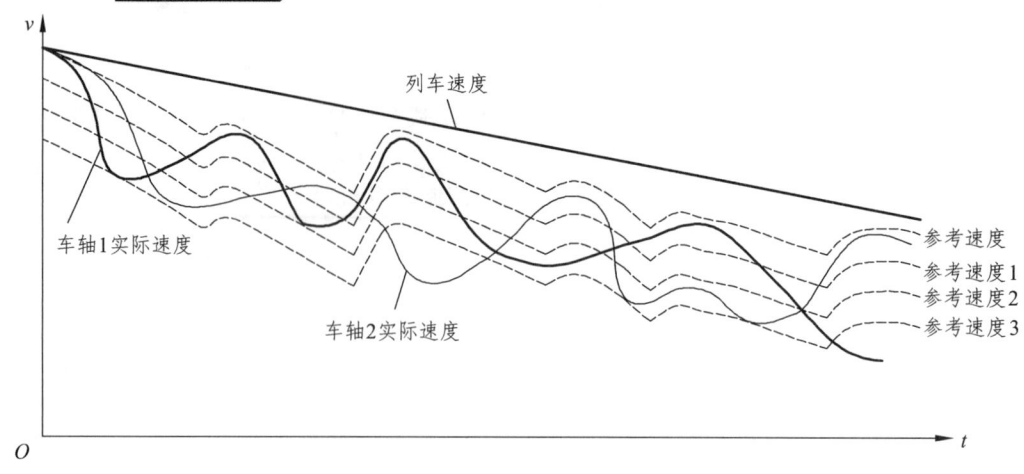

图 9-35 轮轴速度曲线和滑动区域图

滑动标准值 v_1、…、v_n 与某一个相关的参考速度有关,车轮轮径变化的范围内提供一个滑动区域带,而选择的减速度是确定的。当车轮在黏着不良的区域内,防滑系统要能有效地减小制动力,在这种情况下筛选矩阵可产生一个相对于防滑电磁阀 G01 的某一个实际指令(即使电磁阀励磁排气的指令),这样就使相应轴的制动力减小,而其轴速度上升。当轴速度经过一段时间上升到矩阵的另一个开启元素(包含另一个实际指令)时,电磁阀失电,则制动力将会增加。当选择的矩阵元素刚好在参考速度以下的波谷时,则滑动最小。

由于轮对踏面加工直径和磨耗的差别,轮对的线速度有差别,所以在防滑系统中设置了人工轮径调整装置。这个装置就是 5 个开关,利用这些开关分合的不同位置,将车轮直径分成 32 档(3 mm 为一档)。将每辆车的 1 位轴调整到它的规定标准,而其他轴也将会根据轴端的速度传感器传出的速度信号进行自动调整。

参考速度是:在牵引时取 4 根轴中的最大速度,在制动时则取最小速度,然后让其余 3 根轴的速度与其比较,以确定牵引时的空转和制动时滑行,从而防滑控制系统将分别切断牵引回路的电源和打开制动缸的排气阀,以分别消除空转和滑行现象。

【复习与思考】

1. 简述城轨车辆制动系统的特点。
2. 简述制动方式及制动模式。
3. 简述制动机的分类及结构原理。
4. 简述 KBGM 模拟式电气指令制动系统的结构原理。

第十章　城市轨道交通车辆电气装置

【章节描述】

通过本章学习，使学生了解城市轨道交通车辆辅助供电系统的结构与原理，熟悉城市轨道交通车辆监测与控制系统的结构与组成，掌握城市轨道交通车辆乘客信息系统的作用及车载信号系统的组成与分类。

【教学目标】

1. 能力目标

掌握各种车辆供电系统的结构与原理，熟悉城市轨道交通车辆监测与控制系统的结构与组成。

2. 知识目标

掌握城市轨道交通车辆乘客信息系统的作用及车载信号系统的组成与分类。

3. 素质目标

培养城市轨道交通列车驾驶员必须掌握的车辆电气装置的结构知识。

第一节　牵引高压受流

一、系统概述

1. 概　述

城市轨道交通车辆的受流系统高压为 DC 1 500 V，电源来自接触网或车间电源插座。列车运行时，DC 1 500 V 直流电从接触网通过 B 车的受电弓供给车辆的牵引逆变器，静态辅助逆变器通过高压列车线获得 1 500 V 直流供电。

牵引系统包括变流器装置、控制系统、交流电机。每辆动车安装一台牵引逆变器，逆变器由控制系统控制，驱动 4 台交流电机。

2. 系统部件车辆分布

（1）每辆拖车（A 车）上装有以下主要设备：主控制器、司机显示单元、主控制器、编码器。

（2）每辆带有受电弓的动车（B 车）装有以下设备：受电弓、浪涌吸收器、两个主熔断器、带有牵引控制电子的牵引逆变器箱、带有速度传感器的牵引电机、强迫风冷的制动电阻。

（3）每辆不带有受电弓的动车（C、C1车）装有以下设备：带有牵引控制电子的牵引逆变器箱、带有速度传感器的牵引电机、强迫风冷的制动电阻。

二、高压受流与主要组件

所有牵引逆变器、高压列车线、静态辅助逆变器由高压系统供电，高压电源来自接触网与车间电源插座。静态辅助逆变器通过高压列车线供电，只要列车高压电源正常供电并且设备低压电源正常，高压列车线和静态辅助逆变器就投入使用。受电弓从接触网受流，电压为 DC 1 500 V。高压配电系统采用在线路的首端保护的方式，在每个受电弓后面，设过载保护和过压保护。

受流系统由下列部件组成（见图10-1）：受电弓、熔断器箱、浪涌吸收器、受电弓控制盒。

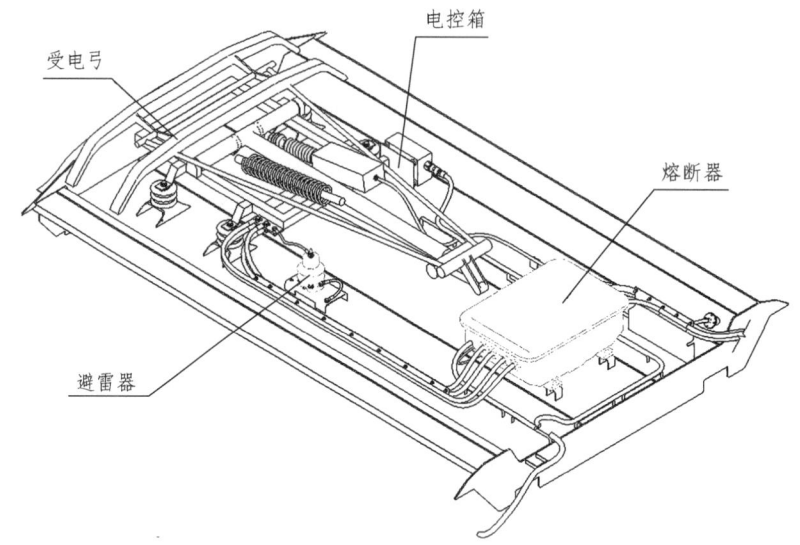

图 10-1　B 车高压受流

（一）受电弓

受电弓结构部件如图 10-2 所示。

1. 下支架

下支架由无缝钢管焊接而成，安装在底架上。安装在下支架上的零部件有：绳索、凸轮、控制杆、阻尼器和上支架座套。

2. 上支架

上支架由无缝钢管焊接而成，在交叉钢索的作用下，实现侧向稳定。安装在上支架上的零部件有：羊角、耦合杆、阻尼器、举升止块。

3. 耦合杆

耦合杆由不锈圆钢管连接而成，旋转钢管可调整受电弓的几何位置。

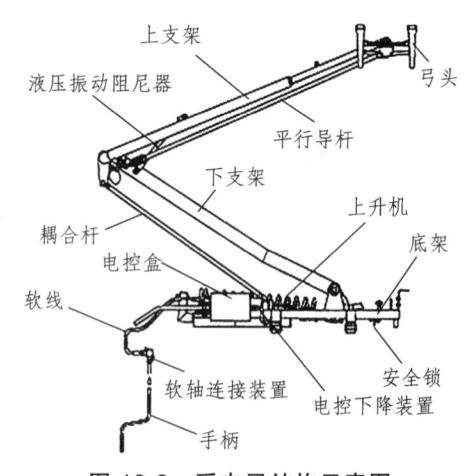

图 10-2　受电弓结构示意图

4. 羊角

羊角安装在炭滑板托架上,叶状弹簧用于支承炭滑板,它们安装在支承盒内。平行导向连接装置可确保炭滑板平行于悬链,支承装置可改善炭滑板的接触特性并减少磨损。支承构件可缓解叶状弹簧水平和垂直方向受力,避免损坏。

5. 平行导杆

当受电弓上升或下降时,平行导杆可防止其羊角变形,其长度等于羊角以悬链方式自由运动时的长度,它能使炭滑板的磨损一致。

6. 举升机构

驱动弹性作用于悬链,使受电弓上升,驱动弹簧通过安装在下支架上的凸轮和钢绳动作。

7. 液压振动阻尼器

受电弓的悬浮是通过位于上、下支架间的液压振动阻尼器来获得的。这样可保证炭滑板与高架电线间的良好接触。其工作范围为 $-40 \sim 80\ ℃$。

8. 电控下降装置

受电弓的下降是通过电控下降机构来完成的。电控下降装置安装在底架和下支架之间,该机构是通过致动器和直流电机驱动的。由弹簧组成的阻尼单元可补偿机械振动,该阻尼单元固定在下支架上,可使受电弓平稳地上下运动。调节螺丝用于调节受电弓的下降位置,致动器的伸缩位置通过调节可调的磁性开关来改变。电控下降装置的下部配备了接地线。

9. 安全锁、安全插销

当受电弓处于静止位置时(如运输过程中),安全锁可防止受电弓向下运动;当受电弓在上升过程时,安全锁通过下降装置自动打开。

安全插销位于底架和上支架间,在静止位置可避免受电弓的上升,在进行受电弓维修时插销必须处于关闭状态。

10. 电控盒

电控盒安装在底架上,通过线缆与电控下降装置和车辆相连,它配备了一些继电器,用于控制电控下降装置和接收电弓的位置信号。

11. 轴连接装置、软轴和手柄

电控下降装置的下面有一根软轴连接于车辆和轴连接装置之间,操作人员在电源出现故障时,可通过车辆二位端右侧拱形罩板内的手柄手动上升和下降受电弓。

(二)熔断器箱(见图 10-3)

1. 部件组成

熔断器箱的部件组成有:具有防尘防水功能的箱体、一个高压检测继电器 HVDR、高压熔断器、高压设备的绝缘子、接地电缆。

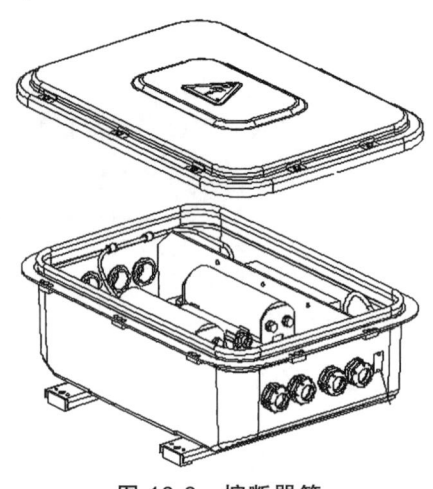

图 10-3　熔断器箱

2. 技术参数

每个熔断器箱（见图 10-4）具有以下功能：

（1）保护列车的 1 500 V 电源网络过载、短路。

（2）通知 TCMS 列车的主熔断器发生了故障（如过载、短路等）。

（3）通知列车控制监测系统（TCMS），通过高压检测继电器指示列车 DC 1 500 V 电压有效可用，或者无 DC 1 500 V 电压，或者 DC 1 500 V 电压低于/超过正常值。

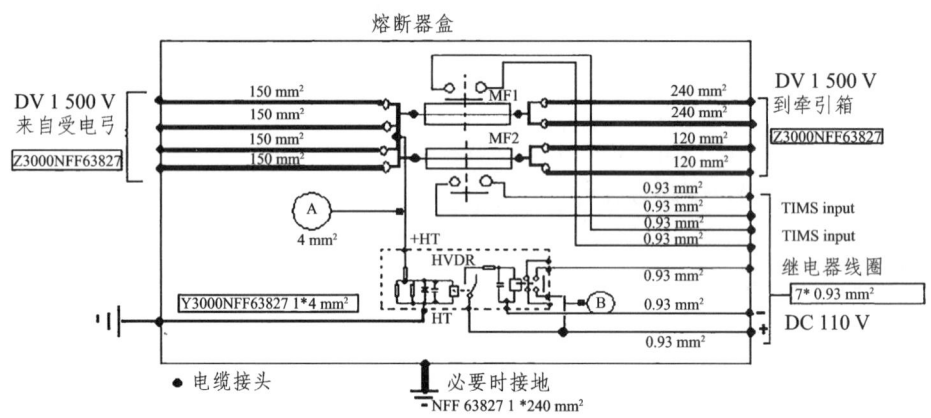

图 10-4　高压熔断器箱电气接口

3. 高压检测

当受电弓升起，接触网正常供电，高压检测继电器（安装在 B 车车顶的熔断器箱内）检测到高压电。该继电器安装在受电弓支承架上，其线圈与高压电阻串联，由电池供电的二级继电器与安装在车顶的高压检测继电器的一个触头形成通路。电容用于减小受电弓跳弓时引起的浪涌电压。TCMS 通过两个信号的"或"逻辑向司机台报"高压存在"信号。

4. 保　护

高压配电系统采用在线路的首端保护的方式，在每个受电弓后面，设过载保护（主熔断器 MF1 保护 B 车，MF2 保护 C 车）。主熔断器带有一个微动开关的小熔断器，这个装置可以监视主熔断器的状态，微动开关通过导线连接在低压侧，连接时要确保和高压有足够的绝缘距离，通过微动开关可以向高压监测继电器输送状态信号。

5. 浪涌吸收器（避雷器）

采用聚合材料的直流牵引浪涌吸收器，额定电压 2 000 V，爬电距离 246 mm，用于过电压保护。

三、牵引系统与主要组件

1. 牵引整体结构

动车牵引系统主要部件有：一个牵引逆变器箱、一个线路滤波电抗器、一个变流器装置（OCU）、一个制动电阻和四台牵引电动机，如图 10-5 所示。

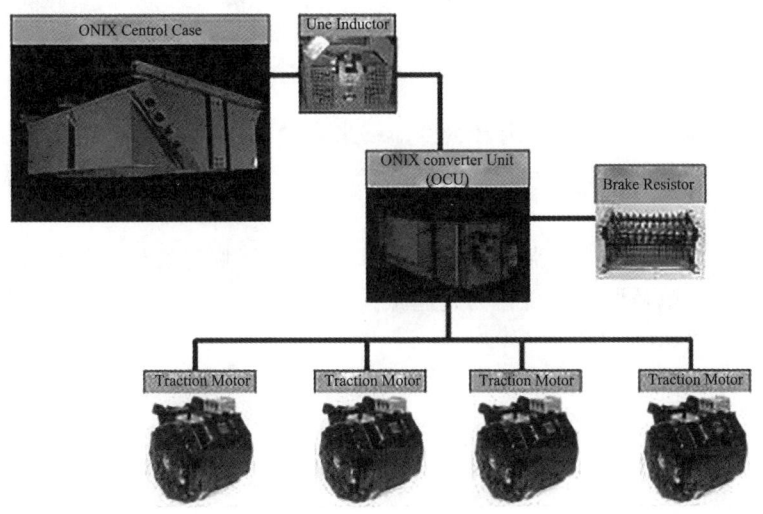

图 10-5 牵引整体结构

2. 牵引系统组成

（1）牵引逆变器箱。

逆变器类型：变压变频（VVVF）三相交流，带有电阻制动斩波器。

开关元件：带反向并联二极管的绝缘栅双极型晶体管（IGBT）。

（2）制动电阻器。

（3）线路滤波电抗器。

（4）牵引电机。

（5）主控制器：包括旋转模式选择开关、线性牵引/制动操作杆、钥匙开关和警惕按钮。

（6）PWM 编码器。

（7）高速断路器。

3. 牵引主要组件概述

牵引逆变器箱内的多个标准箱体被安装在一个构架上（见图 10-6），并通过连接组件连接在一起。

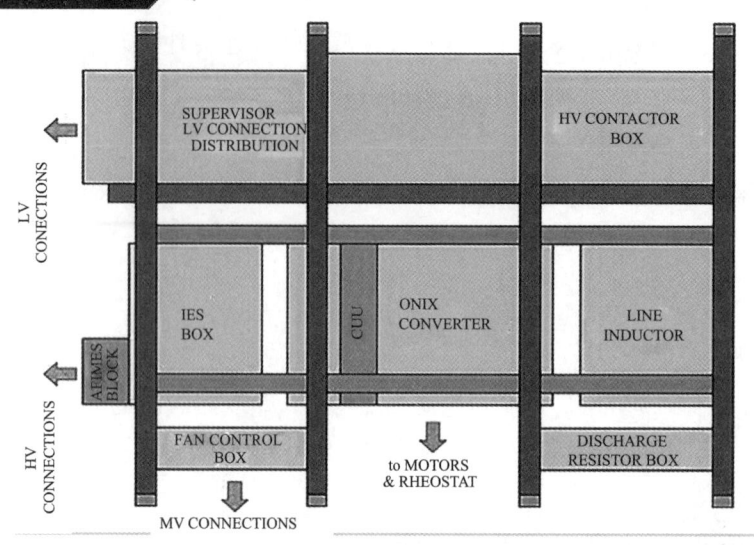

图 10-6　牵引逆变器箱

（1）输入电感器（L-FL）。采用自然冷却，来自牵引逆变器的气流从电感器上方通过，对其进行自然对流冷却。LC 输入滤波器可在发生电压浪涌时保护牵引逆变器，而且还能提供稳定的直流电源。

（2）制动电阻器：采用空气强制冷却，直接安装在车辆底架上，电阻值为 1.7 Ω。制动电阻内有一个惠斯通电桥监测装置作为超温报警，监测装置的信号传送给 PCE。

（3）变流器装置（OCU）。

（4）IES 逆变器接地开关箱。

（5）风扇控制箱：包括冷却接触器、MCBs、MCBs 的 OCU 风扇、冷却制动电阻的风扇。

（6）高速断路器（HSCB）箱。

（7）高压接触器箱。

（8）牵引控制电子（PCE）。

4. 主电路结构（见图 10-7）

（1）来自受流装置的 DC 1 500 V 电源通过逆变器接地开关（Q-IES）输入至牵引箱内，牵引箱的接地开关（辅助逆变器的隔离使用 B 车 Q-IES）有两种开关，分别是 B 车的三极开关和 C 车的二极开关，在 B 车上安装有车间电源插座。辅助熔断器（F-AUX）、辅助总线熔断器（F-AUXBUS）和辅助二极管（D-AUX）安装在 IES 箱内部。辅助二极管（D-AUX）防止 1 500 V 辅助线路回流到牵引逆变器；辅助熔断器（F-AUX 和 F-AUXBUS）保护辅助逆变器的电缆和 1 500 V 传输的辅助线路电缆。辅助总线熔断器和辅助二极管安装在 B 车上。因为有多个辅助总线熔断器，所以要对辅助总线熔断器的状况进行监测，从而有助于发现故障。

（2）电流平衡继电器（CBR）测量牵引系统变流器的输出及回路电流，可以比较输入和输出的直流电流，如果差值超过门槛电流值，CBR 的接点将直接打开 HSCB。HSCB 控制板控制 HSCB 闭合或打开。LVMD 检测 HSCB 侧的线网压，熔断器保护电缆。当主电路发生故障时，通过断开 HSCB 进行保护。

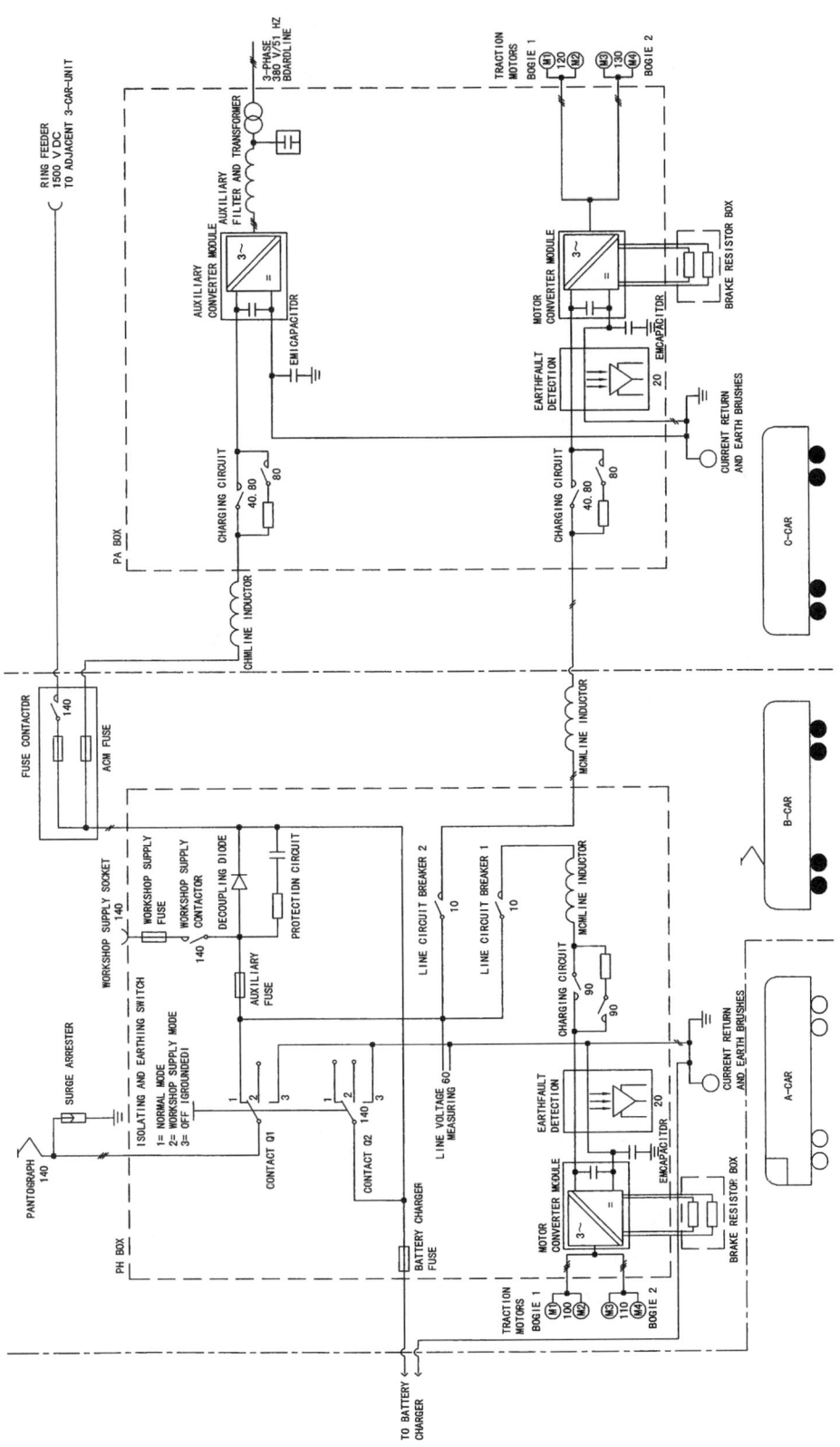

图 10-7 系统主电路图

（3）当 DC 1 500 V 进入牵引箱时，通过预充电接触器（K-CCC）和预充电电阻对滤波电容软充电，限制输入滤波器的冲击电流，保护内部设备。当输入电压达到 900 V 后，线路接触器（K-IC）闭合，而预充电接触器断开。线路接触器（K-IC）负责断开和连接牵引逆变器及网压，在没有工作时和紧急制动时自动断开。

（4）每个逆变器的电抗器和主电容一起，组成一个低通滤波器，减少了逆变器对通信信号的干扰，同时保护瞬时高电压对逆变器的破坏。ONIX 变流器装置（OCU）将 DC 1 500 V 直流电压逆变成供三相电机使用的交流电，驱动三相电机。

5. 牵引系统电气接口（见图10-8）

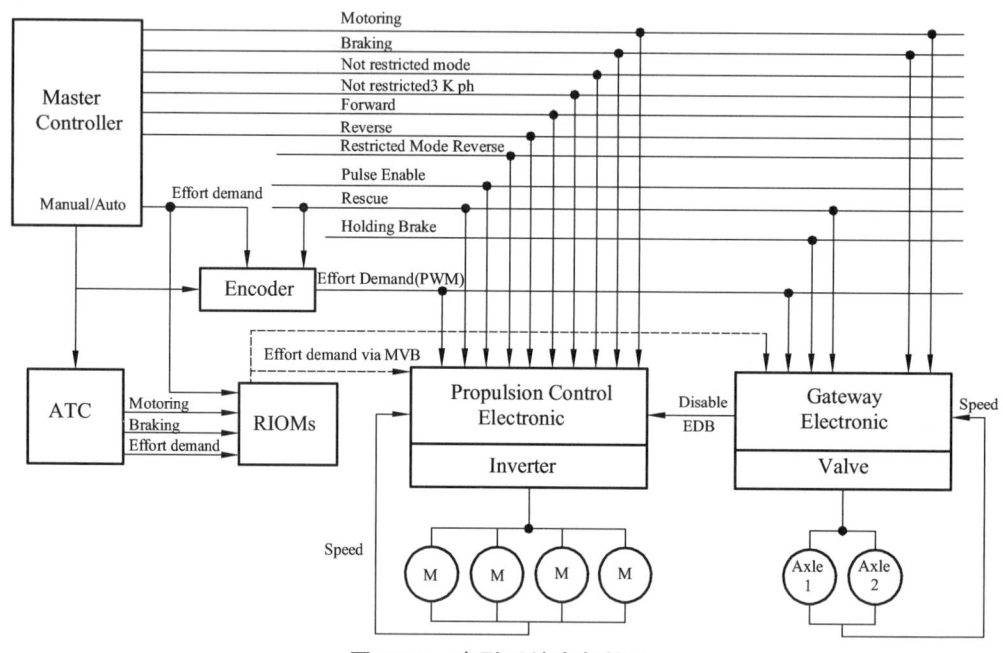

图 10-8　牵引系统电气接口

（1）高压电经受电弓后直接供应牵引逆变器，牵引系统把从受电弓获得的 1 500 V 直流电压逆变成供三相电机使用的交流电，用于驱动 4 个电机。列车控制监控系统（TCMS）接收司控器或 ATC 信号，通过控制单元 PCE 来实现对牵引和电制动的控制，PCE 通过 MVB 网络将信息提供给 TCMS，牵引和电制动接收 ATC 或 TCMS 的驾驶模式、运行方向、牵引、制动和停车指令。

（2）在使用列车救援模式（紧急牵引模式）时，牵引系统接收司控器通过硬线与编码器产生牵引和制动的指令与要求。

（3）在制动时，牵引电制动与摩擦制动之间有接口关系，以便提供最大制动效果。高电压供给牵引电机，低电压供给控制和监视单元，中间电压供给冷却风机。

（4）牵引系统与其他系统的接口可分为列车 TCMS 网络接口、列车控制信号列车线接口、制动信号接口。

如果"限速模式"列车线未激活，执行限速模式，"限速模式"指令和运行速度一起决定电机转矩大小，使得前行速度限制在 25 km/h，后退速度限制在 10 km/h。"限速 3 km/h 模式"

列车线未激活，执行限速 3 km/h 模式，"限速 3 km/h 模式"指令和运行速度一起决定电机转矩大小，使列车运行速度限制在 3 km/h 以下。当"限速模式"列车线和"限速 3 km/h 模式"列车线同时处于激活状态时，列车运行速度将不受限制。

6. 列车运行

驾驶时通过激活"牵引列车线"发出牵引指令。牵引列车线要综合考虑以下信息：制动缓解信息、门关闭和门锁到位信息和零速信息。在网络模式下控制牵引/电制动力大小的信号被 TCMS 收集，由 MVB 网络完成牵引命令的传输，PCE 触发 IGBT，驱动电机。在使用列车救援模式时，控制牵引/电制动力大小的信号被编码器编译成 PWM 信号，PWM 信号由 PWM 列车线输出。

（1）牵引。牵引时，ONIX 变流器装置通过 6 个开关元件的 IGBT（绝缘栅双极晶体管）向 4 台牵引电机提供变压变频交流电。逆变器可在高频率下运行，功率器件的开启时间可以调节，使逆变器输出三相交流电频率和电压发生变化。逆变器的输出电流，由两台电流监控装置（INV-CMD1 和 2）进行监测。

（2）电制动。电制动分为电阻制动和再生制动两种。电阻制动采用斩波器实现变阻制动，这样在不依赖线电压的情况下，持续进行电阻制动；在标准工作模式下，可根据预先设定的电流限值，进行再生制动。

（3）载荷重量补偿/冲动极限。主控制器与 ATC 通过接口，产生所需的牵引和制动力，并通过监控器的电子设备进行分析，然后根据车辆重量进行修正以控制车辆的加速度。载荷重量的信息是通过 MVB 网络中的 TCMS 传送至 PCE，为了达到较好的牵引效果，同时兼顾冲击极限的限制，牵引力应考虑载荷重量。动车上电机的运行速度受 PCE 的监控（每车 4 台电机），PCE 根据所需的牵引和制动力的额定值对其进行限制，以确保列车的正常运行。

（4）防空转/防滑保护。PCE 的电子设备包括了一个空转/滑行检测系统，通过检测车轮加速度、车轮速度差和车辆的基准速度，可以进行防空转/防滑保护。

若车轮产生空转，应减少牵引力（即扭矩），使车轮能贴紧钢轨，空转消失后，可通过两个阶段增大扭矩。如果在重新施加扭矩时再次产生空转，则降低所需的牵引力（或扭矩），系统会调节所需的扭矩，从而尽量使车轮能充分贴紧钢轨。

列车制动时，当 PCE 检测到车轮出现滑行时，电制动力快速减小直到滑行消失，车轮滑行应在 10 s 内消除。在延时 10 s 期间内，防滑器保护功能被切除。当车轮滑行被摩擦制动检测到时，它将给 PCE 发送一个"切除电制动"信号，电制动迅速减小，从而消除车轮产生的滑动。

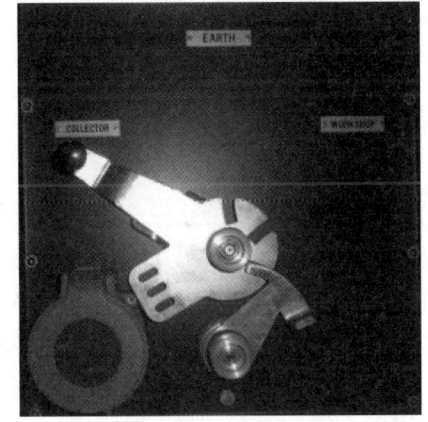

图 10-9　IES 开关

7. 车间电源插座的使用

供电电源由高压供电转换开关（IES）的位置选择。高压供电转换开关有 3 个位置：接触网位、车间电源插座 WOS 位、接地位，如图 10-9 所示。

当车辆停在车库内时，B 车可通过车间电源插座（WOS）外接电源供电。用外接电源供电时，只可以按程序启动辅助逆变器而不允许启动牵引逆变器。车间电源插座 WOS 不允许任何牵引装置使用，同时禁止升起受电弓。

8. 编组的列车辅助电源

编组的列车辅助电源功率（包含电池充电器）大约为 240 kvar，维修人员将高压电缆插进车间电源插座 WOS 的两个插孔中，将高压供电转换开关 IES 转到"车间电源"位置，然后将车间电源合上。

接地开关 IES 可使牵引逆变器箱和静止逆变器箱的高压设备同高压供电网络电源隔离，接地开关在"接地"位时可用锁锁上，接地通过转向架接地。

第二节　辅助供电系统

一、系统概述

高电压由接触网供给整个列车的设备。高电压被用于牵引系统和静止逆变器，通过静止逆变器再转换成中压（AC 400 V/230 V）和低压（DC 110 V）。

受电弓从接触网获得电能提供给列车，每辆 B 车有一个受电弓。6 节编组列车安装有两个受电弓。如果一个受电弓故障或保险丝故障，列车也能通过一根 1 500 V 的电缆提供电流给整个列车的静止逆变器，或利用安装在每个 B 车的车间电源（WOS）供逆变器工作。

（1）所有 1 500 V 用电设备都有良好的接地安全措施，接地前要保证受电弓必须落下且车间电源没有使用。

（2）当车间电源被使用时，降弓列车线被激发。

（3）静止逆变器安装在 A 车上。

（4）每一个静止逆变器箱都产生一个三相四线供电方式。中压提供给空气压缩机、空调、LCD 系统、牵引、辅助逆变器风扇和正常客室照明（280 V）。

（5）低电压是从中间电压转换而来的。低电压用于车门、紧急照明、紧急客室通风、通信、列车控制和数据处理。

二、中间电压的产生和分配

（1）中压由静止逆变器输出。每一个静止逆变器提供一个独立的三相四线电压。

（2）一旦三相电压可用，相应的负载供电按以下的启动优先权启动。空压机总是优先启动，并发送一个已启动信号给 TCMS。DCH 给出牵引信号，牵引箱风扇和制动电阻风扇开始启动。其他负载（如客室空调）的启动顺序由 TCMS 给定，并考虑以前启动的顺序。

（3）每一个静止逆变器提供一个独立的网路。每个静态逆变器供应半列车的负载，当其中一个静态逆变器故障时，通过 MVCPK 联络开关转换实现整列车的供电，此时整列车的负载由一个静态逆变器提供。

三、低电压的产生和分配

（1）低压由静止逆变器输出和蓄电池提供，提供两根低压线：在休眠模式下供应的负载为永久低压线和供给其他负载的预备低压线。预备低压线在休眠模式下不供电。

（2）蓄电池能够从低压配电网络中通过安装在 A 车低压箱和蓄电池箱中的开关手动断开。

（3）在唤醒模式时，静止逆变器不工作，蓄电池可以提供 45 min 应急通风和应急照明。在此之后，应急通风被切断，并继续供电至少 5 min。当蓄电池电压低于设置点（大约 84 V）自动转为休眠状态。

（4）每一个静止逆变器给相应的蓄电池充电。每一个静止逆变器都能保护并防止电流从蓄电池回流。每一个静止逆变器箱体都有防止电流由预置低压线向持久电压线流动的二极管。蓄电池安装在每个 A 车上。

第三节　列车监测与控制系统（TCMS）

一、系统概述

（一）TCMS

TCMS 是列车监测与控制系统的简称，属于"列车管理系统"的一部分，其作用是使各个"控制和监测系统"功能整合在列车中，实现列车的各项自动化功能，以及储存设备故障信息，便于维护检修作业，如图 10-10 所示。

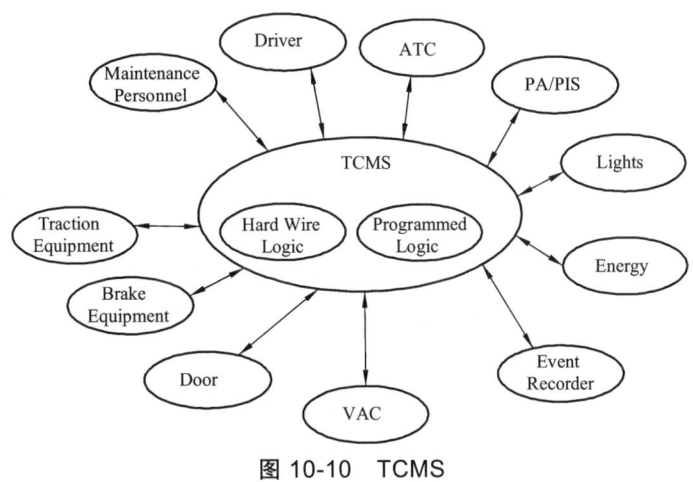

图 10-10　TCMS

（二）网络结构

TCMS 网络是由 MVB 车辆总线构建，如图 10-11 所示，图中红色双线为 MVB 网络，黑色双线为 EP2002 的 CAN 网络，绿色单线为 RS485 串行总线。

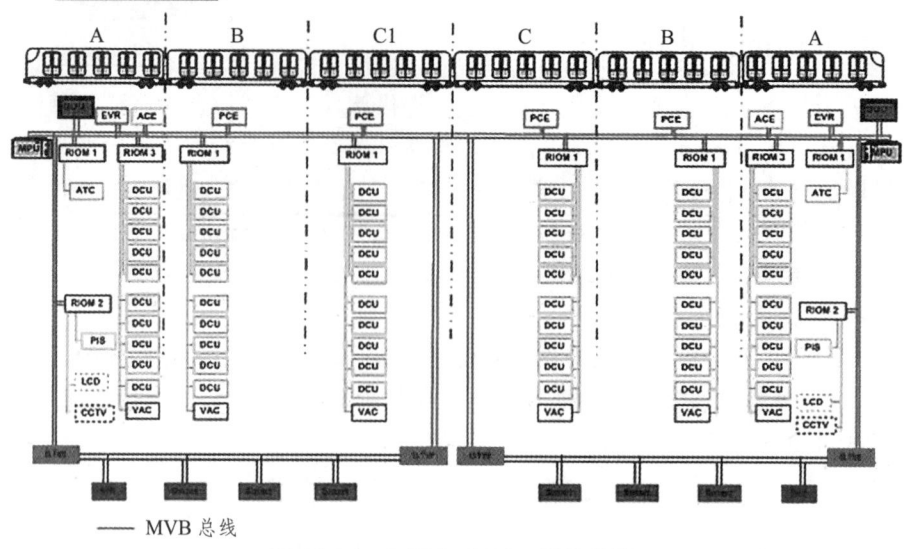

图 10-11　6 辆车 TCMS 网络结构

（三）车辆网络简介

1. MVB 总线

MVB 是多功能车辆总线的简称，属于现场总线，也是工业控制的一种。工业控制从机械控制，到继电控制、硬连线控制带自动网络监视，以及目前采用的网络控制模式。国内地铁列车网络主要是在 21 世纪开始广泛使用的。

列车网络系统是现代化列车的"大脑"，在轨道交通行业中的应用也越来越广泛。MVB 总线的物理层采用 EMD（中距离传输介质），使用双绞屏蔽线，最多支持 32 个设备，最大总线长度 200 m。

MVB 的物理层采用冗余铺设，数据传输稳定，抗干扰能力强。总线上主要传递一类状态变量，这种数据类型占用的字节很小，是周期性发送的，对于整个车辆网络来说是以广播的类型发送，如车门闭锁的状态、车速等。如果信号有错，或者丢失了字节，那么以下各周期的信号作为补充。

2. CAN 总线

EP2002 内部阀之间采用的是 CAN 总线协议，CAN 总线是从 20 世纪 80 年代初开发的一种串行数据通信协议，它是一种多主总线。EP2002 中 CAN 网的通信介质是双绞线，通信速率可达 1 Mb/s。网络上任何一个节点均可在任意时刻主动地向网络上其他节点发送信息，而不分主从。其报文格式固定，抗干扰能力强，是最常用的现场总线之一。EP2002 系统通过网关阀与 MVB 列车网络相连。

3. RS485 总线

作为车辆网络上较低级别的通信协议，它只能承担一些数据量较小、距离较短（大约 50 m）的信息传递功能。但是由于其造价低廉，易于实现的优势，在车辆上也有较为广泛的应用。空调、车门、PIS、CCTV、LCD 与 TCMS 的通信功能大多使用 RS485 接口实现。

二、系统组成及重要部件介绍

（1）主处理单元（MPU），如图10-12所示。

图 10-12　主处理单元

（2）远程输入输出单元（RIOM）。
（3）驾驶显示控制单元（DDU），如图10-13所示。

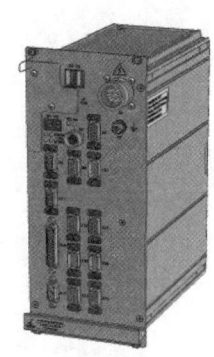

图 10-13　驾驶显示控制单元

（4）牵引控制电子装置，如图10-14所示。
（5）辅助控制电子装置，如图10-15所示。

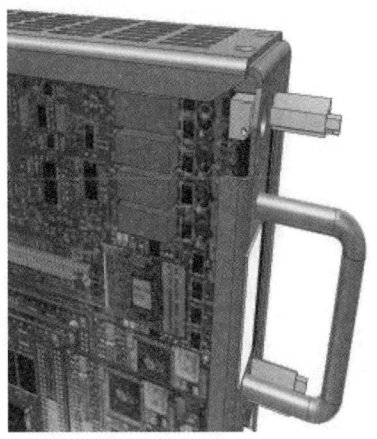

图 10-14　牵引控制电子装置　　　　图 10-15　辅助控制电子装置

三、司机显示单元 DDU 界面

DDU 由触摸 LCD 彩色屏和信息处理模块组成,为 TCMS 功能构成主要的入口点。它通过司机或维护人员获得命令进入屏幕,显示数据,与 MPU 通过网络进行通信,如图 10-16 所示。

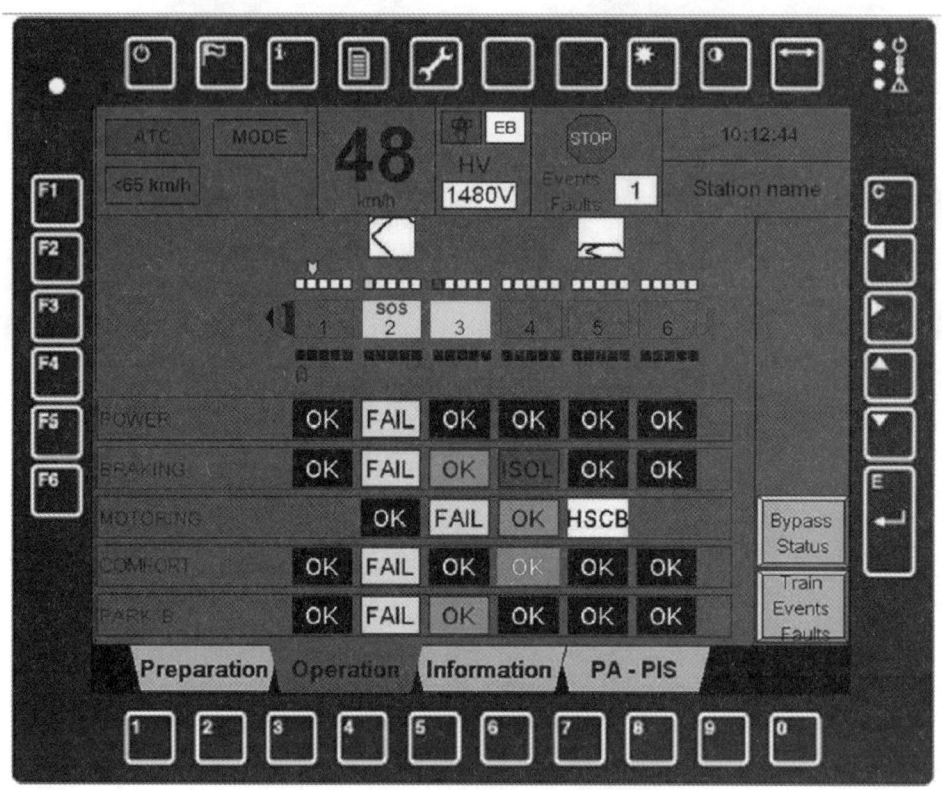

图 10-16 司机显示单元 DDU 界面

第四节 乘客信息系统

一、系统概述

(一)系统简介

该系统是一种列车综合性系统,提供一套直接向乘客广播和面向操作人员的乘客信息系统以及通信设备。它包括两个子系统:通信设备和乘客信息显示系统。

乘客信息服务系统由下列设备组成:列车显示和广播系统控制单元、乘客广播通信单元、司机语音通信单元、乘客紧急对讲单元、LED 动态地图显示单元、内部 LED 显示单元、扬声器。

（二）设备的功能

ACSU：列车显示和广播控制单元、通信设备主控单元和列车系统网关控制单元，提供通讯设备的音频交换和信号控制等。

CAN 网络区域控制：实时多路传输通信信号，是现场总线协议的一种。

DACU 司机语音通信设备：提供列车司机不同的通信方式和操作接口。

LMDU 电子地图：提供列车运行线路显示。

IDU 内部显示单元：LED 显示面板安装在客室两端，用于显示列车运行信息和预先录制的信息。

乘客广播扬声器：位于列车车厢和司机室。

PACU 乘客广播通信单元：提供扬声器放大音频信号和音频控制及语音信号。

PECU 乘客紧急报警单元：乘客与司机紧急通信。

1. 乘客信息显示系统

乘客信息显示系统通过安装在车厢的 LED 动态地图显示器和文字显示器提供高质量的乘客视觉信息，并将下列信息显示给乘客：路线地图实时显示 LMDU、文字显示器 IDU。

2. 车辆间的内部连接

（1）车辆间的乘客信息显示。

ACSU 作为车辆间的乘客信息显示的中央处理器，实现如下功能：由列车通信网络（TCMS）经列车显示与广播控制单元（ACSU）的乘客信息显示。

（2）两列车连挂。

ACSU 作为重联列车通信的中央处理器，实现如下功能：内部通信、乘客广播。

（3）优先级。

通信设备提供五大类必要的语言信息。这五类通讯模式如下：驾驶员之间对讲、驾驶员与乘客紧急内部通信、OCC 对乘客广播、驾驶员对客室人工广播、数字自动广播（见表 10-1）。

表 10-1　五大类语言信息

优先级	操作	操作和标准
1	司机室对讲	当按下复位按钮，驾驶室与驾驶室间的通话即结束
2	客室紧急通信	当按下复位按钮，本次通话结束
3	控制中心广播	通过无线电的 OCC 广播信号结束
4	司机室广播	当驾驶员再次按下紧急对讲按钮时，对乘客的广播即结束
5	其他广播信号	当 ACSU（从串行连接中接收到适当的信息）发出结束数字广播的信号

二、系统结构

1. 列车显示和广播控制单元

ACSU 的前面板图如图 10-17 所示。

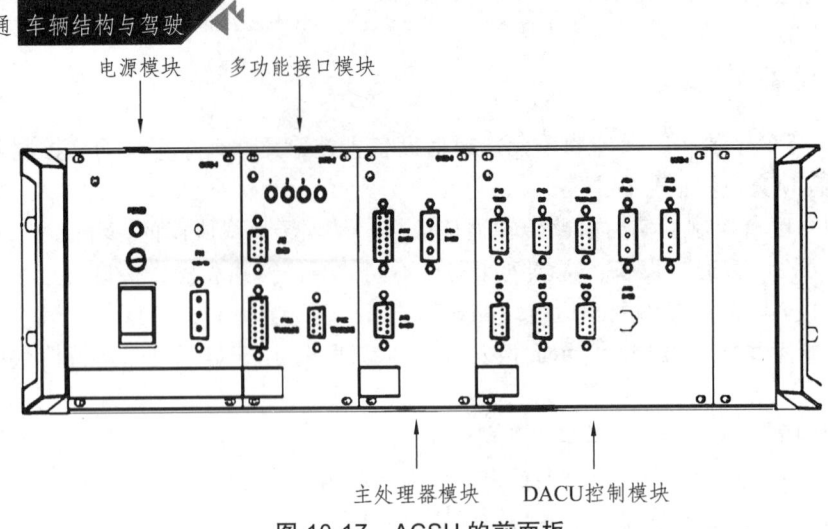

图 10-17 ACSU 的前面板

2. 乘客广播通信单元

PACU 的前面板图如图 10-18 所示。

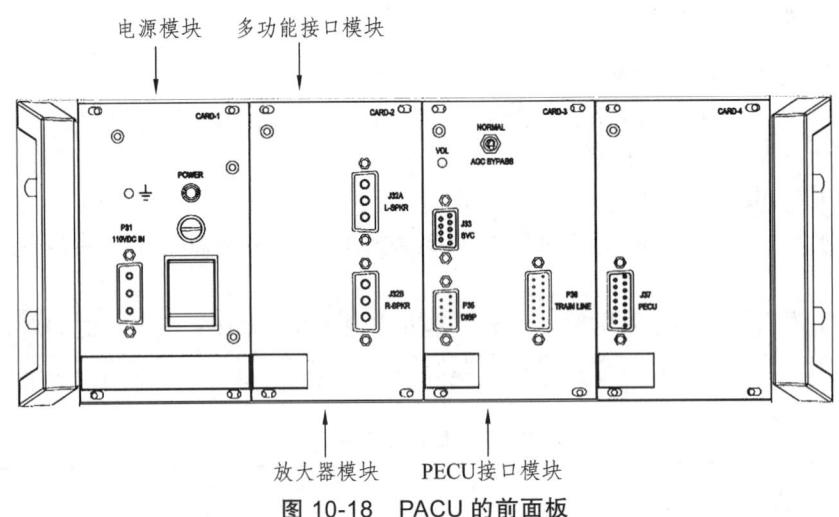

图 10-18 PACU 的前面板

3. 驾驶广播通信单元

　　DACU 提供司机操作面板的人机接口单元到 ACSU。DACU 安装在司机操作台上,由指示灯按钮、手持式麦克风组成。按钮与指示灯指令通过串行连接方式在 DACU 和 ACSU 之间传递,如图 10-19 所示。

　　(1)通过 DACU 完成如下功能:采集按钮操作数据,并将数据传递给 ACSU。从 ACSU 接收使用数据。放大麦克风信号到合适的级别用以驱动 ACSU 的语音线路。

　　(2)DACU 操作面板由以下按钮组成:乘客广播-带绿色 LED 灯、司机对讲-带绿色 LED 灯、紧急对讲-带绿色 LED 灯、紧急对讲复位-带红色 LED 灯、确认-带绿色 LED 灯、音量控制旋钮以及麦克风。

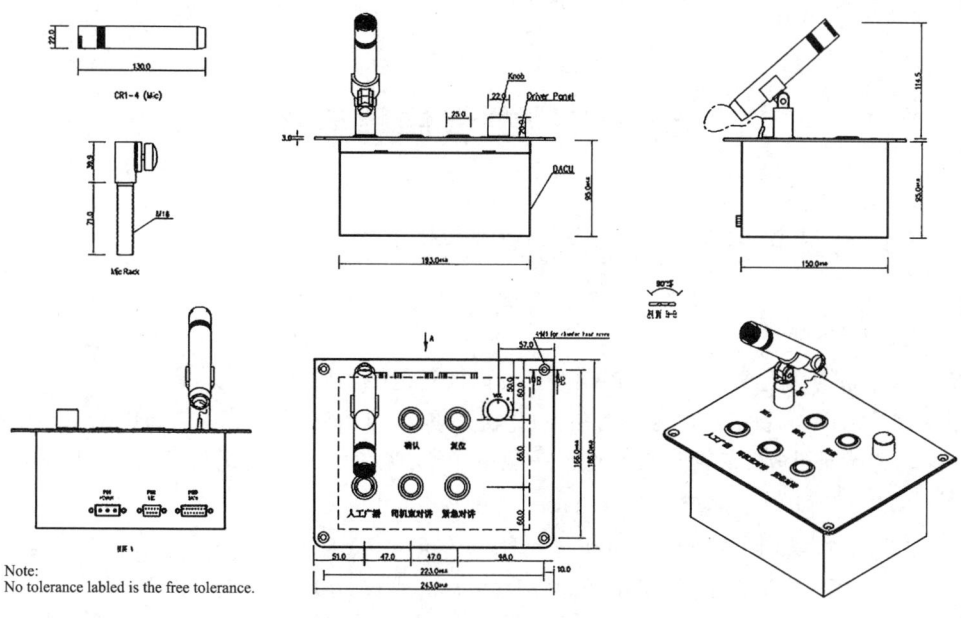

图 10-19　驾驶广播通信单元

4. LED 动态地图显示器

LED 路线地图显示器由双基色 LED 等组成，1 个 LED 代表一个站，1 个 LED 用于开门状态指示，如图 10-20 所示。

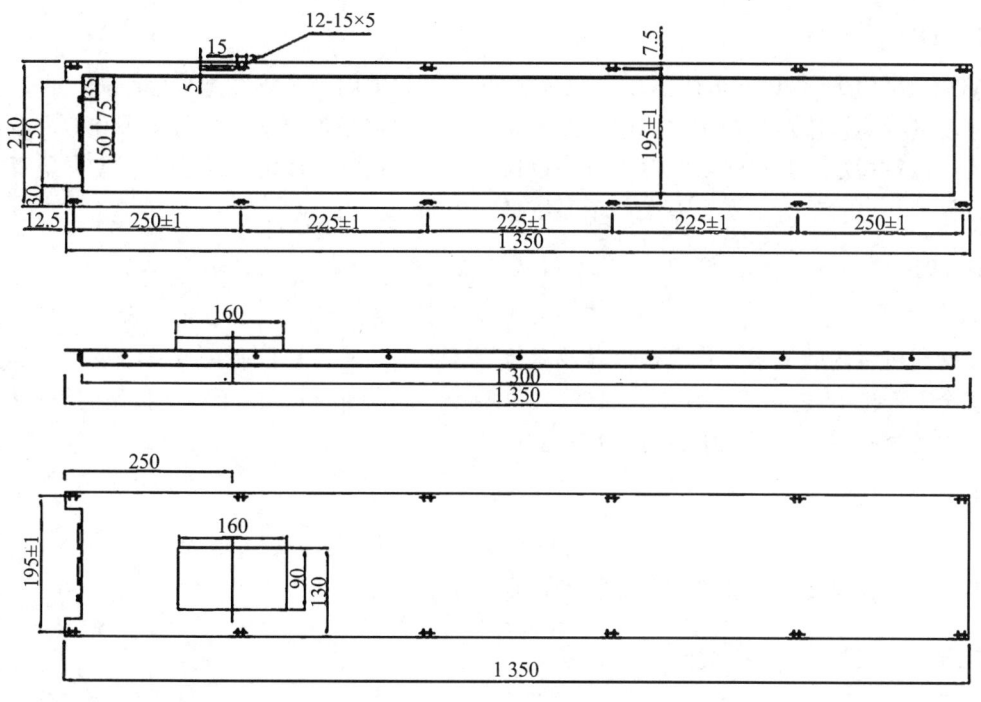

图 10-20　动态地图显示单元

5. 文字显示器

LED 文字显示器由红色 LED 灯组成（即 IDU），包括站点信息、服务信息、特殊信息。

第五节　车载信号系统

一、ATC 信号系统（LZB700M 准移动闭塞系统）

（一）系统组成

ATC 信号系统是连续自动列车控制系统，该设备包括车载 ATP 子系统、ATO 子系统、轨旁 ATP 系统以及 ATS 子系统。轨旁设备由 ATP 轨旁单元、FTGS 数字音频轨道电路、同步定位单元和 PTI 轨旁单元组成。车载设备有 ATP 车载单元、ATO/PTI 车载单元和司机室人机接口 MMI。

（1）ATP：自动列车保护（Automatic Train Protection）。

（2）ATO：自动列车驾驶（Automatic Train Operation）。

（3）ATS：自动列车监控（Automatic Train Supervision）。

（二）系统功能

LZB700M 自动列车控制系统的基本功能包括列车检测、速度监控（车载单元）、列车间距离控制、实施紧急制动、列车方向监控、监控列车停靠位置、车门监控、设置与取消速度限制、司机室内显示基本数据等。

1. ATP

ATP 包括轨旁 ATP 和车载 ATP。轨旁 ATP 通过轨道向列车连续地传输数据，可以对列车的移动进行连续监督与控制。同时，ATP 轨旁设备根据联锁要求、运行管理和地理数据连续地发出运行指令，并传输给车载设备，以这种方式实现对速度的连续监督。ATP 负责全部的运行保护，也就是对与安全有关的子系统进行控制。

2. ATO

ATO 包括 ATO 车载单元、PTI 多路转换轨旁单元、PTI 环线、ATO 定位设备。ATO 设备用于驱动司机室内的显示，并根据信号及运行管理系统的输入来控制运行。ATO 不负安全责任，安全责任由 ATP 负责。另外，ATO 与广播系统有一个接口，用于自动报站的信息传递。司机室内的显示单元向司机提供综合信息。

3. ATS

ATS 负责运行监督、控制及管理。ATS 把现行的列车时刻表发送给 ATO，监视运行过程，并对时间偏离作出反应，还负责控制旅客信息系统。

（三）车载信号系统

车载信号设备安装在 A 车（客车由六节车组构成 A—B—C—C—B—A）一位端，每一个 A 车安装有信号车载设备一套、速度脉冲发生器两个、ATP 天线两个、PTI 天线一个，两套设备不互为备用，如图 10-21 所示。

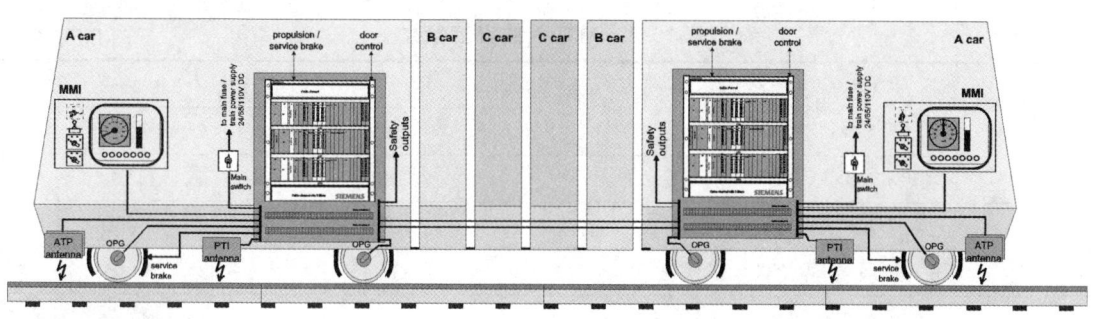

图 10-21　信号车载设备配置图

1. ATP/ATO 车载设备

ATP/ATO 车载机柜安装在司机室后面，其他 ATP/ATO 车载设备与之相连。ATO 车载单元和 ATP 车载单元安装在车载单元机柜内部，机柜内还安装有风扇、信号分配器架、滤波器盘、继电器模块等。

每列列车配备了两套 ATO 车载单元。ATO 车载单元与 ATP 车载单元使用相同的 SIMIS 硬件部件，为单通道 1 取 1 冗余系统。车载 ATO 和 PTI 设备主要包括 IMU 电源模块、IMU 处理模块、ATO 电源模块（110 V/5 V）、主处理模块、存储模块（DLU）、中断模块、输出模块和 DIN-BUS 总线模块。

车载设备的主要功能是负责列车的安全运行、自动驾驶，并提供信号系统与车辆以及司机间的接口。

2. ATC 天线

每列车装有两对 ATC 天线，每个司机室装有一对 ATC 天线，每对 ATC 天线以合适的角度与方向安装在 A 车最前端的转向架上，如图 10-22 所示。ATC 天线中心位于轨线中心，安装在列车下部走行轨上方，只有司机室在使用时 ATC 天线才会被选用。

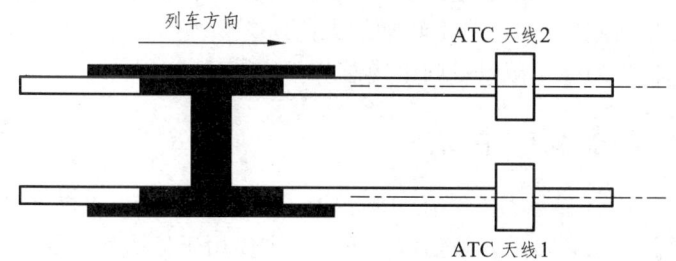

图 10-22　ATC 天线

ATC 天线主要用于接收轨旁发送来的报文和同步环线的信息。每个 ATC 天线中有一个主线圈和一个辅助线圈。两个天线的主线圈分别串联后引入 ATC 车载单元。辅助线圈是在做静态测试时，接收车辆训练器模拟发出的报文，再由主线圈感应后由 ATP 车载单元处理。

ATC 天线安装参数如表 10-2 所示。

表 10-2　ATC 天线安装参数　　　　　　　　　mm

内　容	范　围	
	最小	最大
轨顶和 ATC 天线最低点间距	85	150
一轴和 ATC 天线间距	800	1 000
前端缓冲器和 ATC 天线间距	3 085	3 095
ATC 天线中心和轨线中心误差	±5	

3. PTI 天线

PTI 天线安装在列车下面，安装位置位于列车中心第一个轴前面。前端缓冲器和 PTI 天线间距为 3 090 mm，ATO 通过 PTI 天线把数据传送给轨旁设备（列车号、目的地等），如图 10-23 所示。

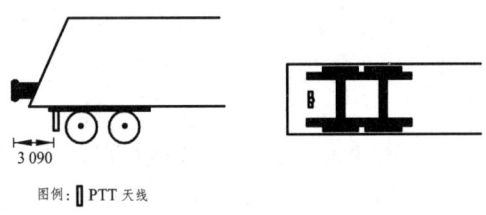

图 10-23　PTI 天线

（四）速度脉冲传感器

A 车的两个速度脉冲传感器分别安装在二轴的右侧和三轴的左侧。速度脉冲发生器（OPG）为 ATP 提供输入，用来完成速度、距离、方向信息的计算。车轮上装有一个齿轮，每个传感器有一个振荡器，它的频率由谐振电路确定，振荡器产生 45.5 kHz 和 60.5 kHz 载频。当齿轮某处接近传感器时，会对振荡器进行调制，车轮的旋转引起两个载波周期的调制，这信息传送至 ATP 车载单元进行计算。

两个传感器相对车轮上的齿轮交错排列，根据齿轮旋转方向，一个载波调制出现比其他稍微早些或稍微晚些。这样就可以判定转动的方向。

速度脉冲发生器和 ATC 车载设备间电缆总长不应超过 60 m。

（五）人机界面 MMI（HMI）

A 车司机室内的 MMI 显示器安装在控制台上，靠近控制面板。司机可以方便地观察 MMI 的显示，MMI 显示器不能暴露于太阳辐射之下。它主要用于显示列车的速度、驾驶模式、牵引/制动状态、目标距离以及各种工务号等。

MMI 独立于车载设备单独运作（见图 10-24），通过 ATC CB5 提供 DC 110 V，另外通过继电器 SLR 提供 DC 110 V 控制电压，与 ATC 车载设备通过 ATO 的 DIN-BUS 模块进行信息传输。

MMI 屏幕显示如图 10-25 所示。

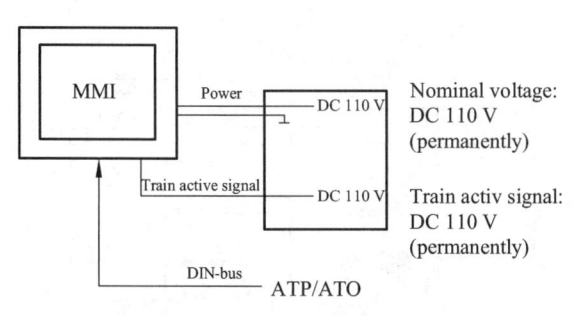

图 10-24　MMI

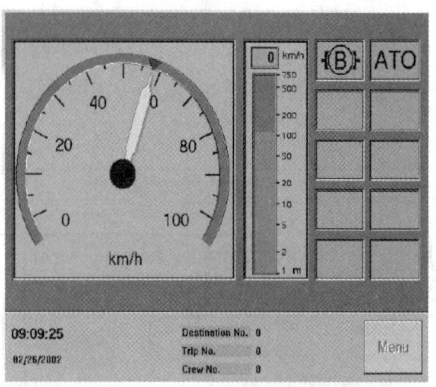

图 10-25　MMI 显示屏幕

当运行完毕，需要更换司机时，司机可通过 MMI 显示屏右下角的 Menu 按钮进入修正面板（见图 10-26）更改自己的工号。在图 10-26 中选择 Driver Number 进入图 10-27 所示的界面，司机输入自己的工号后，点击 OK，再通过右下角的 Correction Summary 返回操作窗口（见图 10-25），司机工号修改完毕。

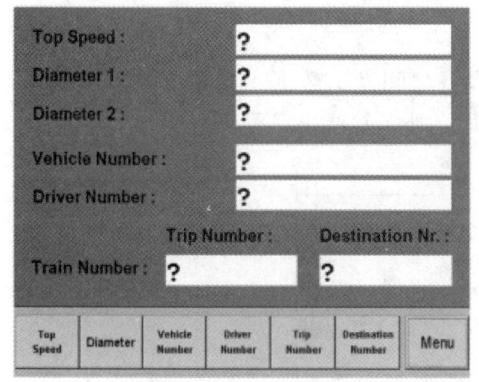

图 10-26　修正面板

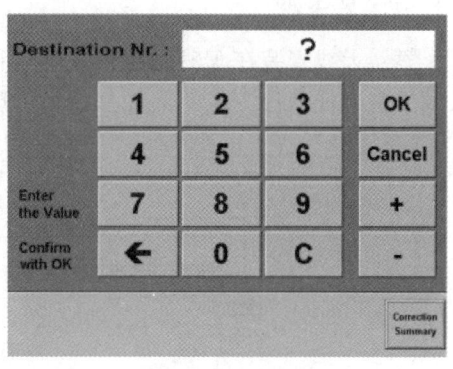

图 10-27　输入面板

二、CBCT 移动闭塞信号系统

（一）系统简述

移动闭塞是通过从列车发送到轨旁子系统的位置报告报文以及从轨旁控制单元发送到列车的移动授权报文进行实时信息交换来实现的。轨旁控制单元基于联锁状态和列车位置报告计算出移动授权。

（二）车载子系统的结构组成

车载信号设备主要分布在列车上，每列车包括两套车载设备，这两套车载设备互为冗余，分别位于两端 A 车。每套车载信号设备包括以下设备：

车上部分：车载设备机柜一组、HMI显示器一台、无线天线两个。

车下部分：应答器天线一个、OPG速度传感器一个、雷达一个。

另外，在C车二位端处设中继器一个，连接两端无线单元。

车载设备结构图如图10-28所示。

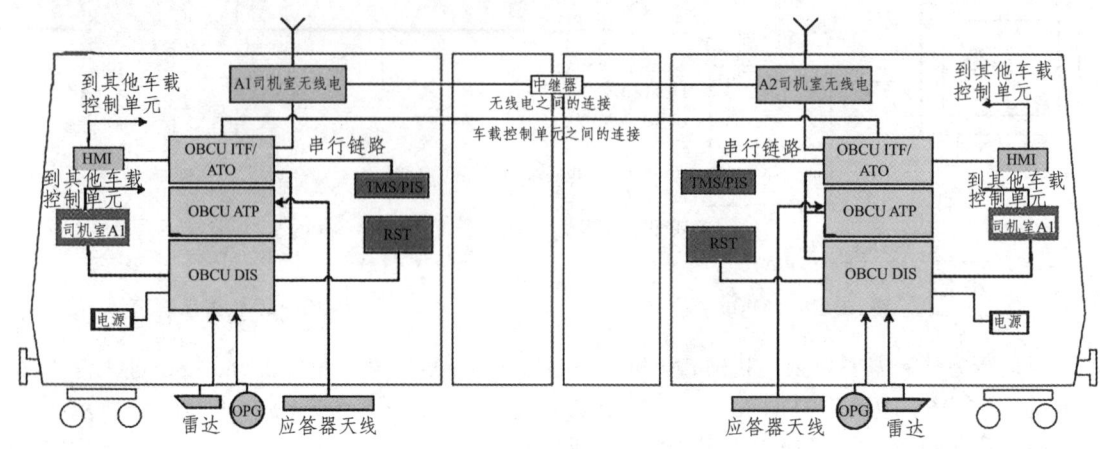

图10-28　车载设备结构图

1. 应答器天线

应答器天线安装在车辆底部，在车辆和轨旁设备之间发送数据，如图10-29所示。应答器天线不包含任何可更换的部件。如果出现了故障，则整个天线需要更换。

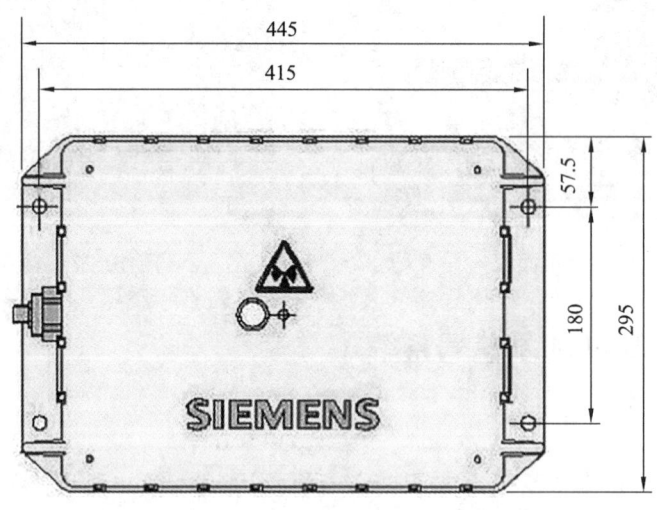

图10-29　应答器天线

2. 测速电机

测速电机安装在每端 A 车二轴右侧，用于检测车轴旋转速度与旋转方向，如图 10-30 所示。

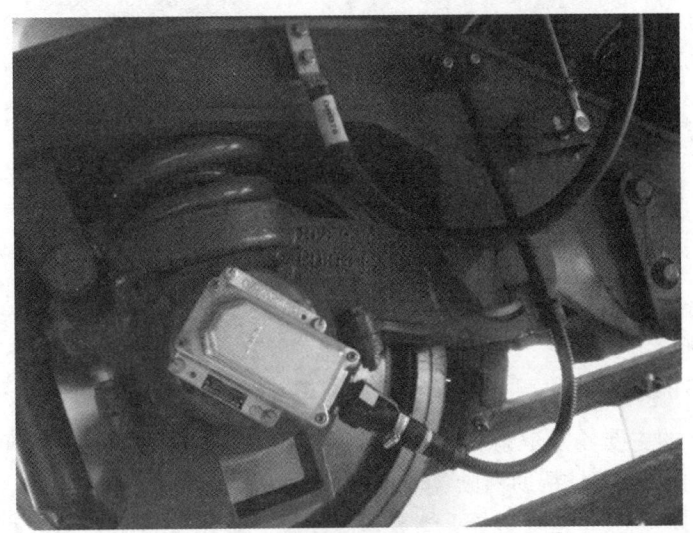

图 10-30　测速电机 OPG

3. 雷　达

雷达单元根据多普勒雷达原理工作，提供车辆的进路位置和速度信号，安装于每端 A 车底部一轴右侧车轮前端，通过 RS422 接口与 OBCU 相连，如图 10-31 所示。

图 10-31　雷达

4. 无线天线

天线安装在每列车的端部，即每个司机室的头顶位置。每个司机室内有两个天线，之间保持一段距离，每个天线与车辆中心线有一个水平角度（斜视角度），用于车-地之间位置报告、移动授权的信息传递及服务信息的传输，如图 10-32 所示。

图 10-32　无线天线

5. 人机界面 HMI

驾驶室 HMI 的主要任务是显示信息接口接收到的各种进程信息并且向驾驶员提供显示和提示。HMI 的主要目的是帮助驾驶员监控和控制列车，使其不超越限速。驾驶室 HMI 将从车载控制单元周期性获得运行数据，驾驶室显示器也显示来自于列车自动防护系统（ATP）的列车控制状态，并在特定显示窗口范围内不断及时更新信息，如图 10-33 所示。

图 10-33　人机界面 HMI

列车上的每个人机界面均可连接到互为冗余的 2 个 OBCU_ITF 上，如果一个 HMI 保持激活，另一个则为被动接受模式。被动 HMI 不会显示数据，其屏幕保持关闭。

6. 计轴系统

计轴系统是轨道空闲检测系统的基础，通过对进入轴和离开轴的计数来确定一条轨道的占用，如图 10-34 所示。当处于 IXLC 和 ITC 级别时，这是尤为必要的。

图 10-34 计轴系统

（三）列车控制等级

列车控制定义了根据所选择的驾驶模式在不同区域下不同的列车行为（见表 10-3）。它是在不同等级的列车和线路设备中查找相同行为列车的一个简便方法。

表 10-3 列车控制等级

缩略语	列车控制等级	描述
CTC	连续式列车控制	在 AM 或 SM 模式下列车运行
ITC	点式列车控制	在 AM 或 SM 模式下列车运行
IXLC	联锁级列车控制	在 IXLC 区域内的所有列车运行于 RM 模式

【复习与思考】

一、不定项选择题

ATC 信号系统是连续自动列车控制系统，该设备包括车载（　　）。
A. ATP 子系统　　　B. ATO 子系统　　　C. 轨旁 ATP 系统　　　D. ATS 子系统

二、判断题

1. MVB 是多功能车辆总线的简称，属于现场总线，也是工业控制的一种。（　　）
2. 轨旁 ATP 通过轨道向列车连续地传输数据，可以对列车的移动进行连续监督与控制。（　　）
3. PTI 天线安装在列车下面，安装位置位于列车中心轴前面。（　　）

三、简答题

简单描述 ATC 系统的构成及作用。

第十一章　城市轨道交通车辆空调系统

【章节描述】

本章系统地介绍了城市轨道交通车辆空调以及通风系统的结构、原理、使用、控制技术和我国城市轨道交通车辆常用空调设备的造型、特点等。

【教学目标】

1. 能力目标

了解城市轨道交通车辆空调及通风系统的结构与原理。

2. 知识目标

熟悉城市轨道交通车辆空调及通风系统的结构与工作原理。

3. 素质目标

培养城市轨道交通列车驾驶与必须具备的空调与通风的控制技术。

城市轨道交通是一种绿色、快捷、舒适的交通工具,那么什么样的情况下,乘客会觉得舒适呢?

一般我们认为舒适度指标包含下列内容:

温度:将室内温度调节到符合人体要求;

鲜度:将新鲜空气有效引入室内;

净度:将空气中的有害细菌和杂质排除;

静度:将设备噪声降低至人不能听到;

湿度:将空气湿度调整到符合人体皮肤需求;

速度:将风速调整到符合用户需求。

城市轨道交通车辆空调系统的作用就是使客室内的温度、相对湿度、空气流动速度及洁净度(主要指尘埃及二氧化碳含量)保持在规定的范围内,为乘客创造舒适的乘车环境。

城市轨道车辆空调系统主要由通风系统、制冷系统、加热系统、加湿系统和自动控制系统五大系统组成。考虑到实际运行区域的气候条件,有些车辆可不设专门的加热及加湿系统。

通风系统的作用是将车外新鲜空气吸入并与车内再循环空气混合,在滤清灰尘和杂质后,再输送和分配到车内各处,使车内获得合理的气流组织,同时将车内污浊的空气排除车外,使车内的空气参数满足设计要求。

空气制冷系统的作用是在夏季对进入车内的空气进行降温、减湿处理,使车内空气的温度与相对湿度维持在规定的范围内。

空气加热系统的作用是在冬季对进入车内的空气进行预热和对车内的空气进行加热，以保证冬季车内空气的温度在规定的范围内。

空气加湿系统的作用是在冬季车内空气相对湿度较低时对空气进行加湿，以保证冬季车内空气的相对湿度在规定的范围内。

第一节　通风系统

通风系统有机械强迫通风和自然通风两种方式。机械强迫通风系统是车辆空调装置中唯一不分季节而长期运转的系统，因此它的质量状态直接影响到旅客的舒适性和空调装置的经济性。一般城市轨道车辆采用机械强迫通风方式，依靠通风机所产生的空气压力差，通过车内送风道输送经过处理后的空气，从而达到通风换气的目的。

一、通风系统的构成

（一）通风机组

通风机组是通风系统的动力装置，其作用是吸入车外新风和室内回风，并将处理后的空气加压，通过主风道等送入客室。它通常由一台双向伸轴的双速电机和两台离心式通风机组成。

（二）送风道、回风道和排风道

车顶的两台空调机组，通过与车体相连的两个吸振消音的连接风道，将处理后的空气送到车顶的主风道内。送风道的作用是将经过处理的空气输送到室内。车辆风道沿车辆方向分为3个，中间大的为主风道，两侧为副风道。主副风道由隔板分开，隔板上设有一系列调整风量的气孔。主风道的空气经隔板气孔进入副风道，使得两侧风道内的气流稳定地送入客室中。

回风道用来抽取室内再循环空气。进入回风道的空气，一部分通过车顶的8个静压排气孔排至车外，另一部分进入空调机组与吸入的新风混合后，经过冷却、过滤由离心风机送入主风道，在客室内形成空气循环，达到调节空气温度、湿度的目的。

排风道用以排除车内污浊空气，即排风口与车顶静压排风器间的通道。

（三）新风口、送风口、回风口及排气口

1. 新风口

新风口即车外新鲜空气的吸入口。新风口一般装有新风格栅，以防止杂物及雨雪进入车内，另外还设有新风滤网和新风调节装置。新风调节装置由一个24 V直流电机驱动新风调节门，调节进入客室的新鲜空气量。

2. 送风口

送风口是用来向客室内分配空气的。送风口大多装有送风器及风量调节机构，它不但使

客室内送风均匀、温度均匀、达到气流组织分布合理的效果，还可以根据需要来调节送风量的大小。送风口处一般也装有送风滤网。

3. 回风口

回风口是室内再循环空气的吸入口。正常情况下，客室内一部分空气应作为回风，回风与新风混合前是在客室中被充分循环过的。回风与新风混合过滤后，通过蒸发器入口进入空调机组。空调机组应设置调节挡板，用于调节新风、回风的混合量（比例）。

4. 排风口

排风口是用来将客室内废气和多余的空气排出车外的。这些气体从车内的长椅下，经内墙板后侧导向车顶，由车顶静压排风器排出车外。

图 11-1 为通风系统。

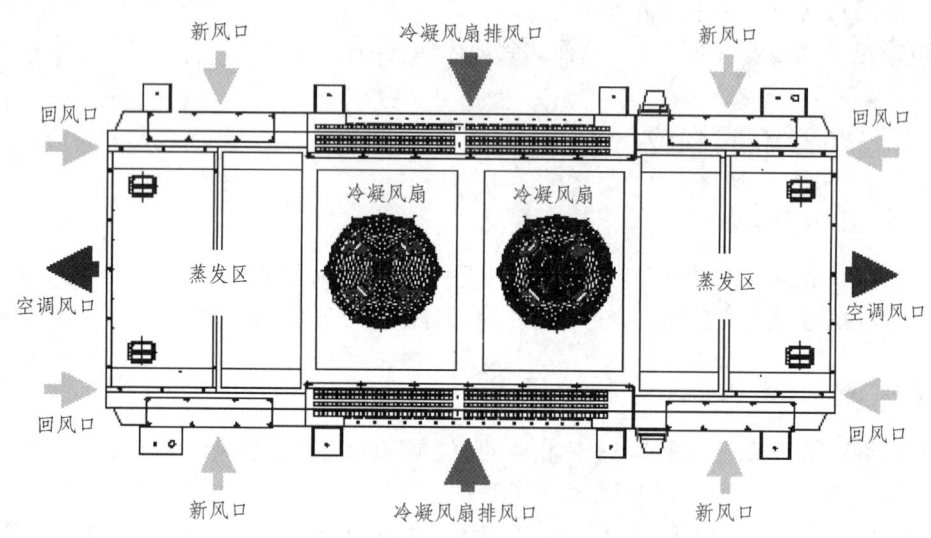

图 11-1　通风系统

二、应急通风系统

每辆车配有 1 台紧急逆变器，在交流辅助电源设备故障的情况下，应急通风系统应立即自动投入工作，向客室、司机室输送新风，维持 45 min 紧急通风。应急供电由蓄电池供给，并经直流/交流逆变器向空调系统供电。当交流辅助电源供电正常时，空调系统自动转入正常工作状态。

第二节　制冷系统

一般每车配有两台独立的车顶一体式空调机组，用于客室、司机室的通风和空调；每节车两台机组的运行由一个 FPC20/2 控制板来控制。带司机室的 A 车还配有独立的司机室通风机，可通过手动旋钮对风量做多级调节。为了使车辆的外形轮廓不超出车辆静态限界，特在车顶两端设计了两个专用于安装空调单元的凹槽，在安装空调单元的机座上加装橡胶垫以减小振动的影响。

正常情况下，由空调机组提供给每节车的总风量为 8 500 m³/h，在列车交流供电失效的情况下，提供客室和司机室紧急通风约 45 min，全部为新风。

在自动模式下，每节车的控制板根据环境气候条件来决定机组的工作方式，并自动调节机组的制冷量，保证客室的温度不高于 27 ℃，相对湿度不大于 65%。空调机组的出风口与车内主风道通过软风道连接，空调机组处理后的空气经车内主风道由送风口送达客室，起到调节车内空气温度、湿度的目的。

单元式空调机组具有结构紧凑、体积小、互换性好的特点，由于主要部件集中布置，缩短了连接管路，可减少管路的泄漏，且便于在车顶检修和维护。

用一定的方式使物体或空间的温度低于周围环境介质的温度，并且使其维持在某一范围内，这个过程称为空调制冷。制冷的方式大致有 5 种：蒸汽压缩式、半导体制冷、吸收式制冷、蒸汽喷射式制冷和涡流管制冷。一般城市轨道交通车辆都采用蒸汽压缩式制冷，这主要从其使用的方便性、安全性、经济性和维修性等方面考虑。

一、热力学原理

在一定的压力下，液体温度达到沸点（即饱和温度）就会沸腾。在制冷技术中，常把这个饱和温度称为蒸发温度。沸腾的液体如果继续吸热，就会因吸收了汽化潜热而相变成饱和蒸汽。在同一压力下，不同的液体蒸发温度不同，所吸收的汽化潜热也不同。例如，在一个大气压下，水的蒸发温度为 100 ℃，汽化潜热为 2 258 kJ/kg；而氟利昂-12（R-12）的蒸发温度为 –29.8 ℃，汽化潜热为 165.3 kJ/kg。

例如，将低温的液体氟利昂-12 放在密闭的空间内，由于空间内空气温度高于氟利昂-12 的沸点，所以氟利昂-12 将吸收热量而汽化，密闭空间内的空气温度则会降低，这个过程直到所有的氟利昂-12 液体汽化完成为止。为了将汽化的氟利昂-12 蒸汽回收继续利用，需要将其进行冷却，如果使用环境介质（如大气或者水）来冷凝，则蒸汽的冷凝温度就要比环境的介质温度高一些。因此，只要将氟利昂-12 蒸汽用压缩机压缩到所需的冷凝温度相对应的饱和压力，就可以利用环境介质来冷凝它，使之变成液体。这时候的冷凝氟利昂-12 液体的温度还是高于封闭空间的温度，因此需要降压降温，使其低于被冷却封闭空间的温度。这样制冷降温降压后的氟利昂-12 液体就可以在密闭的空间内重新吸热汽化。

制冷剂在封闭的系统中，只消耗压缩机的功就能反复地实现制冷剂由液体变为气体，再由气体变为液体的相态变化，并通过这种相变实现热量的转移。

二、城市轨道交通车辆空调制冷装置的基本工作原理

1. 制冷循环过程

图 11-2 为蒸气压缩制冷循环系统图。

（1）蒸发过程：在蒸发器中进行。

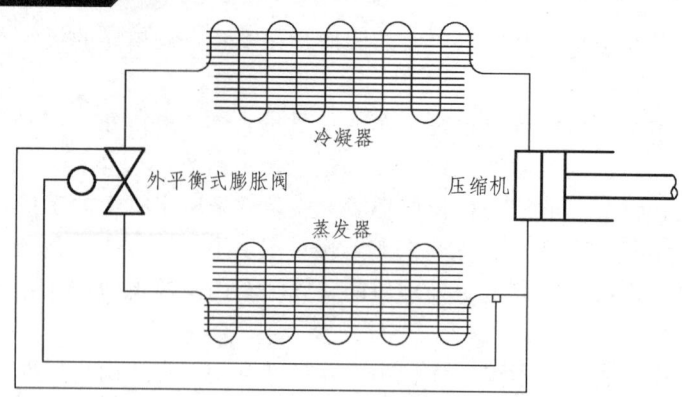

图 11-2 蒸气压缩制冷循环系统图

(2)压缩过程:在压缩机中进行,这是一个升压升温过程。

(3)冷凝过程:在冷凝器中进行,这是一个恒压放热过程。

(4)节流过程:由节流阀实现,节流阀是又细又长的毛细管。

2. 制冷剂液体过冷和吸气过热对制冷循环的影响

(1)制冷剂液体过冷的影响:制冷剂在冷凝器中被冷凝成液体后,如果液体制冷剂继续向外放热,换句话说液体制冷剂继续被冷凝,就会使制冷剂液体的温度低于饱和温度(这是指对应于冷凝压力的冷凝温度)而成为过冷液体。

(2)吸气过热的影响:在理论循环中,假定由蒸发器流出和被压缩机吸入的制冷剂都是饱和蒸汽,从蒸发器出口至压缩机吸入口之间的管路不存在热交换。

(3)回热制冷循环:为了限制节流汽化,从冷凝器出来的液态制冷剂应进一步降温,使其过冷。回热制冷循环如图 11-3 所示。

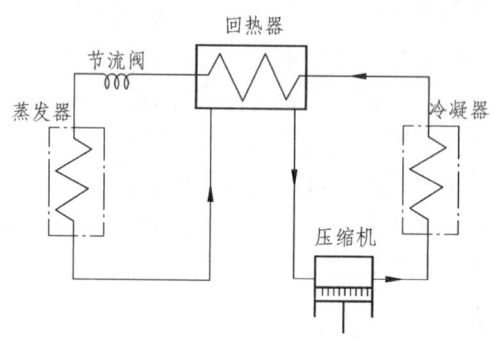

图 11-3 回热制冷循环

第三节 车辆空调系统构成

一、车顶一体式空调机组的组成

某城市轨道交通车辆的空调机组由空气处理室和压缩机/冷凝器室两部分构成,并被组合在一个不锈钢制的箱体内,通过 4 个安装座与减振垫一起被固定在车顶上,如图 11-4 所示。

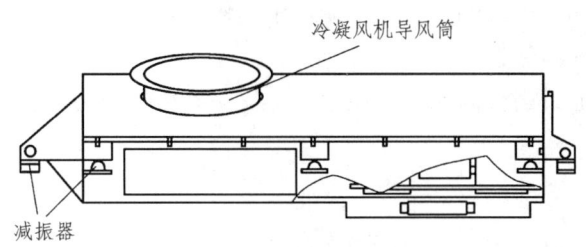

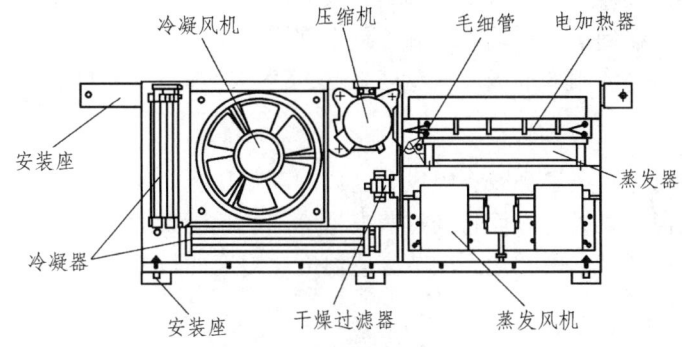

图 11-4　空调机组结构

空气处理单元主要包括回风调节板、新风调节板、蒸发器、送风机、紧急逆变电源、制冷管路电磁阀、热力膨胀阀、空气挡板调节用电磁阀、温度传感器、新风气动风缸、回风气动风缸、新风百叶窗、新风过滤器(金属材料)、混合空气过滤器(无纺布材料)等。

压缩机/冷凝器室主要包括 1 个螺杆式压缩机、2 台冷凝风机、2 个冷凝器、4 个压力开关、1 个压缩机卸载阀、储液器、干燥过滤器、湿度/流量显示器。

1. 制冷压缩机

制冷压缩机的作用是将来自蒸发器的低温、低压气态制冷剂压缩成高温、高压的气体。

空调机组的制冷压缩机采用的是全封闭螺杆式压缩机,压缩机、螺杆机构及供油系统组装在一个密封的机壳内。螺杆式压缩机具有结构简单、易损件少、压比大、对湿压缩不敏感、平衡性能好等特点。

空调机组采用的是双螺杆制冷压缩机,机体内装有一对相互啮合、具有旋向相反的螺旋形齿的转子,其齿面凸起的转子称阳转子,齿面凹进的转子称阴转子,齿槽、机体内壁面和端盖等共同构成了工作容积。

由于螺杆具有较好的刚性和强度,吸、排气口又无阀片,故一旦液体制冷剂通过时,不容易产生"液击"。

2. 冷凝器和冷凝风机

冷凝器为主要的热交换设备,高压、过热的制冷剂蒸汽在冷凝器中放出热量后,凝结成饱和液体或过冷液体。

车辆用空调装置采用的是空气冷却式冷凝器,制冷剂在管内冷凝,空气在管外流动,制冷剂放出的热量被空气带走。检修过程中需定期清扫和清洗冷凝器，其目的是增强换热器的传热系数，提高制冷剂和管壁间的换热系数，保证机组的正常运行和设计的制冷量。

为了增强换热时的空气流动循环，空调机组采用强迫通风的对流冷却，并通过两台轴流式风机来强化制冷剂在冷凝器中的凝结放热过程。

两台轴流式风机通过引接高压处的压力，由控制器根据压力变化情况来控制风机的启停和运转台数。

3. 蒸发器

制冷剂在蒸发器内吸热汽化，制冷剂在蒸发器内由液态变成气态，制冷剂在蒸发器内为汽化吸热过程。在蒸发器中，来自膨胀阀出口处的制冷剂，通过分配器从管子的一端进入蒸发器，吸热汽化，并在到达另一端时让制冷剂全部汽化，从而吸收管外被冷却空气的热量，空气的热量被蒸发器内的制冷剂吸收后温度降低，达到冷却空气的目的。

4. 送风机

送风机为两台离心式风扇，兼有吸风和送风的双重功能。一方面，通过新风格栅吸入新风，并使它与回风混合，另一方面将经过蒸发器冷却、减湿后的空气通过风机输送到客室的送风管道中，并被送到客室内，达到调节客室温度、湿度的目的。

5. 热力膨胀阀

膨胀机构位于冷凝器之后，使从冷凝器来的高压制冷剂液体在流经膨胀机构后，压力被降低而进入蒸发器。它除了起节流作用外，还起调节进入蒸发器制冷剂流量的作用。通过膨胀机构的调节，使制冷剂离开蒸发器时有一定的过热度，避免制冷剂液体进入压缩机。

该空调机组的膨胀阀采用的是外平衡式膨胀阀，它是通过蒸发器出口处制冷剂蒸气过热度的大小来调节阀口的开度，在蒸发器负荷变化时，可以自动调节制冷剂液体的流量，以控制蒸发器出口处制冷剂的过热度。

当实际过热度高于设定点时，热力膨胀阀会让更多的液体制冷剂流入蒸发器；同样地，当实际过热度低于设定点时，热力膨胀阀会减小流入蒸发器的制冷剂流量。过热度可通过调节弹簧的张力进行调节，静态过热度通过旋转螺母来调节，顺时针转动螺母可增大过热度，逆时针转动螺母可减小过热度。

6. 阀　件

每台空调机组用的阀主要包括压缩机的卸载阀、制冷管路上的液管电磁阀和手动截止阀、控制压缩空气风缸的组合电磁阀。

卸载阀为压缩机的能量调节阀，通过控制压缩机的排气量来控制制冷系统的制冷量。

液管电磁阀用于自动接通和切断制冷回路，它是由110 V电源来启闭的截止阀，电磁阀的开启是依靠线圈通电产生的电磁力，并依靠弹簧和阀芯的自重来关闭。它装在膨胀阀之前的液管上，与压缩机联动，当压缩机启动时，电磁阀打开供液管路，当压缩机停车时，切断供液管路。

手动截止阀是装在制冷管道上的阀件，在制冷系统需要检修和分解时起着接通和切断制冷剂通道的作用。

列车上的T09阀负责开启和切断空调机组空气调节挡板驱动风缸的压缩空气，而空调机组内的组合电磁阀是由控制系统来控制其电源供给，从而控制新风、回风风缸的压缩空气供给情况。

7. 储液器

储液器用于储存由冷凝器来的高压液体制冷剂，以适应工况变化时制冷系统中所需制冷剂量的变化，并减少每年补充制冷剂的次数。在储液器的中部设有一个可视液面的浮球，机组运行到稳定状态后，若制冷剂充足，则视镜中的小球应上浮。

8. 干燥过滤器

由于制冷系统在充灌制冷剂前难以做到绝对干燥，总含有少量的水气。当制冷循环系统中存在水分时，一旦蒸发温度低于 0 ℃，会在节流机构中产生冰堵，影响系统的正常运行。

干燥过滤器中的干燥剂用来吸收制冷循环系统中的水分，过滤器用来清除系统中的一些机械杂质，如金属屑和氧化皮等，避免系统中出现的"冰堵"和"脏堵"。

9. 流量/湿度指示器

流量/湿度指示器用来显示系统运行时制冷剂量和流动情况，而视镜中心部位的圆芯则用来指示制冷剂的含水量。当纸芯遇到不同含水量的制冷剂时，其水化合物能显示不同的颜色，从而根据纸芯的颜色来判断含水的程度。纸芯的颜色变化可显示出制冷剂的含水量情况：正常、警示、超标。当纸芯的颜色为紫色时，表明正常；当纸芯的颜色开始偏红时，说明系统中制冷剂的含水量已到了需加强跟踪的警示位置；一旦纸芯颜色为粉红色时，必须尽快更换干燥过滤器。

检修中，在制冷系统运行情况下，若流量指示器中有气泡出现，则必须确认管路是否有堵塞的问题，否则说明制冷剂量不足，需及时补加制冷剂，否则容易导致系统因低压问题出现故障。

二、制冷系统的工作过程

当车辆空调需要进行制冷时，由压缩机压缩成高温高压的冷媒蒸气，进入风冷冷凝器，经外界空气的强制冷却，冷凝成常温高压的液体，进入外平衡式膨胀阀节流降压，变成低温低压的气液混合冷媒，然后进入蒸发器，吸收流过蒸发器的空气热量，蒸发成低温低压的蒸气，然后被压缩机吸入，完成一个封闭的制冷循环。压缩机不断工作，达到连续制冷的效果。

车内的空气通过蒸发器时，空气中的水分冷凝成水滴，汇集至机组内接水盘，由排水管将水引到车外而起除湿作用。

三、车内温度调节

车内的循环空气及由新风口进入的新鲜空气，由机组的通风机吸入，在蒸发器前混合，通过蒸发器得到冷却，并由机组出风口送入车顶通风道各格栅，向车内吹出冷风。在制冷系统连续工作下，冷风使车内温度逐渐降低，并由温度调节器自动调节车内空气温度，可在一定的范围内调节车内空气温度。

四、空调装置的调节及控制

空调机组的工作由微机进行控制。通过微机调节器可控制室温,空调系统中新风口、风道和客室座位下均设有温度传感器,由温度传感器测得的温度值,传递到调节器中进行处理。

每节车有一台微机调节器,并控制两个空调单元,可由司机室集中控制或每节车单独控制。

1. 运转前的检查

在启动空调机组之前,必须对下列各项进行检查,在确认各部分状态良好后,方可开始启动。

(1)配线用电气连接器是否确实接好。
(2)电气回路是否正常。
(3)主回路及控制回路的绝缘电阻是否正常。
(4)各风机的叶轮是否会碰到风筒的内壁。
(5)防止逆相连接。

2. 运转确认

(1)离心风机。

首先确认车内是否有风吹出,风量极小时,应检查风机是否反转。如果反转,应将电源相序调整正确,即将三相中的任意两相对调,然后再确认是否有异常振动和异常噪声。

(2)送风均匀性的调整。

可通过对车内出风口导风板的调整,保证客室内送风均匀。

(3)轴流风机。

确认室外轴流风机的运转是否正常。

(4)制冷。

全制冷状态时,吸入和吹出的空气温差为 8~10℃时为正常,并确认是否有异常振动和噪声。

(5)加热。

全加热状态时,吸入和吹出的空气温差为 7~9℃时为正常,同时注意电流读数。

(6)当车内温度处于 20℃以下时的低温运转。

低温运转时,由于可能在蒸发器上引起结霜现象,从而导致对压缩机造成损伤,避免在这种情况下运转。

(7)再启动。

短时间再启动,启动电流会造成电动机绝缘不良、电磁接触器的接点损耗,所以再启动一定要在停机后 2~3 min 以后。

3. 空调机组的安全操作

(1)操作。

需由懂得制冷技术和电气技术的工人担任。开机前,必须认真检查电气系统的安全性,严格按照电工操作规则进行操作。在进行电气控制柜的检修时,必须切断电源,严禁带电作业。

（2）保护措施。
① 电源有过电压和欠电压保护。
② 压缩机有空气开关、压力开关、过电流、低温、延时启动等保护。
③ 风机有热继电器保护。
④ 电加热器有空气开关、温度继电器及温度熔断器保护。

4. 使用电加热器的注意事项

（1）通电前的检查。
① 检查电加热回路中各处接线是否完好。
② 检查温度继电器、温度熔断器及其他保护装置是否正常。
③ 检查通风机的接触器、热继电器是否良好。
④ 将电热管上及其周围的附着物及其他杂物清理干净。
（2）开机顺序。
先开通风机，确认通风机工作后，方可开电加热器。
（3）开机后的检查。
① 检查通风机工作是否正常。
② 注意观察电加热器的工作情况及工作电流。
（4）关机顺序。
先关断电加热器，让通风机继续运转 3 min 以上方可关断通风机。

【复习与思考】

1. 城市轨道交通车辆的通风系统由哪些部件构成？
2. 城市轨道交通车辆的空调系统的基本构成包含什么？
3. 城市轨道交通车辆的空调系统的制冷原理是什么？
4. 空调系统中蒸发器的作用是什么？

第三部分　驾驶技能

第十二章　出车检查
第十三章　城轨列车司机正线作业标准
第十四章　列车故障处理

第十二章 出车检查

第一节 城市轨道交通列车司机基本要求

　　城市轨道交通是一个现代化程度很高的实体，必须由具有良好职业素质的人去完成各种行车任务，而司机则是第一线的操作者，所以必须有高度的安全意识和服务意识，并且要具有能够不断学习与遵守规则的素质，才能确保运行正常进行。我们把具有纪律性、严格执行规章制度的驾驶人员看作是保证安全行车的重要因素。在人与技术设备的有机联系中，人是最主要的方面，如果经常性发生人为失误而造成事故，最先进的设备也会变得不可靠。国内外历次事故的分析与调查都表明：由于人为失误造成事故的比例大于技术缺陷所造成的事故的比例。因此，行车人员树立安全意识、学习和遵守安全规定是十分重要的。

　　城轨列车司机必须掌握列车的基本构造、性能，具有一定的故障处理能力，熟悉运行线路和基地（停车场）等基本设施情况，熟练掌握驾驶区段、基地（停车场）线路纵断面情况，具备一定突发事件的处理能力。

　　城轨列车司机对列车必须有一个较完整的了解，主要表现在对操纵列车技能的掌握和对主要部件构造、性能的知晓。只有在掌握和了解性能、作用的基础上，才能够使自己具备处理故障的能力。在列车运行中出现故障的情况可以说是经常性的，特别是有关功能性的故障出现较多，所以能否在规定的时间内及时、准确地排除故障已经成为衡量城市轨道交通列车司机技术业务的标志之一。一名司机的技术业务还表现在对线路纵断面的熟悉程度并具体在驾驶技术上得到体现；经过学习和经验积累较好地掌握了线路纵断面状况后，就能得心应手地驾驶列车投入运行，应付运行过程中的各种事件。

　　城轨列车司机还必须掌握其他相关的业务能力，并具有一定的应变能力，如懂得列车故障救援的程序，懂得消防灭火的要求，学会扑灭初起火灾的方法，知道常用灭火机的使用方法等。

　　特殊情况下的处置方法，对于一个城市轨道交通列车司机来说同样是基本常识和必备的业务技能。因为在城市轨道列车的运行中，一般情况下只有一个人值乘，而运行中的突发事件由于各种因素的存在，有着不可预测性，在事件的初期往往只有司机能够最早发现与知晓，所以一名职业素质过硬的司机必须掌握有关事件初期的处理方法，使事件能够在初期得到控制和处置，减小损失，稳定现场局面，包括组织乘客共同应付突发事件，等待进一步援助等。

　　鉴于城轨列车司机在整个列车运行过程中的重要作用，城轨列车司机必须经考试合格，取得上岗资格后，经鉴定合格方准独立驾驶电客车。同时，在脱离驾驶岗位3个月以上，如需再驾驶列车必须对业务知识和安全运行知识等进行培训，并经考核合格后，才能够重新上岗驾驶列车。

第二节 城轨列车司机车场作业标准

一、出、入基地（停车场）作业

1. 列车检查

（1）列车在投入正线运营前，城轨列车司机应对电客车两个驾驶室的所有操作设备进行检查，所有设备的状态应满足列车正线运营的条件；检查内容包括客室照明、广播、显示屏、空调通风车门、车窗、设备柜、安全应急设备等情况符合运营条件，操纵台仪表、开关、指示灯，设备柜内所有旁路开关、切除开关，司机室内挡风玻璃、司机室门等功能正常、位置正确、铅封齐全，其状态满足列车上线运营的条件。表 12-1 为司机室检查标准化流程。

表 12-1 司机室检查标准化流程

序号	检查内容	执行标准
1	司机控制器	眼看、手指"司机控制器"，口呼"司控器完整无缺，动作灵活无卡滞现象，警惕按钮作用良好。"
2	无线电面板（车载电台）	眼看、手指"无线电面板（车载电台）"，口呼"无线电良好。"
3	ATC 显示屏	眼看、手指"ATC 显示屏"，口呼"ATC 显示屏良好。"
4	车辆显示屏	眼看、手指"车辆显示屏"，口呼"车辆显示屏良好。"
5	仪表面板	眼看、手指"仪表面板"，口呼"仪表外罩完整、无破裂，显示正确。"
6	主控面板	眼看、手指"主控面板"，口呼"指示灯、开关外罩完整，显示正确，位置正确。"
7	驾驶面板	眼看、手指"驾驶面板"，口呼"指示灯、开关外罩完整，显示正确。"
8	PIDS 显示屏	眼看、手指"PIDS 显示屏"，口呼"PIDS 显示屏良好。"
9	左侧车门面板	眼看、手指"左侧车门面板"，口呼"指示灯、开关外罩完整，显示正确。"
10	右侧车门面板	眼看、手指"右侧车门面板"，口呼"指示灯、开关外罩完整，显示正确。"
11	驾驶台备品柜	眼看、手指"驾驶台备品柜"，口呼"备品柜备品齐全，功能良好。"
12	灭火器	眼看、手指"灭火器"，口呼"灭火器良好。"
13	前窗玻璃	眼看、手指"前窗玻璃"，口呼"清洁，无损坏，刮雨器完整，遮光板良好。"
14	司机室左侧门	眼看、手指"司机室左侧门"，口呼"侧门锁闭良好，动作灵活。"
15	司机室右侧门	眼看、手指"司机室右侧门"，口呼"侧门锁闭良好，动作灵活。"
16	司机室继电器柜	眼看、手指继电器柜，口呼"继电器柜内所有开关位置正确（或位置错误）。"若有开关未在正确位置需将其打至正确位置，然后再次眼看、手指继电器柜，口呼"继电器柜内所有开关位置正确。"
17	司机室设备柜	眼看、手指设备柜，口呼"设备柜良好。"
18	司机室通道门	眼看、手指司机室通道门，口呼"通道门锁闭良好，动作灵活。"

（2）列车在投入正线运营前，城市轨道交通列车司机应分别在两端司机室，对列车进行静态及动态测试，并将检查结果在司机报单上注明，出库检查时，出现以下故障且重启后该故障现象不能清除时，列车不得上线运营，司机应对以下故障现象重点确认并及时向信号楼调度员汇报。信号楼调度员按照本标准条款提示列检调度员、行车调度员，是否具备出库条件由列检调度员和行车调度员最终决定。

① 受电弓及高压电路故障时；

② 主风管压力低于800 kPa且不上升；

③ 电客车无法使用正常模式或速度行驶；

④ 1个辅助逆变器不工作（无中压输出）；

⑤ 门关好灯或停放制动灯或制动施加、缓解指示灯其中一个不显示或显示不正常时，DDU不显示或显示不正常；

⑥ 蓄电池电压过低，列车不能正常启动；

⑦ 雨雪天气主瞭望窗雨刮器不能正常工作时；

⑧ 任一头灯不亮时；

⑨ 同一节车两扇以上门不能打开或全列车3扇以上车门不能打开时；

⑩ 车钩及缓冲装置有一项不良时；

⑪ 车体倾斜、变形超限时；

⑫ 列车自动、手动及人工广播失效时；

⑬ ATP车载设备故障时；

⑭ 任一车厢正常、紧急照明均故障时；

⑮ 走行部重要零部件异常时；

⑯ 司机室和客室钢化玻璃破损时；

⑰ 司机室门或隔间门故障无法正常开关时；

⑱ 车载无线电有一端故障，无法使用时；

⑲ 夏季两台及以上客室空调不能正常使用时；

⑳ 库内发现电客车司机室门故障时，原则上不安排出库，由信号楼负责调整出库顺序。特殊情况下，遇电客车司机室门故障必须出库时，由总调中心通知车站派人跟车防护，到达有检修人员驻站的车站时，由列检调度员派检修人员防护、处理。

表12-2为走行部检查标准化流程。

表12-2　走形部检查标准化流程

序号	检查内容	结果选项
1	走行步检查开始	
2	检查车体外观（包括受电弓）	查看"车体"外观： ① 无明显损坏，无变形，客车标志（地铁徽记、标志灯）完整清晰；车门上的盖板未打开且锁闭良好 ② 车体严重凹陷。客车标志（地铁徽记、标志灯）模糊不清

续表

序号	检查内容	结果选项
3	检查运行灯、头灯/尾灯（位置：第1节车头部）	查看运行灯、头灯/尾灯： ① 外观无破损 ② 灯罩破损
4	检查半自动车钩（位置：第1节车头部下方）	查看半自动车钩： ① 无明显损坏变形，电缆软管无脱落，各塞门位置正确，车钩连接处无异物 ② 车钩明显变形
5	检查转向架（位置：第1节车左侧）	查看转向架： ① 转向架外观正常，空气弹簧无明显破损漏气 ② 空气弹簧明显破损漏气
6	检查启动机箱（位置：第1节车左侧）	查看启动机箱： ① 箱盖锁闭良好 ② 箱盖脱落
7	检查制动控制箱（位置：第1节车左侧）	查看制动控制箱： ① 箱盖锁闭良好 ② 箱盖脱落
8	检查电气设备箱（位置：第1节车左侧）	查看电气设备箱： ① 箱盖锁闭良好 ② 箱盖脱落
9	检查半永久牵引杆（位置：第1节车与第2节车连接处）	查看半永久牵引杆： ① 无明显损坏变形，电缆软管无脱落，各塞门位置正确，车钩连接处无异物 ② 电缆软管脱落
10	检查空气压缩机（位置：第2节车左侧）	查看空气压缩机： ① 工作正常，阀门位置正确 ② 工作异常，阀门位置错位
11	检查风缸及气路塞门（位置：第2节车左侧）	查看风缸及气路塞门： ① 各塞门位置正确 ② 有塞门位置错误
12	检查ATI箱（位置：第3节车左侧）	查看ATI箱： ① 箱盖锁闭良好 ② 箱盖脱落

续表

序号	检查内容	结果选项
13	检查蓄电池箱 （位置：第1节车右侧）	查看蓄电池箱： ① 箱盖锁闭良好 ② 箱盖脱落
14	检查制动电阻箱 （位置：第2节车右侧）	查看制动电阻箱： ① 滤网上无异物 ② 滤网上有异物
15	通知信息：走行部检查结束，客室设备检查开始	
16	检查客室内观（注：选择地板） （位置：第1节车客室）	查看客室内观（地板、门窗玻璃等）： ① 客室内观（地板、门窗玻璃等）清洁，无明显损坏 ② 客室内观（地板、门窗玻璃等）有污渍
17	检查客室内照明 （位置：第1节车客室）	查看客室内照明： ① 照明良好 ② 照明异常
18	检查客室车顶通风隔栅 （位置：第1节车客室）	查看客室车顶通风隔栅： ① 通用隔栅完好 ② 通用隔栅破损
19	检查客室左侧车门 （位置：第1节车客室）	查看客室左侧车门： ① 门页无损坏，锁闭良好，指示灯无显示，紧急开门手柄处于水平位，塑料盖安装良好，乘客报警按钮完整无缺 ② 门页有损
20	检查客室右侧车门 （位置：第1节车客室）	查看客室右侧车门： ① 门页无损坏，锁闭良好，指示灯无显示，紧急开门手柄处于水平位，塑料盖安装良好，乘客报警按钮完整无缺 ② 门页有损
21	检查客室座椅、灭火器 （位置：第1节车客室）	查看客室座椅、灭火器： ① 盖板锁闭良好，每节车的一位端二位侧、二位端一位侧座椅下的灭火器齐全完整、捆绑牢固 ② 盖板松动
22	检查客室设备柜、电子柜、通道侧墙板。（注：选择通道侧墙板） （位置：第1节车客室）	查看客室设备柜、电子柜、通道侧墙板： ① 锁闭良好，完整无损坏，卫生条件符合出库运营条件 ② 墙板损坏

续表

序号	检查内容	结果选项
23	通知信息：客室设备检查结束，电气试验检查开始	
24	将司机台上"蓄电池合"按钮 CBAT 按下。（位置：司机台面左侧按钮面板 2 排左 2 位）	
25	检查蓄电池电压（位置：司机室右侧墙）	查看蓄电池电压： ① 蓄电池电压不低于 DC 85 V ② 蓄电池电压低于 DC 85 V
26	检查总风缸风压（位置：司机台右侧）	查看总风缸风压： ① 总风缸风压不低于 350 kPa ② 总风缸风压低于 350 kPa
27	闭合"电钥匙"开关（位置：司机台面右侧司控器面板）	
28	检查确认"门关好"指示灯亮（位置：司机台左侧指示灯面板右 2 位）	查看"门关好"指示灯状态： ① "门关好"指示灯亮 ② "门关好"指示灯灭
29	检查 ATI 显示屏（位置：司机台中部）	查看 ATI 显示屏状态： ① 显示屏正常启动 ② 显示屏没有启动
30	检查 TOD 信号屏（位置：司机台右侧）	查看 TOD 信号屏状态： ① 信号屏正常启动 ② 信号屏没有启动
31	确认地沟及走行部无人后，鸣笛（位置：司机台面左侧按钮面板 3 排右 1 位）	
32	按压"升弓按钮"，升起受电弓（位置：司机台面左侧按钮面板 2 排左 1 位）	
33	到司机室外检查该端受电弓是否正常升弓（位置：前端受电弓）	查看受电弓状态： ① 受电弓正常升弓 ② 受电弓没有升起
34	检查 ATI 显示屏，确认受电弓图标状态（位置：司机台中部）	查看 ATI 显示屏显示受电弓状态： ① 受电弓图标显示升起 ② 受电弓图标显示降下

续表

序号	检查内容	结果选项
35	按压试灯按钮不放（注：可用"Ctrl"键锁住），同时注意司机台所有指示灯是否点亮（位置：司机室控制柜内4排右2位）	
36	确认司机台所有指示灯是否点亮	指示灯按钮按下时，查看司机台所有指示灯状态： ① 司机台部分指示灯点亮 ② 司机台所有指示灯点亮
37	检查车载电台 （位置：司机台左侧）	选择车载电台的检查内容： ① 启动车载电台"电源"按键 ② 测试车载台与行调间的组呼功能、收发信息功能、紧急呼叫功能
38	要点提醒：另一司机室重复上述试验	
39	将"ATO模式开关1"打至"ATPM"位（位置：司机台面右侧按钮面板1排右1位）	
40	将"门选（自动/手动）"开关打至"手动"位（位置：司机台面右上按钮面板）	
41	将"门选（左/右）"开关打至"L"位（位置：司机台面左侧按钮面板3排左2位）	
42	检查"门允许"指示灯是否点亮（位置：司机台左侧指示灯面板左3位）	查看"门允许"指示灯状态： ① "门允许"指示灯熄灭 ② "门允许"指示灯点亮
43	同时按下司机台上的两个"开左门"按钮（注：可用"Ctrl"键锁住）（位置：司机台面左侧按钮面板4排右2、3位）	
44	检查"门关好"指示灯状态（位置：司机台左侧指示灯面板右2位）	查看"门关好"指示灯状态： ① "门关好"指示灯亮 ② "门关好"指示灯灭
45	检查ATI显示屏，确认车门状态 （位置：司机台中部）	查看ATI显示屏显示车门状态： ① 左侧车门在打开状态 ② 全部车门都在关闭状态

续表

序号	检查内容	结果选项
46	按下司机台面上的"关左门"按钮，关闭车门（位置：司机台面左侧按钮面板3排右2位）	
47	要点提醒：右门的试验同左门；进行车门试验时，严禁在车门未完全打开时按压关门按钮；严禁左右车门同时打开做试验	
48	将"门选（左/右）"开关打回"0"位（位置：司机台面左侧按钮面板3排左2位）	
49	检查列车广播装置（位置：司机台左侧）	选择列车广播系统试验的内容： ① 在列车广播控制盒单击车站，按压上下箭头选择站名后，按压"设置"按钮，报站正确、系统工作正常（须选择2个车站试播） ② 按压客室广播按钮，报站广播中断，人工广播正常 ③ 在单击紧急广播后，按压上下箭头选择相应内容后，按压"设置"按钮，确认内容正确、系统工作正常，按压取消按钮中止
50	要点提醒： 另一司机室重复上述试验	
51	按压"停放制动施加缓解"按钮（位置：司机台面右上按钮面板左1位）	
52	检查"停放制动施加缓解"按钮灯（位置：司机台面右上按钮面板左1位）	查看"停放制动施加缓解"按钮灯状态： ①"停放制动施加缓解"按钮灯亮 ②"停放制动施加缓解"按钮灯灭
53	检查ATI显示屏，确认停放制动图标（位置：司机台中部）	查看ATI显示屏显示： ① ATI显示屏制动栏下方显示"停放制动" ② ATI显示屏制动栏下方显示"无停放制动"
54	弹起"停放制动施加缓解"按钮（位置：司机台面右上按钮面板左1位）	
55	检查"停放制动施加缓解"按钮灯（位置：司机台面右上按钮面板左1位）	查看"停放制动缓解/施加"按钮灯状态： ①"停放制动施加缓解"按钮灯亮 ②"停放制动施加缓解"按钮灯灭

续表

序号	检查内容	结果选项
56	检查 ATI 显示屏,确认停放制动图标(位置:司机台中部)	查看 ATI 显示屏显示: ① ATI 显示屏制动栏下方显示"停放制动" ② ATI 显示屏制动栏下方显示"无停放制动"
57	要点提醒:停放制动试验时,总风缸压力不低 450 kPa;另一端司机室重复上述试验	
58	检查 ATI 显示屏"总体"界面,确认各车的空气制动状态(位置:司机台中部)	查看 ATI 显示屏显示各车的空气制动状态: ① 各车的空气制动全部施加 ② 部分车的空气制动未施加
59	按压"VVVF/SIV 复位"按钮(位置:司机台面右上按钮面板左 4 位)	
60	检查网压表网压显示(位置:司机室右侧墙)	查看网压显示: ① 网压显示 DC 1 000~1 800 V(额定电压:1 500 V) ② 网压显示低于 DC 1 000 V
61	将方向手柄置"前"位(位置:司机台面右侧司控器面板)	
62	确认所有人员处于安全区后,鸣笛(位置:司机台面左侧按钮面板 3 排右 1 位)	
63	将"主控手柄"拉向"常用制动"区(位置:司机台面右侧司控器面板)	
64	检查 ATI 显示屏,确认手轮图标状态(位置:司机台中部)	查看 ATI 显示屏显示手轮图标状态: ① 手轮图标级位与实际手轮级位一致 ② 手轮图标级位与实际手轮级位不一致
65	将"主控手柄"拉向"快速制动"位(位置:司机台面右侧司控器面板)	
66	检查 ATI 显示屏,确认制动图标状态(位置:司机台头中部)	查看 ATI 显示屏显示制动图标状态: ① ATI 显示"快速制动" ② ATI 显示"紧急制动"
67	按下"紧急制动"按钮(位置:司机台面左侧按钮面板 1 排右 1 位)	
68	检查"紧急制动施加"指示灯状态(位置:司机台右侧)	查看"紧急制动施加"指示灯状态: ①"紧急制动施加"指示灯亮 ②"紧急制动施加"指示灯灭

续表

序号	检查内容	结果选项
69	检查ATI显示屏,确认制动图标状态(位置:司机台中部)	查看ATI显示屏显示制动图标状态: ① ATI显示"快速制动" ② ATI显示"紧急制动"
70	恢复"紧急制动"按钮,缓解紧急(位置:司机台面左侧按钮面板1排右1位)	
71	按下"主控手柄"上的"警惕按钮"(位置:司机台面右侧司控器面板)	
72	将手柄推向"牵引"位(位置:司机台面右侧司控器面板)	
73	待列车刚移动,立即将"主控手柄"拉到制动区(位置:司机台面右侧司控器面板)	
74	检查ATI显示屏"总体"界面,确认各车的空气制动状态(位置:司机台中部)	查看ATI显示屏显示各车的空气制动状态: ① 各车的空气制动全部施加 ② 部分车的空气制动未施加
75	要点提醒:另一司机室重复上述试验	
76	确认工作状态开关、空调、客室灯、车头灯及客室状态的检查	工作状态开关、空调、客室灯、车头灯及客室状态的检查内容: ① 确认司机台门选旋钮开关(8SCO2)在手动开门位 ② 司机上车后操作列车空调/电热工作,确认显示屏无故障 ③ 把客室灯打到合位,打开客室门确认客室内照明正常 ④ 将方向手柄推向后退位,下车确认运行灯及尾灯显示正常,车头白色运行灯及头灯显示正常后,到达另一端司机室重复上述试验 ⑤ 司机试验完出车辆端司机室,进入客室时确认车门及盖板、设备柜门锁闭良好,灭火器材齐全,客室照明亮常,空调有新风输出
77	要点提醒:在出车辆段时确认线路无侵限、库门开启到位,有地沟的轨道还需确认地沟无人后上车报信号楼联系出车辆段	
78	通知信息:出乘检查作业结束	

(3)基地(停车场)内列车故障需要换备用车时的规定:出场列车由于故障无法处理需换

备用车时，信号楼调度员根据列检调度员的通知及时通知派班室和司机，司机得到通知后迅速携带车门方孔钥匙和 800 M 手持台到备用车上（其他行车备品可保留在故障车上）。对于库内备用车司机无须再做动、静态检查，但动车前司机需确认列车两侧和地沟无人、物侵限和运行方向第一转向架轮对无止轮器；派班员要及时安排其他司机将故障车上所有行车备品收回。

2. 出场作业

（1）严格执行"问路式"调车规定，基本原则是"进路要进路，出路要出路"，标准用语："信号楼，××××道，××××车，请求进路。"

（2）在基地（停车场）内，正常情况下凭地面信号显示行车，认真确认进路、道岔位置及信号机显示，发现异常及时停车，按规定做好呼唤应答及一度停车。

（3）严格执行限速规定，出入车库限速 5 km/h，基地（停车场）线路调车限速 20 km/h，采用限速向前模式（RMF）驾驶列车，动车前须确认信号及库门开启的情况并鸣笛以示动车警告。

（4）电客车在基地（停车场）内运行时，严禁受电弓在分段绝缘器位置停车，列车停放停车库时不得压住平交道口。

（5）在车库内运行时，限速 5 km/h，在接近停车位置时，司机应控制好速度，按规定停车位置停车。

（6）出场列车到达转化轨，在一度停车牌前停车后，与行车调度员联系。用语："行调，××次，转换轨×停妥，SM（RM）模式。"

3. 入场作业

（1）列车入场前，司机应确认车厢内没有乘客滞留、物品遗留，对车载信号、前方进路、道岔防护信号机进行确认后起动列车。

（2）正常情况下，以 SM 或 ATO 模式进场，直至模式转换点处停车，然后将信号模式转换至"RM"模式，对入场信号机进行确认，信号楼调度员联系，标准用语："信号楼，转换轨×，××次列车回场"，确认停车股道。

（3）列车在基地（停车场）内行驶时，司机应认真确认进路中每架调车信号机的显示及每付道岔的开通位量，并进行相应的呼唤确认。

（4）列车在基地（停车场）内行驶时，司机应做到车动集中看，瞭望不间断，遇平交道应一度停车，确认无人、无车辆后，在动车。

（5）列车在进库前应一度停车，司机应对库门、股道送电、无人及异物侵入限界进行确认后，方可驾驶列车进入车库。

（6）列车进库时，限速为 5 km/h，在接近停车位置时，司机应控制好速度，按规定位置停车。

（7）司机下车前，应将有关行车记录填写完毕，并记录列车走行公里数，同时携带好行车备品，离开列车时，应将两端司机室门全部锁闭，并对司机室杂物进行清理。

二、调车、洗车作业

1. 基地（停车场）内调车作业

（1）严格执行"问路式"调车规定，基本原则是"进路要进路，出路要出路"，标准用语：

"信号楼,××××道,××××车,请求进路。"

(2)正常情况下必须凭地面信号显示行车,认真确认进路、道岔位置及信号机显示,发现异常及时停车,按规定做好呼唤应答及一度停车作业标准。

(3)严格执行限速规定,出入车库限速 5 km/h,基地(停车场)线路调车限速 20 km/h,采用限速向前模式(RMF)驾驶列车,动车前须确认信号及库门开启的情况并鸣笛以示动车警告。

(4)电客车在基地(停车场)内运行时,严禁其受电弓在分段绝缘器位置停车,列车停放停车库时不得压住平交道口。

(5)在尽头线上调车时,距线路终端应有 10 m 安全距离,遇特殊情况必须小于 10 m 时,严格控制速度并采取防溜措施。

(6)基地(停车场)内道岔区段及其他 300 m 以下曲线半径线路原则上不得进行电客车连挂作业。特殊情况下需进行连挂作业时,须确认钩位,如果车钩不能达到对中范围的要求,须进行手动调整;在 150 m 曲线半径的线路上连挂时,如没有车辆系统专业人员在现场进行技术指导,则禁止连挂。

(7)迷雾天气作业时,当能见度大于 100 m 时,应适当降低速度,调车人员应加强瞭望,注意安全;当能见度小于 100 m 时,禁止口头传达计划;必须作业时,试车线调试限速 25 km/h,调试列车距尽头线末端至少保持 50 m 以上的安全距离。能见度小于 50 m 时,禁止调车作业和调试作业。

(8)当无线通信故障时,原则上不进行调车作业,必要时司机要使用手机联系信号楼调度员,双方明确作业办法。

(9)在基地(停车场)内调车时,严禁司机采用后退模式调车,如遇特殊情况必须退行时,司机应与信号楼调度员联系,经同意后,换端后(或有胜任人员防护后)方可执行。

2. 洗车作业

(1)列车进洗车库前应一度停车,司机与洗车库操作人员联系确认,具备洗车条件后,洗车库操作人员及时联系司机,司机得到洗车操作人员的通知后,确认库门开启,入库信号灯显示绿色后方可动车。

(2)需前端面清洗作业时,司机应按规定位置停车对位。在清洗端面前,司机应确认雨刮器处于关闭位。前端面清洗完毕后,确认端洗设备撤除、无侵入限界,进行信号显示绿色,听从洗车库操作人员指挥动车,继续进行侧面清洗。

(3)需后端面清洗作业时,司机应按规定位置停车对位。在清洗后端面作业前,司机应确认后雨刮器处于关闭位。后端面清洗完毕后,司机确认进行信号灯显示绿色,听从洗车库操作人员指挥,继续进行侧面清洗。

(4)全列车洗车作业完毕,洗车库操作人员通知司机,司机换端后与信号楼联系进路。出洗车库时,必须限速 3 km/h,不得超速。

(5)在洗车作业过程中,司机必须注意监听无线电,随时与操作人员联系或听取操作人员的指令。

(6)司机在清洗机区发现危害行车安全等异常情况,应立即停车。

三、调试作业要求

（1）调试作业前，调试司机应认真学习调试作业内容，明确作业要求，领会调度命令内容。

（2）如采取正线加开形式进行调试作业时，调试司机应认真学习调试方案，正点出库，在正线加强与行车调度员联系。加开调试列车分为有车载信号和无车载信号，各种状态下注意区别动车凭证。有车载信号的按车载信号执行；无车载信号的列车区间运行速度按《行车组织规则》执行。加开调试列车到达终点站需进行折返时，司机主动与行车调度员联系折返股道、进路情况。遇危及行车安全的调试指令时，司机应做好沟通，有权拒绝。

（3）当班司机长应根据调试作业内容，向调试司机传达安全注意事项，调试司机在《司机日志》上进行记录，必要时，司机长应添乘监督。

（4）调试作业流程应严格按照公司及中心相关规定执行，与相关调试作业规定相矛盾时，司机应拒绝调试作业，要求调试负责人与行车调度员（基地内与信号楼调度员）联系确认。

（5）调试过程中应加强车辆及线路状况监控，发现异常及时停车，情况不明不动车。

（6）参与一项调试任务人员多于两人（包括学习司机）时，司机长应指派一名调试组长，总体把控司机调试安全，监督、指导司机（学习司机）驾驶。

（7）调试过程中应执行好呼唤应答作业标准，对调试负责人发布的命令应复诵。调试负责人指令一定要清晰，需确认的内容有：地面信号显示、驾驶模式、限速要求、进路等要素。调试负责人发布指令不明确时，司机应追问。

（8）调试作业检车时应按照文本规定认真检查，特别是牵引、制动性能，发现列车故障时，应与调试负责人沟通，确认列车故障不影响正常调试作业。

（9）调试作业开始时应先确认调试负责人，并要求调试负责人在调试作业单（封锁命令）上签字，调试过程中只听从调试负责人指令动车，涉及一辆车两个司机调试时，两个司机都应听从调试负责人直接指令。涉及两辆及以上列车进行联合调试作业时，由调试负责人统一指挥，因调试作业需要，每辆车都需要指挥人时，司机应明确自己所在电客车调试指挥人。

（10）在试车线调试，开始前必须进行巡道，巡道最大速度为 25 km/h，巡道作业进入 100 m 标内时，限速 10 km/h 运行。如试车线有隧道，进入隧道前，确认隧道照明已开启（由调试负责人负责开启隧道照明），无隧道照明时，司机有权拒绝进入隧道调试作业。

（11）在试车线调试时，如 ATPFS 在正常位，列车进行有关 ATC 信号调试，在试车线尽头模拟车站折返作业时，加强实际距离与目标距离监控，遇雨、雪天气或轨道湿滑进行信号调试时，不得使用 ATO 模式驾驶，手动驾驶时注意提前制动，防止冲标。

（12）无 ATP 保护的车辆调试时，司机在试车线两端 400 m 标处必须采取制动措施，距终点 150 m 时速度不得大于 20 km/h，在 100 m 标处必须停车，遇特殊情况必须进入 100 m 时要停车后以不超过 10 km/h 的速度进入，确保安全。如有 80 km/h 的速度要求、列车牵引或制动故障、重载实验时，调试负责人和司机必须共同确认加速和终止时机并采取相应措施后方可作业。由于试车线长度限制，一趟运行只能完成一次加速至 60～80 km/h 作业（无特殊要求，加速过程应一次完成，加速到指定速度后不得再有牵引操作）。

（13）调试过程中，和调试相关的指令的下达和复诵必须通过 400 M 对讲机进行。

（14）雨、雪、雾天原则上停止调试作业，如必须调试，则必须和调试负责人制定安全措施，最高速度不得超过 60 km/h。

（15）调试过程中，遇调试人员下车作业时，在得到调试负责人动车指令时，司机应再次向调试负责人确认人员是否出清，确认无误后再动车。

（16）调试过程中调试负责人更换必须得到行车调度员或信号楼调度员的同意，否则司机可拒绝其调试指令。

四、基地（停车场）内呼唤用语标准（见表12-3）

表12-3 基地（停车场）内呼唤用语标准

呼唤时机	呼唤用语	手比方式	备　注
库门前	一度停车	√	列车必须在库门前、一度停车牌前、平交道口前停车
平交道口前			
一度停车牌			
入库库门前	库门好	√	确认库门开启位置正确
列车接近道岔时	道岔好	√	
	停车		道岔位置显示不正确时，立即停车
列车接近调车信号机时	白灯	√	
	红灯停车	√	列车必须在红灯前停车
列车进入尽头线	尽头线注意		自进入该线起，控制好速度，准备停车

说明：

（1）手比方式为左手握拳，食指中指并拢平伸，指尖需指向确认内容。

（2）列车进出库停车规定：

① 入库列车进入A端停车时，需在5 km/h限速牌前、库门前分别停车1次。

② 入库列车进入B端停车时，需在5 km/h限速牌前、库门前、A-B端道口处分别停车1次。

③ A端列车出库，动车前确认库门开启正常，动车至库门外平交道口前一度停车。

④ B端列车出库，动车前确认A-B端道口安全，动车至库门前、库门外平交道口前各停车1次。

【复习与思考】

1. 城市轨道交通司机基本要求包含哪些内容？
2. 列车出入基地时司机室检查的标准化流程包含什么？
3. 走形部检查标准化流程包含什么？
4. 驾驶员在出场作业时的标准化流程及用语是什么？
5. 驾驶员在基地（停车场）内调车作业的标准化流程包含哪些内容？

第十三章　城轨列车司机正线作业标准

一、出勤、退勤作业标准

1. 公寓候班制度

（1）出乘前 8 h 严禁饮酒或服用影响精神状态的药物，做好充分休息。值乘日班交路时，如遇天气原因或路途较远时，司机可提前到公寓候班，保持精力充沛。

（2）公寓候班时，必须严格执行公寓候班管理制度，严禁外出（特殊情况下要外出时，必须经派班员批准），晚高峰回库司机回库后须及早休息。

（3）公寓候班或借宿期间，禁止饮酒及进行任何娱乐活动或影响他人休息的活动。

（4）爱惜房间内所有用品，使用完毕后应放回原处，离开公寓要随手关灯。

（5）叫班后要立即起床，严格执行叫班签字确认制度，按时出勤。

2. 派班室出勤注意事项

（1）按规定发车点，带齐自身行车备品（规章文本等）提前 30 min 到派班室出勤。

（2）抄录有关的运行、安全注意事项，了解值乘列车（车辆）的技术状况、故障记录、车号、停车股道、担当车次、运行方向等，做好安全行车预想，与派班员交接相关行车备品（列车时刻表、车辆故障单、司机报单、手持台、列车钥匙、电筒等）。

（3）派班员确认司机的精神状态及仪表仪容等符合上岗要求，确认司机明确注意事项以及手机状态后在《司机日志》上签字（盖章）。

（4）白班、夜班司机基地内出勤时，须与正线司机长联系确认正线注意事项后，方可办理出勤。

3. 正线换乘室出勤注意事项

（1）正线换乘室出勤时，司机应带齐行车备品，标准着装，按照所担当运行车次发车点，提前 20 min 至正线换乘室出勤。

（2）抄录有关的运行、安全注意事项，了解正线列车（车辆）的技术状况、故障情况等。

（3）司机长确认司机的精神状态及仪表仪容等符合上岗要求，确认司机明确注意事项（要求每位司机复诵抄录注意事项内容）以及手机状态后，在《司机日志》上签字（盖章）。

（4）司机出勤后，按照发车点提前 5 min 到相应站台端头，立岗接班。

（5）列车到达后，交、接班司机做好交接，尤其是调度命令、运行注意事项、车辆状态、行车备品等。若遇设备故障或发生事故情况，以及在规定时间内未交接完毕的，应随车继续交接，直至交接完毕。

（6）司机不得携带与行车无关的物品上岗，手机必须调至震动状态。

（7）在存车线备用的列车交接班时，交接班司机应跟车进出存车线路。必须步行进入的，交接班司机应向行车调度员申请,说明进出路线,得到其同意后,方能下线路与备车驾驶员交接班,进入线路行走时,并加强对线路的瞭望,尽量靠线路限界外侧行走,确保自身安全。

4. 正线退勤

(1)站台交接班完毕,交班司机在安全线内目送列车安全离站,至换乘室退勤。

(2)交司机报单并向司机长汇报运营情况,当班过程中遇处理事故事件时,规范填写事故事件报告单。了解下个班担当列车车次、出勤时间等情况,开交班会。

(3)遇下列情况,不得退勤:

① 不在规定退勤地点时;
② 设备备品不清时;
③ 接班司机未到岗时;
④ 发生车辆故障或行车事件未交接清楚时;
⑤ 会议室及换乘室卫生不清洁时;
⑥ 不具备退勤的其他情况。

(4)交接班期间,如遇接班司机没及时到岗时,下班司机必须坚持将列车开到终点站后,再听从司机长安排,未按时接班者按"漏乘"处理。

5. 派班室退勤

(1)按照规定速度驾驶列车回库,在规定的位置停车,抄录公里数,按要求降弓、休眠(特殊情况时除外)。携带时刻表、手持台、主控钥匙、方孔钥匙等物品下车,锁闭司机室门至派班室退勤。

(2)与派班员交接时刻表、手持台、钥匙等行车备品,交接清楚后回答派班员提问,并在司机手册上签字或盖章,原则上按照列车到达终点站的时间顺序在退勤登记簿签名(因演练等原因影响正常回库时,听从派班员安排),了解入住房间号后,至相应房间休息,未经派班员同意,严禁外出。

6. 特殊情况出、退勤注意事项

(1)遇库内调试司机加开列车出库,备班司机、正线突发情况替班司机值乘前 30 min 须与正线司机长联系,确认运营注意事项。

(2)库备司机到达派班室后与当班司机长联系出勤,明确注意事项,无特殊原因,21 点后必须卧床休息。

(3)备班司机、正线突发情况需提前退勤,司机、临时替班司机应与正线司机长办理出、退勤。

二、正线驾驶

1. 巡道作业

(1)正线巡道列车由时刻表规定的车次列车担当;巡道列车运行限速按照列车运行图规定限速 35 km/h 运行(遇特殊情况,按调度命令执行)。

(2)担当巡道任务的司机,应严格按照限速要求运行,加强瞭望,认真确认限界内线路

与设备情况；重点为接触网、线路和侧部管线有无损坏、侵限；若发现有运行异常情况及不具备列车安全通行情况时，应立即紧急停车，仔细确认、判明情况，并向行车调度员报告，根据调度指示办理相关作业；司机如能排除障碍，应积极配合排除，尽快恢复列车运行。

（3）司机若发现线路情况异常时，汇报行车调度员内容应包括列车车号、车次、发生时间、驾驶员姓名、事发地点百米标位置、影响程度及具体情况、措施建议。

2. 区间运行

（1）列车在区间运行时，司机应坐姿端正，上身轻靠椅背，左右手均放置在操纵台上，做好随时紧急停车准备，座位高度调节至满足司机瞭望视线清晰。

（2）列车在区间运行时，司机应认真瞭望前方信号、线路及触网情况，发现异物侵入限界，应立即采取紧急停车措施。

（3）列车在区间运行时，司机应执行手指呼唤制度，用语见相关用语标准。

（4）在地面线路遇阳光斜射刺眼时，司机可调整遮阳帘至合适位置，严禁拉至底部和遮挡视线；在地下线路或地面线路背光处，严禁用遮阳帘对前窗进行遮挡。

（5）列车在区间运行时，驾驶员应时刻注意列车仪表显示，发现故障及时判断并处置，若故障影响列车准点运行时，应向行车调度员报告。

（6）手动驾驶时，司机应做到合理牵引和制动，做到平稳驾驶，严格按照推荐速度和区间信号的显示驾驶列车。

（7）列车在区间运行时，司机应加强瞭望，以防有人或异物侵入限界，无特殊情况严禁鸣笛；遇大风、大雨、大雪、浓雾等恶劣天气或在曲线半径较小、瞭望条件不理想的线路上运行时，司机根据调度命令或规定的限速要求运行；在经过长大坡度区段时，应合理使用牵引和制动，避免列车冲动或超速。

3. 进站作业

（1）列车进站时，司机应注意观察站内及站台情况，以防有人或异物侵入限界，发现异常情况要鸣笛示警，必要时，应及时采取紧急停车措施。

（2）司机手动驾驶时，进站前应根据指示速度适当减速。

（3）严禁采用接近停车标时，用快速制动方式停车，以保证停车平稳。

（4）遇钢轨涂油或轨面湿滑，应提前减速，防止列车越过停车位置。尽头线停车，要适当降低车速，采取早制动小制动方式停车，防止撞车挡。

（5）采用人工模式驾驶列车停稳后，司机应保持主手柄在制动区。

（6）列车进站时严禁接收命令，正在接令时应通知行车调度员列车要进站，进站停车开门后再与之联系。

4. 车站停车及开关门作业

（1）列车停站后，司机必须确认列车停稳，空气制动施加（空气制动施加红灯亮）后才能离开司机座位。

（2）在装有屏蔽门或安全门的车站，司机应同时确认屏蔽门或安全门全部开启，如屏蔽门或安全门未自动开启时，立即手动打开屏蔽门或安全门。

（3）司机跨出司机室到站台开关站台门、车门时，应注意列车与站台间的空隙，避免摔伤。司机立岗时，注意确认立岗位置安全。同一机班在站台立岗作业时必须严格执行列车操作者"先下后上"制度。

（4）人工开关站台门、车门时，必须严格执行"先上站台，后开门"制度。列车在站停稳后，司机确认列车停在规定的范围内（停车标±30 cm内），按照"先开启站台门，再开启车门"，关门时，"先关站台门，再关车门"的顺序作业。

（5）当发车表示器闪亮或停站计时器 DTI 到达 15 s 后，司机应根据乘客上下情况，掌握好关门时机，按压关门按钮，关闭所有该侧车门，尽量做到一次关门成功。

（6）关闭屏蔽门（站台门）时，应注意确认所有屏蔽门（站台门）关闭，屏蔽门（站台门）上方指示灯灭，控制盘上"站台门关好"指示灯亮。关闭车门时，应确认车门上方指示灯全部熄灭，驾驶台上"门关好灯"亮，DDU 显示屏显示所有车门关好，确认"站台门、车门无夹人夹物"；借助站台尾部"灯带"确认"站台门与车门空隙安全"。

（7）在曲线车站，司机关闭车门后，应凭站台安全员显示"好的"手信号后，方能进入司机室。

5. 出站作业

（1）列车起动前，司机应对车门、速度码、信号机、发车表示器（半自动闭塞）进行确认后发车。

（2）列车出站前，遇有道岔时，司机对道岔防护信号机及道岔位置进行确认后方可发车。

（3）司机在手动驾驶列车出站时，应控制好牵引，做到平稳起动列车。

（4）在安装 CCTV 监视器的车站，司机应通过监视器观察站台情况，发现异常情况，应立即采取紧急停车措施。

6. 折返作业

（1）列车到达终点站清客完毕（折返站原则上不得将乘客带进折返线），在确认接车司机上车后，到达司机应迅速关闭车门，并且确认前方道岔防护信号开放，道岔开通位置正确后方可驶入折返线。如前方道岔防护信号未开放，严禁进入司机室。

（2）司机手动驾驶列车时，根据列车限速要求驾驶，严禁超速行驶；在折返线行驶时，司机应集中思想，提前制动，按地面停车标停车。

（3）列车在规定地点（折返停车标）处停车，确认列车未压道岔和占标，停车后，司机应立即关闭主控制器钥匙，并与接班司机进行交接。

（4）到达司机在锁闭司机室门及客室通道门，关上车窗，雨雪天气时关闭雨刮器后，方能离开司机室，并确认通道门关闭良好。

（5）接车司机在折返线动车后，到达司机方能离开本端司机室。到达司机下车时，原则上必须从客室下车，到达司机不得从司机室侧门下车。条件不允许时，到达司机需从司机室侧门下车前，需与接车司机做好互控，接车司机通过 CCTV 确认，如 CCTV 故障，到达司机下车后打"好了"信号，接车司机回复"好了"信号后方能动车，站台瞭望条件不允许时，可通过电话联系，确保到达司机安全下车。

（6）接车司机应提前在规定地点等候折返列车，到达司机室后主动和交车司机联系，同时到达司机需将列车技术状况和其他必要的行车信息告知接车司机。接车司机换端时开主控钥匙前必须确认另一端驾驶台主控钥匙关闭，方可激活本端司机室。

（7）如检修人员利用折返时间在车下检修时，作业结束，动车前必须确认所有人员均在安全区域。在折返线遇检修人员需要打开客室门，必须汇报行车调度员，听从行车调度员命令。

7. 广播报站

（1）列车在始发站发车前，司机应根据运行交路设置好列车报站器，如是手动播报，应在列车起动后，及时进行报站操作，并做好监听。

（2）采用自动报站器报站时，司机应加强监听，并注意显示屏上站名显示，当发现报站错误时，应及时采用人工广播更正。

（3）当列车报站器发生故障无法使用时，司机应及时通过人工广播进行报站，人工报站应使用普通话，做到声音清晰、语气平和、用语规范，并向行车调度汇报。

（4）当遇到列车故障、清客、跳停等特殊情况或其他信息发布时，司机应选取应急广播词及时向乘客进行说明，没有设置应急广播词的列车应采用人工广播。

（5）高峰回库的列车，当列车到达终点站，司机应进行人工广播清客，防止将乘客带回库。

（6）司机驾驶列车时，应将 DDU 界面置于"操作"界面，并做好报站监听（如遇特殊原因，可将 DDU 界面置于"信息"界面）。

（7）司机应在每站发出后，确认第一遍客室广播无误后，呼唤"××站"。

（8）特殊情况下的广播词如表 13-1 所示。

表 13-1 特殊情况下的广播词

应急情况		广播内容	播放要求
1. 列车临时停车	临时停车≤5 min 时	各位乘客，现在是临时停车	故障列车司机根据实际情况发布故障信息，其他受影响的列车司机按 OCC 提供的信息发布相应故障信息。接到行车调度员发布的信息及更新信息后，播报两遍
	区间临时停>5 min 时	各位乘客，因××故障，现在是临时停车，预计停车等待××分钟	
	站台停车等待>5 min 且≤10 min 时		
2. 列车清客	列车在站清客	各位乘客请注意，本次列车将退出服务，请乘客全部下车	
	列车在区间清客	各位乘客请注意，本次列车将退出服务，请听从工作人员的指挥下车，下车时注意您的安全	
	其他列车在站清客	各位乘客请注意，由于××故障，请全体乘客在××站下车	
3	不停站通过	各位乘客请注意，由于运营调整（××故障），本次列车将不停站通过××站，请到××站的乘客提前下车	列车在需要乘客提前下车站前一站动车前播放两遍
4	在站停车>10 min 时	各位乘客，因××原因，列车发生延误，预计停车等待××分钟，有急事的乘客，请改乘其他交通工具	接到行车调度员延迟时间大于 10 min 延迟信息后，播两遍

续表

应急情况		广播内容	播放要求
5	限速运行	各位乘客,现在是限速运行(限速 30 km/h 以下行车时)	行调发布限速令后播两遍
6. 疏散乘客	列车发生险情需要两端疏散	各位乘客请注意,由于发生险情,请依照指示进入驾驶室并打开疏散门离开列车,步行前往车站,请注意安全	按 OCC 发布的信息,至少播报两遍,根据实际疏散情况掌握多播遍数
	列车发生险情需要后端疏散	各位乘客请注意,由于发生险情,请依照指示进入列车尾部驾驶室并打开疏散门离开列车,步行前往车站,请注意安全	
	列车发生险情需要前端疏散	各位乘客请注意,由于发生险情,请依照指示进入列车头部驾驶室并打开疏散门离开列车,步行前往车站,请注意安全	

(9) 正线驾驶呼唤标准用语如表 13-2 所示。

表 13-2 正线驾驶呼唤标准用语

呼唤时机	呼唤用语	手比方式	说 明
道岔防护及区间信号	绿灯	√	按正常速度通过
	黄灯,注意限速	√	控制速度(低于 25 km/h)
	红灯停车	√	正确采取制动措施,确保列车在红灯前停车
列车接近道岔时	道岔好	√	
	停车	√	道岔位显示不正确时,停车
列车停稳后,对标准确,MMI 有门释放图标	开左(右)门		呼唤后,离开座椅,打开司机室侧门,上站台
站台门/车门开启后	站台门、车门打开	√	车门和站台安全门开启后
距离开车 15 s 左右时	关门		呼唤后,按压关门按钮
站台门/车门关闭后	站台门、车门关好,无夹人夹物,空隙安全	√	
进入司机室前	门关好灯亮	√	确认司机室门关好指示灯亮后呼唤
动车前	有速度码	√	
监听到第一遍客室广播后	××站		
限速牌前	限速××	√	URM 模式驾驶时执行
限速取消牌前	限速 60	√	URM 模式驾驶时执行
列车接近站台时	进站注意		列车头部到达尾端墙时

续表

呼唤时机	呼唤用语	手比方式	说 明
列车接近站台中部时	对标停车	√	ATO时注意MMI上目标速度为"0"，目标距离变红，控制速度，准备停车
列车接近进（出）场信号机时	黄灯（白灯）	√	
	红灯停车	√	列车必须在红灯前停车
两端终点站折返前	确认折返		图标出现黄色背景
进入折返线、停车线后	尽头线注意		加强速度及目标距离监控，手动驾驶时控制好速度
列车折返换端两司机交接时	设备正常，安全无事		由交班司机确认设备正常后向接班司机交班

（10）电话闭塞法行车时正线呼唤用语标准如表13-3所示。

表13-3 电话闭塞法行车时正线呼唤用语

呼唤时机	司 机	手比方式	备 注
列车停稳后，对标准确，司机台气制动红灯亮	开左/右门		呼唤应答后，打开左/右侧司机室侧门，上站台开客室门
站台门/车门开启后	站台门、车门已开	√	车门和站台安全门开启后
确认路票正确后	路票正确，关左/右门	√	司机与学员须一起确认路票正确
站台门/车门关闭后	站台门、车门关好，无夹人夹物，空隙安全	√	
进入司机室前	门关好灯亮，有发车手信号	√	确认司机室门关好指示灯亮后呼唤
遇道岔位置时，确认进路正确后	道岔好	√	能清楚确认道岔位置时呼唤

【复习与思考】

1. 城市轨道交通司机正线换乘室出勤注意项包含哪些内容？
2. 城市轨道交通司机出站作业包含哪些内容？
3. 城市轨道交通司机折返作业包含哪些内容？
4. 驾驶员在特殊情况下的广播词主要包括哪些内容？

第十四章 列车故障处理

一、故障处理基本技巧

列车故障是影响列车正常运营秩序的主要原因之一。随着车辆设备的老化、维保不到位等诸多因素，列车在载客运营中发生因故障下线、清客、救援的现象不断发生，给正常的运营组织带来混乱。

为了减少列车故障发生的频率，除了按时作好维修保养以外，司机要规范驾驶列车，合理使用各项功能，最重要的是掌握各类车型的故障排除技能，一旦发生列车故障能及时快速处理，恢复运营秩序。通常列车故障发生后，都有其一定的现象，司机在故障发生时，要先根据现象（指示灯、仪表、DDU 显示屏）来判断故障原因和部位，从而快速正确地处理。城市轨道交通车辆故障处理常用方法如下：

1. 恢复法

通过司机室显示屏或仪表、指示灯显示内容，确定故障发生的部位并检查相关设备有无异常。如司机室设备柜内断路器断开、司机室设备柜内开关位置不正确、司机操作不到位等，司机可重复操作或者恢复其功能以达到排除故障的目的。

2. 切除法

城市轨道交通车辆故障发生会直接影响列车的安全性能，因此列车在电路设计中对重要功能安装了保护设备，该设备一旦发生故障，遵循"故障导向安全"原则，车辆控制系统会施加紧急制动状态、切断牵引、限速等手段来确保列车安全。司机必须通过故障现象准确查找故障原因，通过切除故障设备不让其工作的方法来维持列车运行，以减少对运营的影响。如车门发生关闭不到位时，司机可以采取切除该车门的方法继续载客运行；车载 ATP 故障时，可采用切除 ATP 的方法，采用 URM 模式驾驶。

3. 旁路法

城市轨道交通车辆故障时，也会影响列车驾驶功能，导致列车无法牵引，此时司机必须按故障情况严格区分故障发生的成因，区分是网络控制发生的故障还是电路保护发生的故障，在这种情况下，驾驶员可尝试使用旁路相关监控设备，维持列车运行。如监测列车空气制动是否缓解的压力传感器发生故障时，会导致全列车无法缓解、无牵引的现象，司机必须先确定列车制动已真正缓解后再使用制动旁路方法排除故障；如主风管压力保护开关故障，将导致列车施加紧急制动无法缓解，可采取低压风缸旁路的方式，缓解列车紧急制动；如车辆车门故障，司机无法采取切除法排除故障时，可以采取"车门旁路"的方式，驾驶列车退出运营。

4. 重启法

城市轨道交通列车采用计算机控制、网络控制，当控制信号或通信信号发生误差时，会造成信息显示紊乱，设备自检不成功，严重的会影响列车某些设备的正常使用（或死机），在这种情况下可采用重新启动列车或重新启动相关设备的方法，激活故障设备，恢复列车功能。如阿尔斯通 A 型电动列车车门死机后，可通过关闭再开启 EDCU 的方法重新激活车门控制；如车载 ATP 故障时，可采取重启的方式，重新自检，启动；列车信息系统死机后，可采取重取 MPU 的方式，恢复其功能。

二、途中故障应急处理

（1）城市轨道交通车辆在运营中出现故障情况下，此时行车组织由控制中心全权负责，车辆的故障判断和处理由司机全面负责，行车调度员有责任提出辅助处理意见，但司机离开驾驶室处理故障前须报告行车调度员。司机关好驾驶室门，并带车门钥匙及手持电台。

（2）城市轨道交通车辆在运营中出现故障，司机原则上对故障的判断处理时间为 3 min（根据行车间隔确定），需救援，应立即向行车调度员提出救援申请。

（3）列车在运营过程中发生比较简单、轻微的故障时，司机可通过观察操纵台仪表灯和显示屏 DDU、HMI 等途径获取列车故障信息，司机显示屏 DDU 有供列车驾驶员和车辆维修人员独自使用的界面，在驾驶过程中采用操作界面，司机在运行过程中应注意司机显示屏的显示，对显示的信息在第一时间作出分析和判断，以便采取恰当的措施和方法排除故障。所以要学会初级故障的判断就必须掌握司机显示屏的显示含义以及操作方法。

三、常见故障处理流程（见表 14-1）

表 14-1 常见故障处理流程

编号	故障名称	操作步骤
1	蓄电池电压表显示 0 V	（1）按压"蓄电池合"按钮（位置：司机台面左侧按钮面板 2 排左 2 位）
		（2）检查"蓄电池电压表"，确认电压值（位置：司机室右侧墙）
		（3）检查"DC 110 V 电压表开关"3QF02 状态（位置：司机室控制柜内 3 排左 2 位）
		（4）闭合"DC 110 V 电压表开关"3QF02（位置：司机室控制柜内 3 排左 2 位）
		（5）检查"蓄电池电压表"，确认电压值（位置：司机室右侧墙）
		（6）正常起动列车
		（7）通知信息：故障处理结束
2	两个受电弓不能升起	（1）按压"蓄电池合"按钮（位置：司机台面左侧按钮面板 2 排左 2 位）
		（2）闭合"电钥匙"（位置：司机台面右侧司控器面板）
		（3）按下"空压机启动"按钮（位置：司机台面左侧按钮面板 2 排左 3 位）
		（4）按压"升弓按钮"，升起受电弓（位置：司机台面左侧按钮面板 2 排左 1 位）

续表

编号	故障名称	操作步骤
2	两个受电弓不能升起	（5）检查 ATI 显示屏，确认受电弓状态（位置：司机台中部）
		（6）按压"降弓按钮"，取消升弓指令（位置：司机台面左侧按钮面板 1 排左 1 位）
		（7）检查"双针压力表"，确认总风压力是否正常（位置：司机台右侧）
		（8）检查当前司机室"受电弓控制"开关 PANN 的状态（位置：司机室控制柜内 1 排左 8 位）
		（9）检查第 2 节车"受电弓"控制开关 PANN 的状态（位置：第 2 节车电子柜 1 排左 4 位）
		（10）检查第 5 节车"受电弓"控制开关 PANN 的状态（位置：第 5 节车电子柜 1 排左 4 位）
		（11）检查第 2 节车受电弓"气路塞门 U01.2"的状态（位置：第 2 节车设备柜左 1 位）
		（12）将第 2 节车受电弓"气路塞门 U01.2"扳到垂直位（位置：第 2 节车设备柜左 1 位）
		（13）检查第 5 节车受电弓"气路塞门 U01.2"的状态（位置：第 5 节车设备柜左 1 位）
		（14）将第 5 节车受电弓"气路塞门 U01.2"扳到垂直位（位置：第 5 节车设备柜左 1 位）
		（15）要点提醒：如果两节 Mp 车的受电弓控制开关 PANN、受电弓气路塞门 U01.2 均在正常位，而受电弓升不起，则立即通知 DCC 处理
		（16）按压"升弓按钮"，升起受电弓（位置：司机台面左侧 2 排左 1 位）
		（17）检查 ATI 显示屏，确认受电弓状态（位置：司机台中部）
		（18）正常起动列车
		（19）通知信息：故障处理结束
3	单个受电弓不能升起	（1）按压"蓄电池合"按钮（位置：司机台面左侧按钮面板 2 排左 2 位）
		（2）闭合"电钥匙"（位置：司机台面右侧司控器面板）
		（3）按下"空压机启动"按钮（位置：司机台面左侧按钮面板 2 排左 3 位）
		（4）按压"升弓按钮"，升起受电弓（位置：司机台面左侧按钮面板 2 排左 1 位）
		（5）检查 ATI 显示屏，确认受电弓状态（位置：司机台中部）
		（6）按压"降弓按钮"，降下受电弓（位置：司机台面左侧按钮面板 1 排左 1 位）
		（7）检查第 5 节车受电弓"气路塞门 U01.2"的状态（位置：第 5 节车设备柜左 1 位）
		（8）检查第 5 节车"受电弓"控制开关 PANN 的状态（位置：第 5 节车电子柜 1 排右 4 位）

续表

编号	故障名称	操作步骤
3	单个受电弓不能升起	（9）闭合第 5 节车"受电弓"控制开关 PANN（位置：第 5 节车电子柜 1 排右 4 位）
		（10）要点提醒：如果事故 Mp 车的受电弓控制开关 PANN、受电弓气路塞门 U01.2 均在正常位，而受电弓升不起，则立即通知 DCC 处理
		（11）按压"升弓按钮"，升起受电弓（位置：司机台面左侧按钮面板 2 排左 1 位）
		（12）检查 ATI 显示屏，确认受电弓状态（位置：司机台中部）
		（13）正常起动列车
		（14）通知信息：故障处理结束
4	全列车无牵引	（1）正常起动列车
		（2）通知信息：全列车无牵引
		（3）检查"门关好"指示灯的亮灭情况（位置：司机台头左侧指示灯面板 1 排左 4 位）
		（4）要点提醒：若"门关好"指示灯不亮，按"单门关不上"的故障进行处理
		（5）检查"门选（左/右）"开关位置（位置：司机台面左侧按钮面板 3 排左 2 位）
		（6）检查"主控器控制"开关 MCN 状态（位置：司机室控制柜 1 排左 2 位）
		（7）要点提醒：若"主控器控制开关 MCN"跳开则恢复一次，连跳则向行车调度员申请换端操作
		（8）检查 ATI 显示屏，确认 ATI 显示屏"总体"界面中高速断路器"HB"状态（位置：司机台中部）
		（9）要点提醒：若高速断路器 HB 显示"关"，则将主控手柄置于"N"位，按压司机台"VVVF/SIV 复位"按钮进行复位操作，同时确认网压在 1 000～1 800 V
		（10）将"主控手柄"拉到"FB"快制位（位置：司机台面右侧司控器面板）
		（11）按住"警惕按钮"，将"主控手柄"拉到牵引区，重新加载（位置：司机台面右侧司控器面板）
		（12）检查"ATI 显示屏"，确认 ATI 显示屏"总体"界面 MM 电流是否恢复正常（位置：司机台中部）
		（13）要点提醒：除了上述情况，导致全车无牵引的原因包括"全列紧急制动不缓解""停放制动不缓解""单车不缓解"；若排除以上原因，则应向行车调度员申请换端；若换端仍然无效，则请求救援
		（14）通知信息：故障处理结束
5	单车无牵引	（1）正常起动列车
		（2）将"门选（自动/手动）"开关 8SC01 打至"手动"位（位置：司机台面右上按钮面板左 6 位）

续表

编号	故障名称	操作步骤
5	单车无牵引	（3）通知信息：单车无牵引（两节动车故障）
		（4）检查ATI显示屏，确认ATI显示屏"总体"界面MM电流情况（位置：司机台中部）
		（5）按下"故障单元切除开关"UCOS按钮（位置：司机室控制柜4排左2位）
		（6）维持运行，到站停车
		（7）将"主控手柄"拉到"N"位（位置：司机台面右侧司控器面板）
		（8）按压"VVVF/SIV复位"按钮（位置：司机台面右上按钮面板1排左4位）
		（9）将"主控手柄"拉到"牵引"区，重新加载（注：若因警惕引起紧急，则先缓解紧急）（位置：司机台面右侧司控器面板）
		（10）检查ATI显示屏，确认ATI显示屏"总体"界面MM电流情况（位置：司机台中部）
		（11）要点提醒：如只有1节动车无牵引，则维持到终点站再进行以上处理；若复位处理无效，则汇报行车调度员，清客退出服务
		（12）通知信息：故障处理结束
6	单个受电弓降下	（1）正常起动列车
		（2）通知信息：受电弓降下
		（3）检查ATI显示屏，确认受电弓状态（位置：司机台中部）
		（4）维持运行，到站停车
		（5）重新按压"升弓按钮"（位置：司机台面左侧按钮面板1排左1位）
		（6）检查ATI显示屏，确认受电弓状态（位置：司机台中部）
		（7）要点提醒：若故障消除，两个受电弓均升起，则继续运营到终点站退出服务
		（8）检查第2节车"受电弓"控制断路器PANN的状态（位置：第2节车电子柜1排右4位）
		（9）汇报行车调度员本站清客，并退出服务
		（10）要点提醒：若受电弓控制断路器跳闸，复位后正常则继续运营；复位无效，则同上汇报行车调度员，清客退出服务
		（11）通知信息：故障处理结束
7	两个受电弓降下	（1）正常起动列车
		（2）通知信息：受电弓降下
		（3）检查ATI显示屏，确认受电弓状态（位置：司机台中部）
		（4）检查当前司机室"受电弓控制"开关PANN的状态（位置：司机室控制柜内1排左8位）
		（5）闭合"受电弓控制"开关PANN（位置：司机室控制柜内1排左8位）

续表

编号	故障名称	操作步骤
7	两个受电弓降下	（6）按压"升弓按钮"（位置：司机台面左侧按钮面板2排左1位）
		（7）检查ATI显示屏，确认受电弓状态（位置：司机台中部）
		（8）继续运营，到终点站退出服务
		（9）要点提醒：如受电弓不能升起或开关连跳，换端按下升弓按钮升弓，如受电弓工作正常，司机再转到前端驾驶，运行到终点站退出服务，如受电弓不能升起，则请求救援
		（10）通知信息：故障处理结束
8	全列紧急制动不缓解——信号系统原因	（1）正常起动列车
		（2）通知信息：全列紧急制动不缓解
		（3）检查TOD显示屏，确认列车制动状态（位置：司机台右侧）
		（4）按下"警惕按钮"，同时将"主控手柄"拉至"FB"快制位（位置：司机台面右侧司控器面板）
		（5）将"主控手柄"推至"N"位重新建立紧急环路（位置：司机台面右侧司控器面板）
		（6）检查TOD显示屏，确认列车制动状态（位置：司机台右侧）
		（7）要点提醒：如紧急制动缓解，以IATP可继续运营
		（8）汇报行车调度员，申请转换模式至RM
		（9）将"ATO模式开关1"打至"RM"位（位置：司机台面最右侧按钮面板1排右1位）
		（10）按下"警惕按钮"，同时将"主控手柄"拉至"FB"快制位（位置：司机台面右侧司控器面板）
		（11）将"主控手柄"推至"N"位重新建立紧急环路（位置：司机台面右侧司控器面板）
		（12）检查TOD显示屏，确认列车制动状态（位置：司机台右侧）
		（13）要点提醒：如能正常缓解，缓解后ATP定位正常，TOD屏显示IATP模式可用，再转换至IATP可继续运营
		（14）汇报行车调度员，申请转换模式至NRM
		（15）将"模式开关2"4SC02由NORM模式转换为NRM模式位（位置：司机室控制柜4排右1位）
		（16）按下"警惕按钮"，同时将"主控手柄"拉至"FB"快制位（位置：司机台面右侧司控器面板）
		（17）将"主控手柄"推至"N"位重新建立紧急环路（位置：司机台面右侧司控器面板）

续表

编号	故障名称	操作步骤
8	全列紧急制动不缓解——信号系统原因	（18）检查TOD显示屏，确认列车制动状态（位置：司机台右侧）
		（19）要点提醒：如在NRM模式下仍不能缓解，则按照车辆系统处理步骤执行
		（20）汇报行调，紧急制动已缓解，按行调命令执行下一步操作
		（21）通知信息：故障处理结束
9	全列紧急制动不缓解——车辆系统原因	（1）正常起动列车
		（2）通知信息：全列紧急制动
		（3）检查TOD显示屏，确认列车制动状态（位置：司机台右侧）
		（4）要点提醒：列车遇紧急制动不缓解时，应先按信号系统处理步骤处理，若处理无效再进行以下车辆系统处理步骤
		（5）检查"制动控制1"开关BVN1状态（位置：司机室控制柜内1排左3位）
		（6）检查"制动控制2"开关BVN2状态（位置：司机室控制柜内1排左4位）
		（7）检查"模式开关控制"4QF05状态（位置：司机室控制柜内2排左4位）
		（8）检查"紧急制动"按钮状态（位置：司机台面左侧按钮面板1排1位）
		（9）要点提醒：若以上开关在异常位（断开或按下），则将其复位
		（10）检查"双针压力表"，确认总风压力（位置：司机台右侧）
		（11）按下"警惕按钮"，同时将"主控手柄"拉至"FB"快制位（位置：司机台面右侧司控器面板）
		（12）将"主控手柄"推至"N"位重新建立紧急环路（位置：司机台面右侧司控器面板）
		（13）检查TOD显示屏，确认列车制动状态（位置：司机台右侧）
		（14）闭合"紧急制动短路开关"ESS（位置：司机室控制柜内2排右1位）
		（15）检查TOD显示屏，确认列车制动状态（位置：司机台右侧）
		（13）要点提醒：若在头端仍无法缓解，换到尾端将"紧急制动短路开关ESS"闭合后推进到站；若仍无法动车，报行车调度员请求救援
		（17）汇报行车调度员，下一站清客退出服务
		（18）起动列车，运行至前方站进行清客
		（19）通知信息：故障处理结束
10	停放制动不缓解	（1）正常起动列车
		（2）通知信息：停放制动不缓解
		（3）检查ATI显示屏，确认列车停放制动状态（位置：司机台中部）
		（4）检查"双针压力表"，确认总风压力（位置：司机台右侧）
		（5）检查"停放制动施加缓解"按钮状态（位置：司机台面右上按钮面板1排左1位）

续表

编号	故障名称	操作步骤
10	停放制动不缓解	（6）按下"警惕按钮"，同时将"主控手柄"拉至"FB"快制位（位置：司机台面右侧司控器面板）
		（7）按下"停放制动施加缓解"按钮（位置：司机台面右上按钮面板1排左1位）
		（8）弹起"停放制动施加缓解"按钮（位置：司机台面右上按钮面板1排左1位）
		（9）将"主控手柄"推至"制动"区（位置：司机台面右侧司控器面板）
		（10）检查ATI显示屏，确认列车停放制动状态（位置：司机台中部）
		（11）要点提醒：若停放制动仍不缓解，降弓后将故障车转向架"制动缓解塞门J6"关闭，手动缓解故障车的停放制动，同时将故障车电器柜内"BECN控制"开关断开
		（12）起动列车
		（13）通知信息：故障处理结束
11	单台静止逆变器（SIV）不启动	（1）按压"蓄电池合"按钮（位置：司机台面左侧按钮面板2排左2位）
		（2）闭合"电钥匙"（位置：司机台面右侧司控器面板）
		（3）按下"空压机启动"按钮（位置：司机台面左侧按钮面板2排左3位）
		（4）按压"升弓按钮"，升起受电弓（位置：司机台面左侧按钮面板2排左1位）
		（5）通知信息：单台静止逆变器（SIV）不启动
		（6）检查ATI显示屏"总体"界面，查看SIV的输出情况（位置：司机台中部）
		（7）检查故障端司机室"SIV控制"开关SIVN是否跳开，若跳闸将其恢复（位置：司机室控制柜内1排右9位）
		（8）按压"VVVF/SIV复位"按钮（位置：司机台面右上按钮面板1排左4位）
		（9）检查ATI显示屏"总体"界面，查看SIV的输出情况（位置：司机台中部）
		（10）起动列车，继续运营
		（11）要点提醒：如进行复位后，故障仍未消失，则运营到终点站退出服务
		（12）通知信息：故障处理结束
12	两台静止逆变器（SIV）不启动	（1）正常起动列车
		（2）将"门选（自动/手动）"开关8SC01打至"手动"位（位置：司机台面右上按钮面板左6位）
		（3）通知信息：两台静止逆变器（SIV）不启动
		（4）检查ATI显示屏"总体"界面，查看SIV的输出情况（位置：司机台中部）
		（5）维持运行，前方站内停车
		（6）检查网压表显示是否正常，正常网压在1 000~1 800 V（位置：司机室右侧墙）
		（7）将"主控手柄"拉回"N"位（位置：司机台面右侧司控器面板）

续表

编号	故障名称	操作步骤
12	两台静止逆变器（SIV）不启动	（8）按压"VVVF/SIV复位"按钮（位置：司机台面右上按钮面板1排左4位）
		（9）检查ATI显示屏"总体"界面，查看SIV的输出情况（位置：司机台头中部）
		（10）要点提醒：若进行复位后，故障消失，则继续运营
		（11）检查当前司机室"SIV控制"开关状态（位置：司机室控制柜内1排左9位）
		（12）汇报行车调度员，进行清客
		（13）清客后，按压"降弓按钮"，降下受电弓（位置：司机台面左侧按钮面板1排左1位）
		（14）按压"蓄电池断"按钮，关闭列车（位置：司机台面左侧按钮面板1排左2位）
		（15）等待10 s
		（16）按压"蓄电池合"按钮，重新激活列车（位置：司机台面左侧按钮面板2排左2位）
		（17）按压"升弓按钮"，升起受电弓（位置：司机台面左侧按钮面板2排左1位）
		（18）检查ATI显示屏"总体"界面，查看SIV的输出情况（位置：司机台中部）
		（19）起动列车，运营到终点站后退出服务
		（20）要点提醒：若列车重新激活无效，则向行车调度员申请救援
		（21）通知信息：故障处理结束
13	空压机打风不止	（1）正常起动列车
		（2）通知信息：空压机打风不止
		（3）检查ATI显示屏"总体"界面，查看空压机的工作情况（位置：司机台中部）
		（4）检查"双针压力表"，确认总风压力（位置：司机台右侧）
		（5）要点提醒：如果风压维持在700 kPa以上，视情况运行到终点站退出服务
		（6）将"主控手柄"拉至"制动"区（位置：司机台面右侧司控器面板）
		（7）按下操纵端司机室的"回送开关"DES（位置：司机室控制柜内4排左4位）
		（8）闭合"紧急制动短路开关"ESS（位置：司机室控制柜内2排右1位）
		（9）重新起动列车，限速25 km/h运行至前方站清客退出服务
		（10）要点提醒：如运行中，如总风压力小于500 kPa时，停放制动会自动施加，列车不能牵引，向行车调度员请求救援。救援时司机下车底将"制动缓解塞门J6"关闭，手动缓解停放制动
		（11）通知信息：故障处理结束

续表

编号	故障名称	操作步骤
14	单台空压机不打风	（1）正常起动列车
		（2）通知信息：单台空压机不打风
		（3）检查ATI显示屏"总体"界面，查看空压机的工作情况（位置：司机台中部）
		（4）检查"双针压力表"，确认总风压力变化（位置：司机台右侧）
		（5）维持运行至终点站
		（6）检查不工作的空压机Mp车的"空压机"控制开关CMCN是否断开，若跳开则复位（位置：第5节车电子柜1排右3位）
		（7）闭合不工作的空压机Mp车的"空压机"控制开关CMCN（位置：第5节车电子柜1排右3位）
		（8）操作"主控手柄"重复施加与缓解制动，使总风压力低于800 kPa（位置：司机台面右侧）
		（9）检查ATI显示屏"总体"界面，查看空压机的工作情况（位置：司机台中部）
		（10）要点提醒：如果仍然存在一台空压机不工作，则报行车调度员后退出服务
		（11）通知信息：故障处理结束
15	两台空压机不打风	（1）正常起动列车
		（2）通知信息：两台空压机不打风
		（3）检查ATI显示屏"总体"界面，查看空压机的工作情况（位置：司机台中部）
		（4）检查"双针压力表"，确认总风压力（位置：司机台右侧）
		（5）检查ATI显示屏"总体"界面，查看SIV的输出情况（位置：司机台中部）
		（6）运行至前方站内停车
		（7）检查操纵端司机室"空压机控制"开关GMGN的状态，若跳开则复位（位置：司机室控制柜内1排左7位）
		（8）检查"空压机启动"按钮是否被按下，若未按下则按下；若已按下，恢复后重新再按一次（位置：司机台面左侧按钮面板2排左3位）
		（9）弹起"空压机启动"按钮（位置：司机台面左侧按钮面板2排左3位）
		（10）按下"空压机启动"按钮（位置：司机台面左侧按钮面板2排左3位）
		（11）检查ATI显示屏"总体"界面，查看空压机的工作情况（位置：司机台中部）
		（12）点开ATI显示屏"总体"界面，按压司机台上"强迫启动"按钮不放，同时注意空压机是否启动（位置：司机台面左侧按钮面板1排左3位）
		（13）确认空压机的启动情况
		（14）汇报行车调度员，当前站清客退出服务

续表

编号	故障名称	操作步骤
15	两台空压机不打风	（15）要点提醒：如空压机仍不能启动，在运行中出现因风压低于 600 kPa 产生紧急制动时，将操纵端司机室控制柜内的"回送开关 DES"和"紧急制动短路开关 ESS"闭合，限速 25 km/h 运行，报行车调度员本站或前方站清客后退出服务。如在运行中，总风压力小于 500 kPa 时，停放制动会自动施加，列车不能牵引，向行调请求救援。救援时司机下车底将"制动缓解塞门 J6"关闭，手动缓解停放制动
		（16）通知信息：故障处理结束
16	ATI 显示屏黑屏或死机——不影响行车	（1）正常起动列车
		（2）通知信息：ATI 显示屏黑屏
		（3）检查 ATI 显示屏状况（位置：司机台中部）
		（4）检查 TOD 显示屏状况（位置：司机台右侧）
		（5）要点提醒：如果车载信号 TOD 的显示屏不能显示，司机应立即停车处理
		（6）运行至前方站内停车
		（7）将司机台"ATI 复位"按钮复位一次（位置：司机台面右上按钮面板 1 排左 3 位）
		（8）检查 ATI 显示屏状况（位置：司机台中部）
		（9）断开"ATI 显示单元"开关 4QF01（位置：司机室控制柜内 1 排右 5 位）
		（10）等待 5 s
		（11）闭合"ATI 显示单元"开关 4QF01（位置：司机室控制柜内 1 排右 5 位）
		（12）检查 ATI 显示屏状况（位置：司机台中部）
		（13）起动列车，继续运营
		（14）要点提醒：若断合 ATI 显示单元开关 4QF01 后，故障仍未消失，则当前站报行车调度员清客后退出服务
		（15）通知信息：故障处理结束
17	ATI 显示屏黑屏或死机——影响行车	（1）正常起动列车
		（2）通知信息：ATI 显示屏黑屏
		（3）检查 ATI 显示屏状况（位置：司机台中部）
		（4）检查 TOD 显示屏状况（位置：司机台右侧）
		（5）按下司机室控制柜"ATI 异常开关"ATIFS（位置：司机室控制柜内 4 排左 3 位）
		（6）检查 ATI 显示屏状况（位置：司机台中部）
		（7）弹起司机室控制柜"ATI 异常开关"ATIFS（位置：司机室控制柜内 4 排左 3 位）

续表

编号	故障名称	操作步骤
17	ATI显示屏黑屏或死机——影响行车	（8）按压"降弓按钮"，降下受电弓（位置：司机台面左侧按钮面板1排左1位）
		（9）按压"蓄电池断"按钮，关闭列车（位置：司机台面左侧按钮面板1排左2位）
		（10）等待10 s
		（11）按压"蓄电池合"按钮，重新激活列车（位置：司机台面左侧按钮面板2排左2位）
		（12）检查ATI显示屏状况（位置：司机台中部）
		（13）起动列车，继续运营至终点站退出服务
		（14）要点提醒：若列车重新激活无效，向行车调度员申请换端操作推进；若换端后仍不能动车，向行车调度员请求救援；若换端后能动车，行车调度员视情况组织推进到就近存车线
		（15）通知信息故障处理结束
18	全列车门打不开	（1）正常起动列车
		（2）前方站内停车
		（3）将"门选（自动/手动）"开关打至"手动"位（位置：司机台面右上按钮面板左6位）
		（4）将"门选（左/右）"旋钮打至"L"位（位置：司机台面左侧按钮面板3排左2位）
		（5）同时按下司机台上的两个"开左门"按钮（注：按"Ctrl"键锁住）（位置：司机台面左侧按钮面板4排左3、4位）
		（6）通知信息：全列车门打不开（司机台门允许灯不亮）
		（7）检查ATI显示屏，查看车门的打开情况（位置：司机台中部）
		（8）检查"门允许"指示灯是否点亮（位置：司机台头左侧指示灯面板左3位）
		（9）检查TOD屏，确认车载信号TOD显示停车位置是否正确（位置：司机台右侧）
		（10）按压"试灯按钮"不放（注：可用"Ctrl"键锁住），同时注意"门允许"指示灯是否点亮（位置：司机室控制柜内4排右2位）
		（11）检查确认"门允许"指示灯是否点亮
		（12）检查列车"车门控制"8QF02开关的状态，如跳闸则复位（位置：司机室控制柜内2排左6位）
		（13）检查确认"门选（自动/手动）"开关在正常位（位置：司机台面右上按钮面板左6位）
		（14）检查确认"门选（左/右）"开关在正常位（位置：司机台面左侧按钮面板3排左2位）

续表

编号	故障名称	操作步骤
18	全列车门打不开	（15）检查"门允许"指示灯是否点亮（位置：司机台头左侧指示灯面板左3位）
		（16）将控制柜"ATP门使能旁路开关1"开关合上（位置：司机室控制柜内2排左7位）
		（17）将控制柜"ATP门使能旁路开关2"开关断开（位置：司机室控制柜内2排左8位）
		（18）检查"门允许"指示灯是否点亮（位置：司机台左侧指示灯面板左3位）
		（19）闭合控制柜"左侧门短接"开关（位置：司机室控制柜内3排右3位）
		（20）检查"门允许"指示灯是否点亮（位置：司机台左侧指示灯面板左3位）
		（21）同时按下司机台上的两个"开左门"按钮（注：可用"Ctrl"键锁住）（位置：司机台面左侧按钮面板4排左3、4位）
		（22）检查ATI显示屏，查看车门的打开情况（位置：司机台中部）
		（23）要点提醒：若以上操作"门允许"灯仍不亮，则用客室内手动开门解锁装置开门，清客后退出服务
		（24）通知信息：故障处理结束
19	全列车门关不上	（1）正常起动列车
		（2）将"门选（自动/手动）"开关打至"手动"位（位置：司机台面右上按钮面板左6位）
		（3）前方站内停车
		（4）将"门选（左/右）"开关打至"L"位（位置：司机台面左侧按钮面板3排左2位）
		（5）同时按下司机台上的两个"开左门"按钮（可用"Ctrl"键锁住）（位置：司机台面左侧4排左3、4位）
		（6）检查ATI显示屏，查看车门的打开情况（位置：司机台中部）
		（7）按下司机台面上的"关左门"按钮，关闭车门（位置：司机台面左侧按钮面板3排左4位）
		（8）通知信息：全列车门关不上
		（9）检查ATI显示屏，查看车门的关闭情况（位置：司机台中部）
		（10）按下司机室左侧墙上的"关左门"按钮（位置：司机室左侧墙）
		（11）检查ATI显示屏，查看车门的关闭情况（位置：司机台中部）
		（12）将控制柜内"车门控制"开关8QF02断开（位置：司机室控制柜内2排左6位）
		（13）等待5 s
		（14）将控制柜内"车门控制"开关8QF02闭合（位置：司机室控制柜内2排左6位）

续表

编号	故障名称	操作步骤
19	全列车门关不上	（15）按下司机台面上的"关左门"按钮，关闭车门（位置：司机台面左侧按钮面板3排左4位）
		（16）检查ATI显示屏，查看车门的关闭情况（位置：司机台中部）
		（17）要点提醒：如仍不能关门，报行车调度员前站清客，将操纵端司机室控制柜"2SK01门旁路"开关合上，并将"模式转换开关4SC02"由NORM模式转换为NRM模式位，退出服务
		（18）通知信息：故障处理结束
20	单门或部分车门打不开	（1）正常起动列车
		（2）将"门选（自动/手动）"开关打至"手动"位（位置：司机台面右上按钮面板左6位）
		（3）前方站内停车
		（4）将"门选（左/右）"开关打至"L"位（位置：司机台面左侧按钮面板3排左2位）
		（5）同时按下司机台上的两个"开左门"按钮（可用"Ctrl"键锁住）（位置：司机台面左侧4排左3、4位）
		（6）通知信息：单个车门打不开
		（7）检查ATI显示屏，查看车门的打开情况（位置：司机台中部）
		（8）再次同时按下司机台上的两个"开左门"按钮（可用"Ctrl"键锁住）（位置：司机台面左侧4排左3、4位）
		（9）检查ATI显示屏，查看车门的打开情况（位置：司机台中部）
		（10）到故障车门处，用长柄四方钥匙将隔离锁隔离（注：点击"修理"，选择车门）（位置：第一节客室左侧第一个车门）
		（11）要点提醒：单节车一侧一个车门打不开，隔离后正常运营；单节车一侧两个车门打不开，隔离后终点站清客，可存放在就近存车线，待车辆部人员处理
		（12）关闭车门，起动列车，继续运营
		（13）通知信息：故障处理结束

【复习与思考】

1. 简述城市轨道交通车辆故障处理常用方法。
2. 简述城市轨道交通途中的应急处理程序。
3. 简述两个受电弓不能升起的应急处理程序。
4. 简述全列车无牵引的应急处理程序。
5. 简述停放制动不缓解的应急处理程序。
6. 简述全列车门打不开的应急处理程序。

附录 城轨电动列车司机安全操作规范

1 范围

本标准规定了城轨电动列车司机（以下简称司机）安全操作城轨电动列车的一般要求和在作业前、作业中、作业后的安全操作规范。

本标准适用于在从事城轨电动列车驾驶作业人员的操作。

2 规范性引用文件

下列文件对于本文件的应用是必不可少的。凡是注日期的引用文件，仅所注日期的版本适用于本文件。凡是不注日期的引用文件，其最新版本（包括所有的修改单）适用于本文件。

GB/T 13869—1992 用电安全导则

3 术语和定义

3.1 城轨电动列车（Electric Trains of Urban Rail Transit）

以能源外给式为特征，采用分布式电机驱动的由多节厢体组成的在轨道上行驶的车辆。

3.2 城轨电动列车司机（Drivers of Electric Trains of Urban Rail Transit）

具备独立驾驶城轨电动列车作业资格并直接从事城轨电动列车操作的人员。

3.3 城轨电动列车司机安全操作（Safe Operation of Drivers of Electric Trains of Urban Rail Transit）

在运营线路或非运营线路上从事城轨电动列车检查、试验、驾驶、应急故障及突发事件处置等作业。

4 一般要求

4.1 运营列车应保证安全技术状态良好，设备正常。

4.2 司机应经培训考核合格并取得有关部门颁发的驾驶证后，方可上岗作业。

4.3 司机应做到：

4.3.1 按规定穿戴防护用品；

4.3.2 严格执行各项规章制度；

4.3.3 在操作时应精神集中，不间断瞭望，注意信号、仪表、监控显示器的显示和线路状态；

4.3.4 在操作时，不违章行车，不臆测行车，不盲目抢点，不做影响行车的其他事情。

4.4 操作列车平稳。

4.5 列车在车站停车，应停于规定的停车位置。

4.6 遇列车故障，经判明不影响行车安全时，应继续运行至有存车条件的处所。

4.7 被迫停车时尽可能停于平直线路上。

4.8 严禁开门行车。

4.9 严禁超速。

4.10 列车推进运行时，司机应在前端司机室负责指挥。

4.11 在运营过程中遇到突发事件，司机应按照应急预案进行处置。

5 作业前要求

5.1 检查。

5.1.1 司机进行列车巡检前，列车应处于断电状态。

5.1.2 检查车辆限界内无人员、无异物侵入。

5.1.3 检查列车机械走行部位、电器箱体及车体外观等无异状。

5.1.4 司机室检查。

5.1.4.1 两端司机室应分别进行全面检查。

5.1.4.2 确认蓄电池开关处于分断状态。

5.1.4.3 各操作手柄、开关处于规定位。

5.1.4.4 各旁路开关、按钮处于规定位。

5.1.4.5 灭火器、随车工具等备品齐全有效，作用良好。

5.2 试验。

5.2.1 司机进行列车试验前，列车应处于送电状态，网压表数值显示正常。

5.2.2 闭合蓄电池开关，发动列车。

5.2.3 检查高压供电系统、辅助电源系统、风管路系统状态无异状。

5.2.4 司机室试验。

5.2.4.1 两端司机室应分别进行试验。

5.2.4.2 各仪表及监控显示器显示正常。

5.2.4.3 前照灯、尾灯状态良好。

5.2.4.4 制动系统可靠有效。

5.2.4.5 牵引系统状态良好。

5.2.4.6 车载信号系统状态良好。

5.2.4.7 客室门、通信广播及空调、通风系统状态良好。

5.2.4.8 各操作手柄、开关灵敏有效。

5.3 确认。

5.3.1 当日有关的行车命令和安全注意事项。

5.3.2 列车运行计划。

5.3.3 确认车辆状况。

5.4 司机在作业前检查过程中，操作应符合GB/T 13869—1992的规定。

6 作业中要求

6.1 司机要严格执行调度命令。

6.2 严格按信号显示要求行车。

6.3 运行中司机遇工作人员发出的紧急停车信号，应立即停车。

6.4 在曲线弯道区段或道岔区段运行时，严格按该区段限制速度驾驶列车。

6.5 坡道行驶时，司机应做到：

6.5.1 下坡运行中要严守速度，当列车接近限速前要适当制动，将速度控制在规定范围之内。

6.5.2 上坡时要保持速度，保持列车恒速，以防坡停。

6.5.3 列车在坡道上起动时，应防止溜车。

6.6 遇特殊天气时，司机应做到：

6.6.1 控制运行速度。

6.6.2 无法看清信号、道岔时，要停车确认。

6.7 到站停车时，司机应做到：

6.7.1 停于规定的停车位置。

6.7.2 将司机控制器手柄置于制动级位。

6.7.3 确认站台位置后，方可开启客室车门。

6.7.4 关闭客室门后应确认列车全部客室门关闭良好。

6.8 出站发车时，司机应确认发车信号。发车信号开放时，平稳起动列车。

6.9 有下述情况之一时司机应果断采取停车措施：

6.9.1 发现区间内有人员及影响行车的障碍物。

6.9.2 发现线路有异状及其他异常情况时。

6.9.3 运行中发现车门指示灯显示异常时。

6.9.4 运行中遇危及人身安全时。

7 作业后要求

7.1 操作手柄、开关置于规定位置。

7.2 断开列车各种电源。

7.3 按规定填报车辆状况以及其他需要说明的事项。

7.4 锁闭列车司机室门、窗。

参考文献

[1] 曾青中,韩增盛. 城市轨道交通车辆[M]. 成都:西南交通大学出版社,2006.

[2] 于文涛,麻冰玲. 客车电气装置[M]. 北京:中国铁道出版社,2015.

[3] 饶忠. 列车制动[M]. 北京:中国铁道出版社,2010.

[4] 宋顺宝. 客车车辆构造与检修[M]. 北京:中国铁道出版社,2009.